温泉ビジネスモデル

ゾーニングとエピソードメイクのコンテクストデザイン

編著 原田 保　大森 信　西田小百合

同文舘出版

はしがき

　わが国では，近年よく地域の時代であるといわれるが，そのコアビジネスとして多大な期待を寄せられるものが日本各地に豊富に存在する温泉に関わるビジネスである。温泉ビジネスが事業として成功すれば，多くの地域の再生が実現する可能性が高い。実際，このような取組みは各温泉街や温泉郷で行われているし，温泉ビジネスに関する取組みについての多様な事例研究もなされているが，それらが十分に活かされて成功した事例は多いとはいいがたい。

　そこで，本著では，温泉ビジネスをサービスビジネスのコア領域として捉えながら，同時にその地域ビジネスとしての新たな可能性の追求を試みる。具体的には，温泉ビジネスに新たな息吹を付与できる理論と，これを踏まえたいくつかの注目すべき事例の読み取り，およびビジネスイノベーションを可能にするコンテクストデザインの構想が提示される。ここでの重要な観点は，温泉ビジネスはコンテンツのイノベーションからではなくコンテクストのイノベーションから推進されるべきであるという主張である。

　また，本著では，構築物の設置や地域産品の開発という伝統的なデザイン発想からの根本的な脱却を促している。むしろ，温泉ビジネスではビジネスモデルにおけるコンテクスト転換が必要になる。このような状況下，これらの課題の解決を可能にするための我々の提唱が，『温泉ビジネスモデル　ゾーニングとエピソードメイクのコンテクストデザイン』として刊行されることになった。

　本著は，理論編と事例編の二部構成になっている。前者の理論編は「温泉ビジネスのコンテクスト転換」であり，以下のような3点の主張が行われる。それらは，第1が「温泉ビジネスをめぐる背景の考察と課題形成」，第2が「次世代型温泉ビジネスのコンテクストデザイン」，第3が「ビジネスモデルの広域化への戦略展開」という論述である。

　まず，温泉ビジネスはサービス産業であることから，そのビジネスモデルは"もの"を対象にしたビジネスモデルとは全く異なるという議論が行われる。続いて，これに依拠して，次世代型の温泉ビジネスモデルにはライフスタイル対応が不可欠であり，特にヘルスケアを重視するスロースタイルへの対応が大事にな

ることが主張される。

　さらに，これを踏まえて，このビジネスモデルのスロースタイル対応の視点から，以下の4つの「系」が構想されることになる。具体的には，第1が「交歓―別天地系」，第2が「練磨―合宿所系」，第3が「快癒―湯治場系」，第4が「充電―隠れ家系」という4つのスタイル特性としての「系」である。また，コンテクスト転換の次元についても，温泉ごとに異なる展開が必要であるとの考えから，5つの「類」の設定が行われる。具体的には，「拡類」，「深類」，「脱Ⅰ類」，「脱Ⅱ類」，「超類」という5つのコンテクスト次元としての「類」である。これらの4つの「系」と5つの「類」を組み合わせることで，20種類にもおよぶビジネスモデルの「型」が構想できる。そして，すべての温泉街や温泉郷は，この20種類の「型」のいずれかを選択することで，温泉ビジネスのコンテクストイノベーションを実現しうると考える。

　なお，4つの「系」ごとに取り上げた事例については，以下のとおりである。
① 「交歓―別天地系」＝城崎温泉，熱海温泉，箱根湯本温泉，星野温泉
② 「練磨―合宿所系」＝蔵王温泉，川湯温泉，岳温泉，湯郷温泉
③ 「快癒―湯治場系」＝二日市温泉，三朝温泉，東鳴子温泉，夏湯温泉
④ 「充電―隠れ家系」＝かみのやま温泉，賢島温泉，西表島温泉，湯河原温泉

　以上の事例を通じて，多くの読者に温泉ビジネスの新たな可能性を感じていただければ幸甚である。

　本著で紹介した事例については，必ずしもそのすべてが著名であったり現時点において繁栄している温泉ではない。温泉や温泉旅館に詳しい人々や専門家の中には首をかしげるようなものも含まれているとも推察できる。しかし，それを承知で，本著では，いくつかの現時点ではさほど魅力や価値を見いだせない状況に喘いでいる温泉も取り上げた。それらを選択したのは，それらのすべてにおいてコンテクスト転換によって新たな価値の創造が可能であると感じたからである。

　また，本著では，地域デザインは単なるローカル指向から行われるべきではなく，よりグローバルな対応を指向すべきであることにも言及している。また，今後の温泉ビジネスを構想するにあたっては，その事業特性を捉えてビジネスモデルとソーシャルネットワークの統合が行われるべきであるとの主張もなされる。そして，グローバルリンクという新たな地域ビジネスのプラットホームの概念の紹介が行われる。

本著は，一般社団法人日本スロースタイル協会（原田保代表）の温泉ビジネスモデル研究会（主査＝原田保，副主査＝大森信，西田小百合）の研究活動の成果をまとめたものである。また，本研究は一般社団法人ソーシャルユニバーシティ（小森雄太代表理事），特定非営利活動法人 Liko-net（照井敬子理事長），一般社団法人地域ブランド・戦略研究推進協議会（原田保会長）の研究協力によるものであることを記しておく。

　最後になったが，本研究会が著書として研究成果を世に問えるのはひとえに同文舘出版株式会社取締役編集局長の市川良之さんのご尽力の賜物であり，ここに記して執筆者全員からの感謝に変えさせていただくことにする。

2012 年 8 月 1 日

編著者　原田　保
　　　　大森　信
　　　　西田小百合

目　　次

第Ⅰ部　温泉ビジネスのコンテクスト転換

第1章　温泉ビジネスをめぐる背景の考察と課題形成 ―――― 3
―温泉ビジネスのパラダイムシフトとビジネスモデルの必要性―

プロローグ………………………………………………………………… 4

第1節　温泉ビジネスをめぐる中核的な潮流とその背景……………… 5
　　はじめに　　5
　　（1）　温泉ビジネス停滞の背景にあるパラダイムシフトを認識する　　6
　　（2）　温泉以外のレジャー施設の成長要因の1つは集客の広域化である　　8
　　（3）　停滞の続く大温泉街があれば1990年代に伸びた小規模温泉街もある　　9
　　おわりに　　12

第2節　温泉ビジネスの成功要因と失敗要因…………………………… 12
　　はじめに　　12
　　（1）　わが国の温泉の失敗要因はマスツーリズムへの過度の依存にあった　　13
　　（2）　成功している温泉街はビジネスモデルが明確である　　13
　　おわりに　　15

第3節　既存の温泉ビジネス論には何が欠けているのか……………… 15
　　はじめに　　15
　　（1）　多くの温泉論は観光ガイドであり事例集である　　16
　　（2）　観光開発による街づくり論は過度の内向きになっている　　17
　　（3）　経営学的な論考も単なるフレーム論か箇条書きによるまとめに留まる
　　　　　18
　　おわりに　　19

エピローグ……………………………………………………………………… 19

第2章　次世代型温泉ビジネスのコンテクストデザイン───23
―「系（スタイル特性）」と「類（コンテクスト次元）」から「型」を創る―

プロローグ……………………………………………………………………24

第1節　次世代型温泉ビジネスをゾーニング戦略から考える…………25
　　はじめに　25
　　（1）箱根を捉えて温泉郷と温泉街の関係を考える　26
　　（2）デュアルな産業クラスターとして考える　28
　　（3）温泉街と温泉郷との関係を考える　29
　　（4）郷や街を産業クラスターから理論する　31
　　おわりに　33

第2節　グローバル化から温泉ビジネスを展望する……………………34
　　はじめに　34
　　（1）脱ローカル化戦略を強力に推進する　35
　　（2）黒川温泉の成功には学ぶべきことがある　37
　　（3）温泉ビジネスモデルのグローバル化　37
　　おわりに　39

第3節　スロースタイルに4つの「系」を設定する……………………40
　　はじめに　40
　　（1）時代に追い越されたビジネスモデルを考察する　41
　　（2）別府，湯布院，黒川温泉の三者比較を行う　42
　　（3）ライフスタイルからアプローチする　45
　　（4）「交歓―別天地」「練磨―合宿所」「快癒―湯治場」「充電―隠れ家」が「系」である　46
　　おわりに　47

第4節　「系」と「類」からビジネスモデルの「型」を探る…………48
　　はじめに　48
　　（1）「コンテクスト次元」として「類」がある　49
　　（2）4つの「系」と5つの「類」から20種類のビジネスモデルの「型」を考える　51
　　おわりに　53

エピローグ……………………………………………………………………53

第3章　ビジネスモデルの広域化への戦略展開 ―――――― 59
　　　―ビジネスモデルとソーシャルネットワークはグローバルリンクになる―

　プロローグ………………………………………………………………… 60

　第1節　ビジネスモデルとソーシャルネットワークを統合する……… 61
　　　はじめに　61
　　　（1）近江商人から学ぶことでグローバルリンクが想起できる　63
　　　（2）温泉ビジネスをビジネスモデル論から考察する　65
　　　（3）グローバル化とリンケージゾーンを構想する　66
　　　おわりに　68

　第2節　超広域マルチプレイヤークラスターの登場を予見する……… 69
　　　はじめに　69
　　　（1）世界遺産やミシュラン・グリーンガイドが価値を創る　71
　　　（2）北海道というリンケージブランドの意義を考える　72
　　　おわりに　74

　第3節　モジュール構成によって温泉ビジネスモデルを構築する…… 75
　　　はじめに　75
　　　（1）進化型ビジネスモデルと多様化するモジュール構成を考える　76
　　　（2）進伝統グループ…温泉街と温泉旅館が主体である　77
　　　（3）超広域グループ…マルチプレイヤーが主体である　78
　　　（4）減集積グループ…個別企業（温泉旅館を含む）が主体である　80
　　　おわりに　81

　エピローグ……………………………………………………………… 82

第Ⅱ部　個別温泉街の戦略分析と戦略提言

第4章　交歓―別天地系 ――――――――――――――――― 87

　ケース1　城崎温泉（「"脱Ⅱ"交歓―別天地型」×「進伝統グループ」）……… 88
　　　―永久不滅温泉街に向けたイノベーションによる関西の奥座敷化戦略―
　　　着眼点：関西の奥座敷のポジションを確立する城崎温泉　88
　　　（1）平成の大合併でも城崎ブランドは輝き続ける　89
　　　（2）コンテンツはよいがコンテクストが脆弱である　94

（3）　有馬温泉を引き離すために交歓型の別天地を創る　　97
　将来像：奥座敷としての永久不滅温泉を指向する城崎温泉　　100

ケース2　熱海温泉（「"脱Ⅱ"交歓―別天地型」×「超広域グループ」）……103
　　　　―訪れる場所から住まう場所へ進化するソーシャルネットワーク戦略―

　着眼点：ソーシャルネットワークモデルとしての熱海温泉　　103
　（1）　脱静岡と脱伊豆を指向した奥座敷戦略を展開する　　104
　（2）　参加型ソーシャルネットワークビジネスへ転換する　　108
　（3）　リゾート×コミュニティの実現　　111
　将来像：訪れる場所から住まう場所へ進化する熱海温泉　　114

ケース3　箱根湯本温泉（「"脱Ⅰ"交歓―別天地型」×「超広域グループ」）116
　　　　―箱根温泉郷からの脱却戦略と東京圏からのふらっと箱根湯本戦略―

　着眼点：地の利はあるが，厳しい競争環境におかれている箱根湯本温泉　　116
　（1）　箱根温泉郷ではなく東京圏の箱根湯本　　117
　（2）　ふらっと箱根湯本を展開する　　120
　（3）　温泉を核とした箱根湯本クラスターを創る　　124
　将来像：東京からふらっと足を向ける箱根湯本温泉　　127

ケース4　星野温泉（「"超"交歓―別天地型」×「減集積グループ」）………129
　　　　―郷や街の枠を超えたグローバル化戦略とテーマ温泉化戦略―

　着眼点：星のやがグローバル化し軽井沢を超えた星野温泉　　129
　（1）　交通網の整備が軽井沢を膨張させる　　130
　（2）　星野リゾートの重点拠点として軽井沢を捉える　　133
　（3）　リゾート戦略でグローバル化を目指す　　136
　将来像：地域を越えた経営と地域に根ざした事業を指向する星野温泉　　139

第5章　錬磨―合宿所系――――――――――――――――141

ケース5　蔵王温泉（「"脱Ⅰ"錬磨―合宿所型」×「超広域グループ」）……142
　　　　―蔵王のゲートウェイとしての広域化戦略とアクティブリゾート戦略―

　着眼点：観光ブランド蔵王，スノーリゾート蔵王へ依存している蔵王温泉　142
　（1）　観光ブランド蔵王は蔵王温泉の重要な資源である　　143
　（2）　蔵王温泉はアクティブリゾートとしての可能性をもつ　　145
　（3）　通年型アクティブリゾートとして拡蔵王戦略を展開する　　149
　将来像：通年型アクティブリゾートのゲートウェイとしての蔵王温泉　　152

ケース6　川湯温泉（「"脱Ⅰ"練磨―合宿所型」×「超広域グループ」）………155
　　―摩周湖温泉郷としての再構築ならびに滞在型アウトドアスポーツ地への転換戦略―

　着眼点：単独の温泉地，観光地としては発展が見込めない川湯温泉　155
　（1）　弟子屈の川湯温泉から摩周湖温泉郷の川湯温泉へ　156
　（2）　通年型アウトドアリゾートの拠点としての川湯温泉　159
　（3）　川湯温泉が核となる必然性を考える　161
　将来像：若者と海外客が引き寄せられる長期滞在型合宿拠点としての川湯温泉　163

ケース7　岳温泉（「"脱Ⅱ"練磨―合宿所型」×「進伝統グループ」）………166
　　―復興のDNAと地域密着活動によるエコ＋健康保養地温泉戦略―

　着眼点：復興のDNAによる地域密着温泉としての岳温泉　166
　（1）　岳温泉のDNAは幾度もの苦境を乗り越えてきた　167
　（2）　豊かな自然の中にあるが魅力は乏しい　169
　（3）　地域密着活動をベースとしたエコ＋健康温泉へ　173
　将来像：エコ＋健康，すなわち「大地の恵による健康」温泉としての岳温泉　176

ケース8　湯郷温泉（「"超"練磨―合宿所型」×「進伝統グループ」）………179
　　―グローバルスポーツビジネスのブランド活用による街の再生戦略―

　着眼点：「なでしこ」のグローバルブランド化に乗る湯郷温泉　179
　（1）　自身では再生ができない街に幸運の女神が降り立った　180
　（2）　スポーツ愛好者が集まる滞在型メッカを創る　184
　（3）　グローバル化に向けていかなる対応が必要か　188
　将来像：「なでしこ」をコアにしたスポーツレジャー拠点としての湯郷温泉　190

第6章　快癒―湯治場系 ────────────────193

ケース9　二日市温泉（「"深"快癒―湯治場型」×「進伝統グループ」）……194
　　―福岡の公衆浴場から筑紫クローズド湯治場への転換戦略―

　着眼点：ベッドタウンの公衆浴場から脱却する二日市温泉　194
　（1）　福岡県にある温泉の特徴を理解する　195
　（2）　二日市温泉は他の都市近郊型温泉と異なる　198
　（3）　住宅地の中にある湯治場の魅力を感じる　200
　将来像：福岡ならびに筑紫の人々のみが深く長く愛する二日市温泉　203

ケース10　三朝温泉（「"脱Ⅱ"快癒―湯治場型」×「進伝統グループ」）……205
　　　　　―温泉，医療機関，町の協同による滞在型ウェルネス温泉戦略―

　着眼点：含放射能泉という特徴ある泉質を活かす三朝温泉　205
　（1）　含放射能泉という特徴ある泉質が資源になる　206
　（2）　湯治場と観光温泉という2つの顔を残す　209
　（3）　特徴を進化させて快癒―湯治場として自立する　212
　将来像：滞在型ウェルネス温泉としての三朝温泉　215

ケース11　東鳴子温泉（「"脱Ⅰ"快癒―湯治場型」×「進伝統グループ」）‥217
　　　　　―ライフスタイルの多様性を拡張するアグリ＋湯治モデルのパイオニア戦略―

　着眼点：農のある暮らし鳴子スタイルを牽引する東鳴子温泉　217
　（1）　アグリ湯治によって鳴子ブランドを復権する　218
　（2）　モダン湯治とは異なる湯治温泉を創る　221
　（3）　鳴子スタイルの構築とアグリの共進に向けて　223
　将来像：アグリ湯治の先進地域としての第一次産業を牽引する東鳴子温泉　226

ケース12　夏油温泉（「"超"快癒―湯治場型」×「減集積グループ」）………228
　　　　　―湯治文化の普遍的価値を体験する秘湯ネットワーク戦略―

　着眼点：一軒宿の秘湯の湯治を体感する夏油温泉　228
　（1）　他の温泉との合従連携戦略による集客モデルを構築する　229
　（2）　北上は東北ではめずらしい発展都市である　233
　（3）　日本の秘湯としてのアイデンティティを形成する　237
　将来像：心と体の再生装置としての夏油温泉　239

第7章　充電―隠れ家系 ―――――――――――――――――243

ケース13　かみのやま温泉（「"深"充電―隠れ家型」×「超広域グループ」）244
　　　　　―蔵王のバックスペースに輝く奥舞台機能を装備した隠れ家戦略―

　着眼点：蔵王との対比と独自のかみのやま温泉の在り方を探る　244
　（1）　蔵王を取り込みながらも蔵王を打ち消す　246
　（2）　広域観光圏としての蔵王との関係を考える　248
　（3）　自然の景観に遊山する贅沢な時間と名月でもてなす　251
　将来像：コトづくりにフィットした「もの語り」で生き残るかみのやま温泉　254

ケース14　賢島温泉（「"脱Ⅰ"充電―隠れ家型」×「超広域グループ」）……257
　　　　　―世界有数のスピリチュアルゾーンにおける滞在基地化戦略―

　着眼点：伊勢神宮の神秘に触れる滞在基地としての「賢島温泉」　257
　（1）　賢島温泉における伊勢神宮との紐づけを考える　258
　（2）　伊勢を古代からの聖域として理解する　261
　（3）　世界有数のスピリチュアルゾーンを指向する　263
　将来像：神に触れる旅の滞在基地として観光復活を牽引する賢島温泉　265

ケース15　西表島温泉（「"超"充電―隠れ家型」×「超広域グループ」）……268
　　　　　―グローバルリンク形成によるスロースタイルジャパン戦略―

　着眼点：辺境性を捉えた脱観光地化戦略を指向する西表島温泉　268
　（1）　大陸と日本の双方の視点から沖縄を俯瞰する　269
　（2）　スロースタイルを指向した脱観光地を創る　273
　（3）　アジアと日本をつなぐネットワークを築く　276
　将来像：スロースタイルジャパン戦略を模索する西表島温泉　278

ケース16　湯河原温泉（「"拡"充電―隠れ家型」×「超広域グループ」）……280
　　　　　―広域箱根圏を捉えた2泊目戦略と東京近郊の奥座敷化戦略―

　着眼点：東京通勤圏にあるが新幹線は停まらない湯河原温泉　280
　（1）　「ぐるっと箱根」は湯河原のためにある　281
　（2）　湯河原の売りは温泉地ではなく奥座敷である　285
　（3）　住まう場や帰る場としてのブランディングを行う　288
　将来像：四季を通じた週末奥座敷の湯河原温泉　292

執筆者紹介――――――――――――――――――――――――295

第Ⅰ部

温泉ビジネスのコンテクスト転換

　第Ⅰ部は本著の理論編であり，これに依拠して第Ⅱ部の各ケースの分析や提言が行われる。ここでの主張は，温泉ビジネスではビジネスモデルのイノベーションが不可欠であり，そのためにはビジネスモデルのコンテクスト転換をすべきであるということに集約される。このような問題意識から，ビジネスモデルの「系（スタイル特性）」と「類（コンテクスト次元）」が導出され，これらから次世代型の温泉ビジネスに関する提言が行われる。

　まず第1章では温泉ビジネスをめぐる背景の考察と課題形成が行われ，続いて第2章では次世代型温泉ビジネスのコンテクストデザインに関する考察が行われる。さらに，第3章で地域におけるコンテクスト転換の主役としての超広域マルチプレイヤークラスターに関する提言が行われる。また，これらのビジネスモデルに関わる諸提言は，従来のもの作りにフォーカスした一般的なビジネスモデル論とは若干異なる視点から行われる。

　本著で提言される4つの系とは「交歓―別天地系」，「練磨―合宿所系」，「快癒―湯治場系」，「充電―隠れ家系」であり，5つの類とは「拡類」，「深類」，「脱Ⅰ類」，「脱Ⅱ類」「超類」である。これらの系と類の掛け合わせから20種類の温泉ビジネスモデルの「型」が導出される。さらに，温泉ビジネス主体である温泉街や温泉郷の広域化戦略の方向性として，「進伝統グループ」，「超広域グループ」，「滅集積グループ」という3つのグループ設定が提言される。そして，これらを上述した20種類の型と掛け合わせれば，理論的には60種類の温泉ビジネスモデルの新バージョンが構想される。もちろん，いかなるビジネスモデルを選択するのかは，各地域におけるアクターたちの判断に依拠する。

第1章
温泉ビジネスをめぐる背景の考察と課題形成
―温泉ビジネスのパラダイムシフトとビジネスモデルの必要性―

《本章の要約》

　昨今，わが国においては地域経済の低迷がきわめて深刻である。その要因の1つとして，温泉ビジネスの低迷がある。温泉は地域振興の主役になることが期待されているにもかかわらず，現時点ではその担い手として十分であるといえるような温泉は多くは見出せない。具体的には，第1に地域を越えてメッセージを全国あるいは海外に向けて発信しようとしないというグローバル性の欠落，第2に顧客価値を実現するデマンドサイドからの構想の欠如，第3に個々の温泉旅館や街で事業を展開する事業主体におけるアクターとしてのリーダーシップとクリエイティビティの欠落である。

　このような状況を踏まえ，本章では現実のデータに基づいて温泉ビジネスの現状を分析し，それらから読み取れる課題の抽出が行われる。具体的には，以下の3点が論述される。それは，第1に，温泉ビジネス低迷の背景，第2に温泉ビジネスの成功要因と失敗要因の検証，第3に既存の温泉ビジネス論の問題点である。日本の温泉ビジネスを再生させるためには，脱地域，脱観光地という視点が不可欠である。今後は，これらを踏まえ，地域デザイン視点で温泉旅館を中核とした新たなビジネスモデルの構築による顧客の期待への的確な対応が望まれる。

《キーワード》

　パラダイムシフト，温泉ビジネス，脱観光地，脱地域，ビジネスモデル

プロローグ

　周知のように，2006年に観光立国推進基本法が成立し，これに伴い多様な施策が検討，推進されているにもかかわらず，国内旅行の回数と宿泊数は共に漸減傾向にある。このような国内旅行関連ビジネス低迷の影響をまともに受け，温泉も苦戦しているところが多い。

　しかし，この苦境を脱するために提示される温泉論は，入湯手形や地域イベントへの取組みの紹介，あるいは地場食材を使った宿の料理やおもてなしの紹介等，いわゆる何ら批判なき事例集の域を出ておらず，神話化されたカリスマたちの人物伝に終始しているものが多い。

　これらは，あたかも成功事例を模倣しさえすれば，そして一人のカリスマが存在しさえすれば，温泉ビジネスの再生が可能であるかのような印象を与えている。これらがさらに罪深いのは，「マスツーリズム（mass tourism）からニューツーリズムへ」という掛け声の下に一見するとその実現を可能にする施策を提示しているようにみえるが，実際には問題の本質を捉えた戦略レベルでの発想ではなく，戦術ともいえない小手先の対応の積み重ねが推奨されていることである。それはすなわち，過去にマスツーリズムの元に行われた大手観光資本が送客のために求めてきた環境整備をハード対応からソフト対応へとその形を変えた要求にすぎない。

　また，マスツーリズムから地域を取り戻すというスタンスで地域おこし論を展開するものもある。こちらは，大手観光資本主導の観光ビジネスから脱却し，観光を手段として主体的に持続可能な街づくりを実践するという視点に立脚している。これは本来のニューツーリズムの考え方を踏まえている点ではそれなりの価値を見出せる。しかし，マスツーリズムへの反動から，多くの場合には極端な内向き姿勢に陥り，地域の外部からの視点を完全に欠落した議論になりがちである（敷田，2009a）。

　さて，温泉は，古くから療養や保養というまさに温泉それ自体の価値を享受するために行く場所であり，今でも欧州では温泉の価値を十分に享受しうる豊かな温泉ライフを楽しむことができる。一方，現在のわが国における観光途中に立ち寄る宿という温泉のポジションは，近年のマスツーリズムの元で形成されたにすぎない。早急に取り戻すべきは温泉そのものの価値であり，そのためには温泉

街⁽¹⁾やそこにある温泉旅館⁽²⁾が顧客の求める価値に応えることのできるビジネスモデルを主体的に構築する必要がある。

　眼下の温泉の苦境は，従来のビジネスモデルであるマスツーリズム視点での対応によって解決するものではなく，また一温泉旅館の経営革新や運営革新によって解決されるものでもない。さらには，極端な内向き姿勢に陥った地域おこしを展開しても解決しないことは明白である。

　以上の観点から，本章では，まず第1節で温泉ビジネスをめぐる潮流とその背景を探る。続く第2節では，わが国の温泉の歴史に関する考察を行い，さらにいくつかの成功事例といわれる温泉を整理することによって，それらの成功要因と失敗要因の抽出が行われる。さらに第3節では，これまでの温泉論を概括することによって，既存の温泉ビジネス論に欠けているものが何なのかについての検証を行う。最後に，日本の温泉ビジネスを再生するためには，新しい視点からのビジネスモデルの構築が必要であり，その際には脱地域，脱観光地視点を持つことが不可欠であるという結論が導出される。

第1節　温泉ビジネスをめぐる中核的な潮流とその背景

はじめに

　本章では，現在の温泉ビジネスの苦境を脱するためには，これまでのビジネスモデルの延長や単なる地域おこしでは解決できないことが主張される。そこでは，まず温泉ビジネスをめぐる主な潮流とその背景を明らかにし，そこから新たなビジネスモデル構築の必要性を主張することが求められる。

　そこで，本節では，温泉利用のベースデータとなる観光客の動向や温泉以外のレジャー施設の動向，さらに顧客の意識データを合わせた多面的な確認作業を行ってみる。また，温泉街単位における宿泊数の推移や利用意向データから，顧客ニーズの変化を探ることにする。

　まず，以下において，温泉ビジネスのパラダイムシフトの主要ポイントについて整理し，個人客化や集客の広域化への対応，顧客ニーズや情報行動の変化についての考察を行う。

(1) 温泉ビジネス停滞の背景にあるパラダイムシフトを認識する

まず，温泉ビジネスの実態を最もよく表す温泉利用状況のデータと観光客の動向データをあわせて検証することにより，温泉ビジネスの現状とその背景に潜む要因を探ることにする。温泉の延べ宿泊利用人数は，1980年代に大きく伸びたものの，1992年をピークとして以降は微減傾向が続いている（図表1-1）。1990年代前半は，温泉宿泊利用人数の転換点であると同時に，国内宿泊旅行者数の微減傾向への転換点であり，一方で訪日観光客数が増加していく出発点であった[3]。また，1980年以降は団体旅行の比率が減少したが，この時期は個人旅行へとシフトした時期でもあった[4]。

1980年代は，不確かな価値がいわばバブルのように膨れ上がることで景気上昇をもたらし，旅行者数も温泉宿泊利用人数も増加の一途を辿ったといっても過言ではない。1983年の東京ディズニーランドの開園や1987年の総合保養地域整備法，いわゆるリゾート法の制定はこのような時期の象徴的な出来事でもあった。しかし，1990年代前半におけるバブルの崩壊を期に旅行者数は減少に転じ，これに伴い温泉宿泊数も減少傾向が続いている。しかも，リゾート法によって開発されたテーマパークが1990年頃から相次いでオープンしたにも関わらず，こ

図表1-1　宿泊施設数，延べ宿泊利用人数の推移

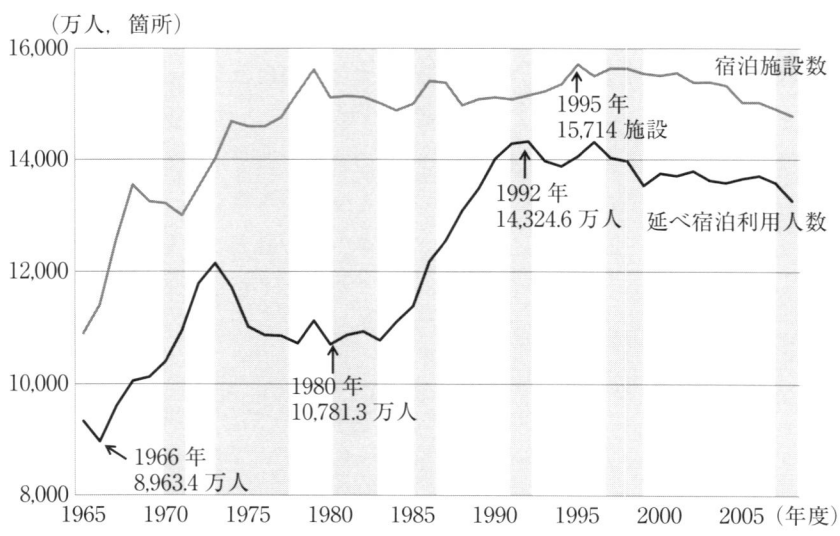

（出所）（社）日本温泉協会編（2011）を元に筆者作成。
（注）　グレー部は景気後退期を表す。

の傾向が現出してしまったのである。これだけをみれば、まさに景気の低迷が観光ビジネスに多大な影響を及ぼし、温泉ビジネス低迷の直接の原因となったように思われる。

しかし、現在の温泉ビジネス低迷の原因が景気低迷と観光低迷にあると判断するにはより慎重な考察が必要である。そこで、観光目的の変化と観光に関する情報源の変化に関わるデータをみてみよう（図表1-2）。1980年から1992年にかけて、温泉浴へのニーズが高まる一方で、自然や名所旧跡を訪ねるという、いわゆる物見遊山としての観光は下降線を辿っていたことがわかる。温泉浴に関しては、2000年代にかけてもそのニーズが高まっており、これは一見すると温泉宿泊客の減少と矛盾を感じさせる結果となっている。

この間については、大江戸温泉物語（お台場）、ラクーア（後楽園遊園地）等の日帰り温浴施設の開業や、温泉利用公衆浴場数の増加[5]を注視すべきである。つまり、温泉浴という顧客ニーズの高まりに対して、従来の温泉施設は「日帰り温泉」という新たなビジネスモデルに敗北を喫してしまい、結果的に宿泊客数を減少させてしまったと理解できる。そしてこのことは、従来の温泉施設が、顧客ニーズの変化に対応できなかったことを意味している。

もう1つのポイントとしては、インターネットの登場に伴う情報源の変化があ

図表1-2　観光目的と観光情報源の変化（主要項目のみ）

		%			差（ポイント）	
		1980年	1992年	2008年	92/80	08/92
観光目的	自然風景をみる	49.2	45.7	44.4	-3.5	-1.3
	名所・旧跡をみる	38.4	32.7	35.4	-5.7	2.7
	温泉浴	34.7	44.2	49.7	9.5	5.5
	買物・飲食	(26.7)	27.1	25.1	0.4	-2.0
観光情報源	家族・友人		45.7	36.5		-9.2
	ガイドブック		38.8	33.4		-5.4
	パンフレット		33.4	34.3		0.9
	インターネット		(7.3)	40.8		33.5

（出所）（社）日本観光協会編（2011）より筆者作成。
（注）「買物・飲食」の1980年の欄は1982年の数値、「インターネット」の1992年の欄は1999年の数値。

げられる。例えば，品質が確かで顧客満足度が高い温泉や温泉旅館であれば，わざわざ費用をかけてマスメディアでのプロモーションが行われなくても，インターネット上で口コミが自然に発生する。これはすなわち規模に関わらず多くの顧客に認知されることが可能になったことを意味している。このことは後述する温泉街利用意向ランキングの推移によっても確認できる。

　上述したように，景気の変化によって温泉宿泊利用人数が大きく影響を受けていることを否定することはできない。しかし一方で，温泉へのニーズが年々高まっていることをあわせて考えると，決して景気だけにその原因を求めることはできない。このことは，温泉宿泊利用人数の推移と同じような動きをみせる団体客から個人客へのシフト，国内宿泊旅行の停滞と増加する訪日観光客への対応といった構造的な変化に注意すべきであることを示唆している。また，顧客サイドでの物見遊山の観光からの脱皮，情報源のインターネットへのシフトやインターネットによる顧客との関係性の変化といった動きにも大いに注目する必要がある。

（2）　温泉以外のレジャー施設の成長要因の1つは集客の広域化である

　それでは，客数の伸び悩みは温泉ビジネスに限ったことなのだろうか。これを検証するために，本項では主要なレジャーランドの現状をみていく。

　主要なレジャーランドでは，特に1990年代にリゾート法により開園したテーマパークの客数減が著しい。ハウステンボス（長崎県），スペースワールド（福岡県），志摩スペイン村（三重県）等はいずれも経営危機に陥り，1995年から2009年の客数伸び率は順に，▲75%，▲26%，▲58%にも及んでいる（綜合ユニコム株式会社編，1998, 2010）。しかし一方で，着実に来場客数が増加または維持しているレジャー施設も存在する。代表的なものとして，東京ディズニーリゾートや，近年話題になった旭山動物園がある。

　東京ディズニーリゾートについては，海外からの顧客誘引に特徴がみられる。東京ディズニーリゾート（2011）HPによれば，2009年の全来場者数（25,818,000人）に占める海外からの来場客数の割合は2.8%にすぎない。しかし，2009年の訪日観光客ベースでの東京ディズニーリゾートへの訪問率をみると10.9%であり，ユニバーサルスタジオ・ジャパン（大阪府）の2.4%，ハウステンボスの2.0%を大きく上回る（日本政府観光局編，2010b）。このように，東京ディズニーリゾートの強みの1つは，日本国内に留まらない海外からの顧客誘引力であるといえる。

次に，旭川という地方都市にありながら数年で劇的に来園者数を伸ばした旭山動物園をみてみよう。田中（2010）では，旭山動物園の再生を，来園者がそこにある檻に固定されたコンテンツを受容するだけでなく，行動展示による「命の輝きの伝達」によって，個々の心の中に固有の意味を生じることをサポートすることへ転換したことにあるとし，珍獣やアトラクションの導入といったコンテンツ対応ではなく，コンテクスト自体からビジネスモデルを変革したことが復活の源であると指摘している。さらに注目すべき点として，集客地域の拡大が行われたこともあげられる。旭山動物園では，以前の旭川地域からの子供を中心にした集客から旭川地域以外からの成人の集客へとシフトし，来園者を増大している（田中，2010）。旭山動物園が，以前のように旭川地域だけを対象にビジネスを考えていたとすれば，現在の隆盛はもたらされなかっただろう。広く旭川地域以外へと，すなわち全国展開へと集客範囲を踏み出したことが，来園者数拡大の1つの要因であると捉えることができる。

　以上の考察から，レジャーランドでは，地域に留まらない広域からの集客，つまり脱地域が成長要因の1つであることがわかった。このことは，温泉でも同様である。例えば，「ミシュラン・グリーンガイド（ジャパン）」（2011年）には，修善寺温泉（静岡県），野沢温泉（長野県），新穂高温泉（奥飛騨温泉郷，岐阜県），黒川温泉（熊本県），指宿砂蒸し温泉（鹿児島県），湯布院温泉（大分県）などが2つ星の温泉街として取り上げられている（日本ミシュランタイヤHP，2011）。近年わが国の温泉が海外に紹介される機会は増えており，海外とまではいかなくても，より広域からの集客を行うことが可能となってきた。これはすなわち，脱地域視点は，温泉ビジネス再生に有効である可能性が高いことを示している。

（3）　停滞の続く大温泉街があれば1990年代に伸びた小規模温泉街もある

　それでは，温泉ビジネスの低迷はすべての温泉街で共通の現象なのだろうか。これを確認するために，（社）日本温泉協会推計による温泉街別宿泊数データを元に，宿泊数推移から温泉街のタイプ分類を試みる（図表1-3）。

　図表1-3から，1990年代，2000年代共に成長を遂げた温泉街は見当たらず，多くの温泉街は両年代共にマイナス成長になっていることがわかる。例えば，別府温泉郷（大分県），鬼怒川・川治温泉（栃木県），伊香保温泉（群馬県），和倉温泉（石川県），道後温泉（愛媛県），水上温泉郷（群馬県）といった以前は一世

図表1-3　宿泊数推移からみた温泉地タイプ分類と代表的な温泉街

		2000年代の伸び	
		プラス	マイナス
1990年代の伸び	プラス	（なし）	奥飛騨温泉郷 湯布院温泉 長門湯本温泉 ウトロ温泉（知床） 黒川温泉
	マイナス	熱海温泉郷 伊東温泉 石和・春日居温泉 有馬温泉	別府温泉郷 鬼怒川・川治温泉 伊香保温泉 和倉温泉 道後温泉 水上温泉郷

（出所）　(社)日本温泉協会編（2011）より筆者作成。
（注）　「1990年代の伸び」は，1998〜2002年の平均宿泊数/1989〜1993年の平均宿泊数。
　　　「2000年代の伸び」は，2004〜2008年の平均宿泊数/1998〜2002年の平均宿泊数。

を風靡した大温泉街の多くがここに並んでいる。

　1990年代のマイナスから2000年代にプラスへと転じた温泉街としては，熱海温泉郷（静岡県），伊東温泉（静岡県），石和・春日居温泉（山梨県），有馬温泉（兵庫県）等があげられる。この中で，石和・春日居温泉は1990年代の落ち込みが大きく，2000年代に増加に転じたとはいえ以前の水準には戻っていない。しかし，熱海温泉郷，伊東温泉，有馬温泉についてはほぼ1990年代当初の水準まで回復している。このように，すべての温泉街が同じ傾向を示すわけではなく，ある程度回復に成功した温泉街と回復までには至らない温泉街が混在していることが理解できる。

　逆に，1990年代に大きく成長したが，その後2000年代にはその成長がとまり，減少傾向に転じたタイプの温泉街がある。これには，奥飛騨温泉郷（岐阜県），湯布院温泉（大分県），長門湯本温泉（山口県），ウトロ温泉（知床，北海道），黒川温泉（熊本県）等が該当する。これらはすべて比較的小さな温泉街あるいは開湯後間もない温泉街である。しかし，2000年代の停滞は，例えば湯布院温泉や黒川温泉にみられるように飽和した温泉街の状況を改善するために意識的に顧客を抑制した結果，あるいは少人数の客も大切にした結果だという指摘も

図表1-4 最も行きたい温泉地ランキングの推移

順位	1995年	2000年	2010年
1	下呂温泉	草津温泉	草津温泉
2	登別温泉	湯布院温泉	乳頭温泉郷
3	別府温泉郷	別府温泉郷	別府温泉郷
4	草津温泉	登別温泉	箱根温泉郷
5	白骨温泉	箱根温泉郷	登別温泉
6	湯布院温泉	黒川温泉	黒川温泉
7	水上温泉郷	乳頭温泉郷	八幡平温泉郷
8	伊香保温泉	白骨温泉	湯布院温泉
9	乳頭温泉郷	四万温泉	道後温泉
10	道後温泉	道後温泉	有馬温泉

(出所) 山村(2011), (社)日本温泉協会編(2011)を元に筆者加筆修正。

ある(松田, 2004)。

　次に, 消費者へのアンケートを元にした温泉街別利用意向から顧客の温泉嗜好の変化を探索する(図表1-4)。1995年において上位にあげられるのが下呂温泉(岐阜県), 登別温泉(北海道), 別府温泉郷(大分県), 草津温泉(群馬県)等いわゆる大温泉街であるのに対し, 2000年には黒川温泉が6位にランクされ, また乳頭温泉郷(秋田県)は2000年の7位から2010年の2位へと順位をあげている。ここでも, 温泉への嗜好の変化が見て取れる。

　以上の2つのデータから, 1990年代に宿泊客数を伸ばした小規模温泉街が現れ, その結果として顧客からみた温泉ランキングでもこれらの小規模温泉街が上位にランクされていることがわかった。これは, 第1項で確認したパラダイムシフトを反映した結果と考えられる。すなわち, 団体客から個人客へのシフトや温泉浴自体へのニーズへ柔軟に応えることができた温泉街が宿泊数を伸ばしたのである。

　また, インターネットによる情報収集によって良い評判を獲得することが集客の後押しになり, それこそ小規模温泉街においてさえも容易に認知や利用意向の高まりを獲得できる状況が現出している点も注目に値する。このような状況に的確に対応できるかどうかが, 今後の温泉街や温泉旅館の繁栄に多大な影響を与えると推察される。

おわりに

　本節では，温泉の利用客は減少傾向にあり，その背景に旅行客の動向変化というパラダイムシフトがあることがわかった。具体的には，団体客から個人客へのシフト，訪日客への対応の必要性，広域集客への対応，物見遊山ニーズの低下と温泉浴ニーズの高まり，情報収集におけるインターネットシフト，インターネットによる顧客との関係性の変化であった。

　本節の議論を通じて，パラダイムシフト後に成功した温泉街や観光地では，地元の顧客のみならず海外も含めた広い地域からの集客に成功しており，また観光の一環としてではなく温泉そのものをコアにしたニーズに対応していることが明らかになった。さらにはインターネットを中心とする情報化の進展で小さなエリアでも広く認知されることが可能になり，旅行代理店を介することなく直接顧客とつながることができるようになったことも成功の理由であるといえるだろう。

第2節　温泉ビジネスの成功要因と失敗要因

はじめに

　前節での結論は，現在入手できるデータから帰納的にもたらされたものである。それゆえ，前節では一体なぜわが国の温泉ビジネスが団体客依存になったのか，すなわち温泉自体の価値を軽視することになった理由や失敗の要因については検証されていない。したがって，何らかの問題点を抱えることになったわが国の温泉ビジネスが果たしてどのように発展してきたのか，そして今後はいかなる方向に向かうのかについての議論が必要となる。そこで本節では，温泉の歴史を概観することによって温泉街本来の価値を確認し，さらに日本での温泉街がいかなる歴史を経て現在に至ったのかを考察する。

　また，前節では，必ずしもすべての温泉が苦境に陥っているわけではないということが確認された。以下では，成功しているといわれる温泉がいかなるビジネスモデルを構築したのかについて考察する。具体的には，成功事例として語られることの多い湯布院温泉と黒川温泉の事例を検証することによって，わが国温泉ビジネスの成功要因の抽出を行う。

　これらの議論を通じて，療養や保養という古くからの温泉の利用形態が変質し，効率化を過度に重視したマスツーリズムに取り込まれるというわが国の温泉

ビジネスの実態が明らかにされる。さらに，成功事例においては，ビジネスモデルが確立しており，これこそが温泉ビジネスとしての成功要因であることの主張が行われる。

（1） わが国の温泉の失敗要因はマスツーリズムへの過度の依存にあった

本項では，わが国における温泉史を概観することで，温泉街や温泉旅館本来の価値についての考察を行う。

古来わが国における温泉は療養目的から始まったのだが，中世において武士の湯治が主であり，温泉街や温泉郷での湯治が広まったのは全国的に江戸時代以降である。政治の安定した江戸時代中期以降に遊山的な温泉利用も始まっているが，基本は湯治であり，共同浴場を中心に生活や遊興のための施設が集落となり，温泉街が形成されていったと指摘されている（山村，1998）。

しかし，今やわが国の温泉街や温泉郷は，ある種の観光通過拠点となってしまった。その経緯は，以下のとおりである。明治以降，温泉街の核となるべき外湯から内湯[6]へという変化が起き，大正，昭和と時代が進むにつれてさらに大資本による観光地化が進んだことにより，温泉街は療養や湯治という役割を喪失し，慰安や歓楽へと変質していった。一方で温泉旅館は巨艦化し，外出する客が少なくなることで，温泉街が衰退するきっかけとなった（山村，2011）。すなわち，効率化をベースにしたこのような大資本主導のマスツーリズムへの適応が，団体客から個人客へというパラダイムシフトに対応できない温泉旅館と温泉街の状況を形作っていったといってもよいだろう。

また，昭和初期において東北，甲信越，中九州の高地に多く立地している療養型の温泉では，大観光市場からの交通の不便さと顕著な湯治効果による観光地変容への立ち遅れが生じ，戦後においてもこの傾向は変わっていないと指摘している（山村，1998，p.67）。このような温泉街はマスツーリズムに組み込まれることがない一方で，療養以外の楽しみを一切排除したような環境に置かれることにもなる。それは，本当に病気療養が目的でなければ行くことのない温泉街になってしまうからである。

（2） 成功している温泉街はビジネスモデルが明確である

さて，わが国の多くの温泉では，未だにビジネスモデルが明確になっていない。しかし，一般に成功しているといわれる温泉街においては果たしてどうなの

だろうか。そこで，以下においてわが国の温泉街における成功事例の1つである湯布院温泉と黒川温泉から，成功要因について考察してみる。

まず，これらの温泉街に共通するのは，マスツーリズムから取り残された温泉街であったということである。いずれも小規模で大都市から離れており，小さいがゆえに多くの団体客を受け入れることができなかった温泉街であった。だからこそ，知恵を絞りコンセプトを明確にして，結果として今に至る成功を勝ち取っているのである。両者の共通点は，弱みを強みに転換したことをトリガーにしたビジネスモデルが確立していることであろう。

今の湯布院温泉の土台は，1971年に視察に行ったドイツの温泉保養地バーデンバーデン（Baden-Baden）をモデルに作られた「クアオルト構想[7]」にあり，独自の保養温泉地が形成されている（湯布院温泉旅館組合HP，2012）。この温泉街の特徴は，行政単位の街である由布院が地域ブランドであり，温泉を表現する場合には温泉街名としての湯布院が使用されることにある。その意味では，温泉街を中心にして捉えれば，地域のブランディングが温泉街によって構築される段階をはるかに超えて周辺にまで広がった温泉街であるといえる。言い換えれば，著名な湯布院という温泉街がある由布院という二重のブランディングであると考えられる。

これに対して，黒川温泉では，全くエージェントに依存せず，団体客を避け，高質の個人顧客を主力ターゲットとしたビジネスを指向している。高質の個人顧

図表1-5　湯布院温泉と黒川温泉の成功要因

	湯布院温泉	黒川温泉
提供範囲	近隣に留まらない広域からの顧客	エージェントに依存しない高質の個人顧客
顧客のニーズライフスタイル	多目的温泉保養地	鄙びた田舎
仕組み	洗練されたヨーロッパ文化	故郷に帰ったかのような雰囲気づくり

↓

明確なビジネスモデル
広域を見据えた取組み
"街"の視点での取組み

客に対して故郷に帰ったかのような雰囲気の味わえる田舎を提供する，というのが黒川温泉のビジネスモデルである（原田，2010）。

　湯布院温泉と黒川温泉について考察した結果，これら2つの事例における成功要因は，いずれもある種の温泉ビジネスのパラダイムシフト，それも特に個人客への大胆なシフトが行われた上で，温泉自体のニーズへの対応を柱に明確なビジネスモデルを構築していることであるといえる。そして，これら2つの事例ではいずれも県内といった近隣のエリアだけでなくより広域のエリアを見据えており，また温泉旅館単館の努力でなく，街全体としての活性化を指向していることが特徴である（図表1-5）。

おわりに

　本来の温泉は療養や湯治に価値を置いており，外湯を主としながら，あわせて周囲に生活や娯楽のための施設を備えていた。しかし，わが国の温泉がマスツーリズムに組み込まれる形で発展し，旅館と温泉街の断絶をもたらしたことや団体での観光の一環として組み込まれたこともあり，結果的に個人客のシフトに対応できない体制を作ってしまった。これこそが，実はわが国の温泉における大きな失敗要因だったといえる。

　また，これまでの団体客を主とした日本の「温泉観光」が，温泉本来のあり方からかけ離れたものであることがわかった。もちろん，マスツーリズムに巻き込まれずに残された湯治場と呼ばれる温泉もあるが，他に楽しみのない療養に特化したまま取り残されてしまったものも多い。

　逆に，わが国の成功事例では，ビジネスモデルが明確であることが確認できた。そこでは，より広域のエリアを見据えていることと，街としての発展を目指していることがその共通項として抽出された。これらの成功事例を参考に，低迷している温泉街や温泉郷は自らのビジネスモデルを構築し，温泉街，温泉郷が一丸となって全体の活性化を目指すことが急務の課題である。

第3節　既存の温泉ビジネス論には何が欠けているのか

はじめに

　現在わが国の温泉ビジネスが苦境にあることは周知の事実であり，これに伴っ

て温泉について語られた著書は多数存在している。本節では既存の温泉論について検証し，これまでの温泉論がどのような考え方に立脚し，またどのような方向を指向していたのかをみていく。

あえて結論を急げば，既存の温泉論の多くは，泉源や泉質，効用，あるいは温泉の歴史や旅館の紹介，温泉街で行われている施策の紹介といった観光ガイド的な事例集になっているといわざるを得ない。一方で，観光経営学や各種の地域論の視点から温泉について論ずるものもあるが，これらには温泉ビジネスをローカルないわゆる地ビジネスに押しとどめる傾向が強く現出している。もちろん，経営の視点から書かれたものもないわけではないが，そこにみられるのは，ほとんどが理論の脆弱な単なる箇条書きに留まっている。言い換えれば，既存の温泉論についてはパラダイムシフトを踏まえた真のビジネス論たるものはきわめて少数であり，今こそ温泉ビジネスモデルの構想が大いに期待される。

（1） 多くの温泉論は観光ガイドであり事例集である

確かに，温泉の再生や変革を指向して書かれた温泉論はいくつか存在する。そして，多くの温泉が顧客の個人客化やグローバル化，および顧客のニーズに適応できていないこと等が問題意識のベースにあることは共通している。

しかし，このような問題認識から出発しながらも，その多くは観光ガイド的あるいは事例集的なものとなっている。観光ガイド的とは，そこに書かれている内容が泉質，源泉かけ流しかどうか，温泉の効能といった温泉の機能面での記述や，宿の料理やおもてなし内容の紹介，さらには近隣の歴史・文化施設の紹介，そこで行われている入湯手形や地域イベントの紹介などに終始していることを意味している。あるいは，カリスマと呼ばれるような観光開発に成功したといわれる方へのインタビューや人物伝のような内容で構成される。そして，いくつかの温泉について，このような内容が横並びに記述されているところが，著者が事例集的であると指摘する所以である。

ところで，観光ガイドや事例集の何が問題なのかを考えてみる。それは，ここに紹介されている事例のいくつかをピックアップして実施すれば，またカリスマと呼ばれるような人物さえいれば，温泉の再生や変革に結びつくような印象を与えてしまうことにある。これは何も，数多ある温泉論ばかりの問題ではなく，実は国の温泉に関する施策についても同様の指摘ができる[8]。

確かに，これらの温泉論では，事例紹介の他にも地域の宝探しや顧客の声に耳

を傾けることの大切さ，市場の変化に対応することの必要性，地域が一体となって実施する情熱といったことについて指摘されている。しかし，これらは単なる一般論にすぎない。そのために，当然ながら事例を紹介して具体性をもたせようとすることになる。このような循環構造に陥ってしまい，創造的な理論形成ができていないようである。

　実際に，いかなる施策もあるいは強力な推進パワーを持った人がいたとしても，前提にはしっかりとしたビジネスモデルがなくてはならないことは自明である。このビジネスモデルを平易な言葉で置き換えると，誰が，どのような人を対象に，何を，どのように提供するかということを決定することであり，これを決定することで持続的な収益の増大が可能となる。言葉を加えるならば，事業の主体となるのは誰なのか，いかなる範囲でマーケットを捉えるのか，いかなる顧客ニーズに対応しようとするのか，それを提供する仕組みをどのように構築するのかを決定することである。これらが決定するからこそ必要な施策が決定できるのであり，また推進者が前進することができることになる。事例集を単純に意味がないとはいわないが，それでも著者はビジネスモデルの方向性を指し示す理論がまずもって構築されるべきであると考える。

（2）　観光開発による街づくり論は過度の内向きになっている

　温泉論の中には，直接的に温泉について述べられているわけではないが，隣接の，しかし重要な領域として観光開発をベースに街づくりを考える視点に立脚したものがある。背景にあるのは，いわゆる発地型観光から着地型観光[9]へという考え方であり，またマスツーリズムへの反省から提唱されたサスティナブルツーリズム（sustainable tourism）[10]の考え方であり，さらには観光庁が提唱するニューツーリズム[11]の考え方である。

　前述したビジネスモデル論に照らせば，一般にニューツーリズムといわれるものは，いかなる顧客ニーズに応える仕組みとするかについて構想されたものである。それゆえ，これらのコンセプトは前述した事例集等に比較すれば，若干ビジネスモデル論から議論できる水準に達しているといえる。とはいえ，これらの観光開発コンセプトに依拠したいわゆる街づくり論には，未だに過度な内向きに陥るという問題が指摘されている（敷田，2009a）。著者には，現在の内向き姿勢は過去の反省の上に構想された政策だと理解することができるのだが，その反動が強すぎて，かえって適切に現出していないように思われる。それゆえ，結果的に

街づくりを地域に押しとどめてしまい,観光客を呼び込むことのできない街づくりになりがちである（敷田,2009a）。

そこで敷田（2009b）は,内向きな観光街づくりの解決方法として,ブランディング,マーケティング,観光客の受け入れ,地域づくり（地域資源への再投資）という4つの働きを重視し,これらの働きを推進する仕組みや組織を中間システムとして位置づける「観光の関係性モデル」を提唱している。前述の事例集と比較すれば,敷田（2009b）の提案はかなり理論的であり具体的なモデルも提言されている。しかし,このモデルはまさに仕組みづくりに関するものであり,ビジネスモデルをトータルに捉えたものではなく,その意味でビジネスモデルであるとは言い難い。ただし,敷田によるこの提案は,地元の努力が疑似ビジネスゲームとならないようにするために,多くの努力をビジネスモデルの段階に引き上げることのできるプロデューサーの存在が不可欠だという主張であると考えてもよいであろう。

（3） 経営学的な論考も単なるフレーム論か箇条書きによるまとめに留まる

温泉論においては,経営学やマーケティングのフレームを観光に援用した論考も見出すことができる。しかし,これらは単に経営学やマーケティングのフレームを観光に落とし込んだ段階に留まっており,基本的な考え方に関わる枠組みと手順を示すことで終わっている。それゆえ,全体的に具体性に欠けていることが課題である。

確かに,中には事例を用いて経営学的な視点で温泉の方向性を抽出する論考も散見できる。しかし,ここで提示されるのは課題の指摘であり,残念ながらそれらは単なる羅列になってしまっている。そこでは,旅館単体の経営革新や運営革新の必要性,地域づくりとの連動性や品質の維持と向上,あるいはニューツーリズムへの取組み等がそれなりに指摘されている。これらも,事例集に比較すると方向性を指し示すものとしての価値は見出されるが,提言の水準にばらつきがある。その意味において,これはやはり理論やモデルまで昇華されていないといわざるを得ない。

また,サービスマーケティングの視点,中でもホスピタリティに偏った内容の論考が少なくないことも観光論や温泉論の特徴といえる。例えば,和倉温泉（石川県）の加賀屋のおもてなしを題材としたもの等が大いに注目を浴びている。確かに,ホスピタリティは,特にサービス産業における重要な要素であることは否

定しないが，あまりにも人に，しかも個人にフォーカスした論考からはビジネスモデルは構築することはできない。

　それゆえ，これらの羅列型やポイント絞り込み型の論考に対しては，これのみではそれぞれの課題の戦略的抽出は困難であり，課題解決にむけた構造的な仕組みとしても施策の投入は不可能であるといわざるを得ない。大事なのは，まずビジネスモデルが定まった上での温泉旅館の経営方針であり，ホスピタリティのレベルである。これに依拠しながらの具体的なサービスメニューや，地域，例えば温泉街や温泉郷との連動が構想されるべきなのである。戦略なきオペレーションレベルの思い付きによる施策の非連続的投入は徒労に帰してしまう事例が多いことを肝に銘じることが重要である。

おわりに

　ここでは，既存の温泉論に関する著書を概観することによって，温泉ビジネスに関する既存研究の分析を試みてきた。しかし，このような思惑と反して，実際は既存の温泉論の主流は，観光視点からの事例集的な内容であったり，またマスツーリズムからの反動による過度に内向きの地域視点であったり，あるいは戦術レベルでの議論で課題を羅列するものであったりと，当初の目的を達成することはできなかった。本章で議論された多くの著書は，いずれもビジネスモデルが定まった時点で初めて意味をもつものである。逆にいえば，これらはいずれも戦略論やモデルに依拠した論考ではないということを意味している。

　現在も数多の温泉論が存在するが，真に大きな方向性を提示し，すべての活動のベースとなるビジネスモデルを提言するものは，我々の知る限りでは残念ながらほとんど見出されない。それゆえ著者は，このような状況と現在の温泉ビジネスの苦境を鑑みると，温泉ビジネスモデルの構想が早急に提言されることが不可欠であると考える。

エピローグ

　現在，観光不振の原因とあわせて温泉ビジネスの不振を経済的な環境要因に帰する議論が少なくない。しかし，真に反省すべきは，実は本来的な要因についてのパラダイムシフトを見出せなかったという認識を多くの温泉ビジネス関係者が

持ちえなかったことである。この本質的対応が必要な課題とは，第1が顧客のライフスタイルの変化であり，第2が情報環境の変化であり，第3が国境や産業構造のボーダレス化による変化である。

過去にわが国で形成された団体客重視，経営効率重視のマスツーリズム型の温泉ビジネスモデルは今ではすでに破綻している。実際に，顧客サイドにおいては個人旅行にシフトし，温泉自体を楽しむというニーズが大いに高まっている。また，情報についてもインターネットを通じて獲得することが当たり前になったため，良い評判がインターネット上で流布されていれば，例え辺鄙な場所にある小さな温泉でも顧客は容易に探しあてることができる。これは，温泉自体の価値を訴求し，日本中，そして世界中の顧客を対象にビジネスを行うことが可能になっていることを意味している。さらには，このような情報技術の発展によって，顧客とビジネス主体との関係性にも大きな変化が現出している。

このように，温泉は根本的なパラダイムシフトに直面しているのだが，数多ある温泉論では未だに観光視点での事例羅列型の温泉論，あるいは過度に内向きの地域おこし的な狭いエリアでの地域視点により温泉を活気づけようという傾向がみられる。たとえ経営的な視点に立ったとしても，残念ながら前述したように課題羅列型あるいはホスピタリティ等，狭い領域に的を絞った戦術論に留まるだけである。

まず認識すべきは，パラダイムシフトによって温泉ビジネスでは必ずしも規模が問題ではなくなったということである。このことは，これまでの小規模であるという弱みが強みに転じる時代が到来したともいえるため，規模を拡大することなく新たな可能性が見出せることを意味している。

わが国の温泉における成功事例をみると，いずれの事例もパラダイムシフトを踏まえたビジネスモデルが設定されていることがわかる。そして，その方向性は単なる観光地としての地域からの脱却，すなわち脱地域，脱観光地であることに気付くはずである。これはすなわち，これらの温泉旅館や温泉街が顧客を捉えたビジネスフィールドの拡大と転換という広がりの中で，ビジネスを展開し始めたことを示している。

本章では，データに基づき，分析および課題の抽出を行ってきた。本章の考察から明らかになった問題を解決するためには，新たなビジネスにおけるビジネスモデルの構築が不可欠である。続く第2章，第3章では，これらの新しいビジネスモデルに関する提言が行われる。

【注】
（1）　温泉街：宿泊施設をもつ温泉地を総称して「温泉街」とする。ただし，個々の温泉街を指し示す場合は，単に○○温泉とする。他に温泉郷という呼称もあるが，温泉街，温泉郷の違いは，第2章において詳細に検討していく。
（2）　旅館：ホテル営業と旅館営業のいずれの形態も含み「旅館」とする。旅館業法では，「ホテル営業」「旅館営業」を含み「旅館業」と定義されている。詳細は旅館業法施行令で規定されており，「ホテル営業」は客室10室以上，洋式浴室またはシャワー室や水洗式トイレを有することなどが求められる。一方，「旅館営業」では，客室数5室以上，入浴施設は基本として必要だが近接して公衆浴場等がある場合は免除されるなどの違いがある。
（3）　国内宿泊旅行者数は1992年／1980年比が25.5％増，2008年／1992年比が7.2％減（（社）日本旅行業協会HP，2011），一方で訪日観光客数は2008年／1992年比が140.8％増（日本政府観光局編，2010a）となっている。
（4）　1980年では団体旅行比率は35.1％であったが，2008年には9.9％まで減少している。一方で個人や家族，友人での旅行比率が61.3％から83.7％まで増加している（（社）日本観光協会編，2011）。
（5）　温泉利用公衆浴場数は，1992年／1980年比が79.4％増，2008年／1992年比が104.6％増となっている（（社）日本温泉協会編，2011）。
（6）　温泉街や温泉郷で共同管理する浴場で誰でも入浴できる形態のものを外湯（共同湯）と呼ぶのに対し，個人所有の浴場で主に旅館内に設置されているものを内湯と呼ぶ。
（7）　湯布院温泉旅館組合HP（2012）によれば，クアオルト構想とは，「観光の町を作ることではなく，温泉，スポーツ，芸術文化，自然環境といった生活環境を整え，住民の暮らしをより充実し落ち着いたものにし，独自の保養温泉地を形成するというもので，そのために，美しい自然と豊かな温泉，そしてそれらをいつでも誰でも享受できる施設と，洗練された文化が最大の資本となるというもの」とされている。
（8）　例えば，「地域いきいき観光まちづくり」や「観光カリスマ100選」としての紹介事業があてはまる（観光庁HP，2011a，2011b）。
（9）　「発地型観光」とは従来型の出発地で集客，販売する形態の観光であるのに対し，「着地型観光」とは到着地の観光業者が地元の資源を活かして集客，販売するシステムを構築する観光モデルである（山下，2011）。
（10）　持続可能な開発という理論的枠組みから観光を捉えた概念であり，地域コミュニティや文化遺産，地域環境への影響を考慮することに視点をおく（山下，2011）。
（11）　観光庁が提唱する概念であり，従来の物見遊山的な観光旅行に対して，テーマ性が強く，体験型・交流型の要素を取り入れた新しい形態の旅行を指す（観光庁HP，2010）。

【参考文献】
観光庁HP（2010）『ニューツーリズム旅行商品　創出・流通促進ポイント集（平成21年度版）』〈http://www.mlit.go.jp/kankocho/shisaku/sangyou/new_tourism.html〉（2012年6月25日閲覧）。
観光庁HP（2011a）『観光カリスマ一覧』

〈http://www.mlit.go.jp/kankocho/shisaku/jinzai/charisma_list.html〉（2012 年 4 月 23 日閲覧）。
観光庁 HP（2011b）『地域いきいき観光まちづくり』
〈http://www.mlit.go.jp/kankocho/shisaku/kankochi/ikiiki.html〉（2012 年 4 月 23 日閲覧）。
敷田麻美（2009a）「ブランディングを欠いた観光まちづくりの問題点」敷田麻美・内田純一・森重昌之編著『観光の地域ブランディング』学芸出版社，pp. 10-21。
敷田麻美（2009b）「これからの観光まちづくり」敷田麻美・内田純一・森重昌之編著『観光の地域ブランディング』学芸出版社，pp. 36-44。
（社）日本温泉協会編（2011）『日本温泉協会 80 年記念誌』日本温泉協会。
（社）日本観光協会編（2011）『観光の実態と志向（第 29 回）』日本観光協会。
（社）日本旅行業協会 HP（2011）『旅行統計〜1．旅行者数の変遷』
〈http://www.jata-net.or.jp/data/stats/2011/01.html〉（2012 年 4 月 23 日閲覧）。
綜合ユニコム株式会社編（1998）『レジャーランド＆レジャーパーク総覧 1999』綜合ユニコム株式会社。
綜合ユニコム株式会社編（2010）『レジャーランド＆レジャーパーク総覧 2011』綜合ユニコム株式会社。
田中直人（2010）「旭山動物園のブランディング　市民共生型博物館施設」原田保・三浦俊彦編著『ブランドデザイン戦略　コンテクスト転換のモデルと事例』芙蓉書房出版，pp. 61-77。
東京ディズニーリゾート HP（2011）『ゲストプロフィール』
〈http://www.olc.co.jp/tdr/guest/profile.html〉（2012 年 4 月 23 日閲覧）。
日本政府観光局編（2010a）『JNTO 日本の国際観光統計 2009』日本政府観光局。
日本政府観光局編（2010b）『JNTO 訪日外客訪問地調査 2009』日本政府観光局。
日本ミシュランタイヤ HP（2011）『ミシュラン・グリーンガイド（ジャパン）』
〈http://www.michelin.co.jp/Home/Maps-Guide/Green-guide〉（2012 年 4 月 23 日閲覧）。
原田保（2010）「黒川温泉のブランディング　黒川温泉＝入湯手形で著名な癒しの温泉街」原田保・三浦俊彦編著『ブランドデザイン戦略　コンテクスト転換のモデルと事例』芙蓉書房出版，pp. 251-271。
松田忠則（2004）『検証　黒川と由布院〜九州が，日本の温泉を変えた！！』熊本日日新聞社。
山下晋司編（2011）『観光学キーワード』有斐閣。
山村順次（1998）『新版・日本の温泉街　その発達と現状のあり方』日本温泉協会。
山村順次（2011）「日本温泉街の発達と地域的特性」日本温泉協会編著『日本温泉協会 80 年記念誌』日本温泉協会，pp. 42-60。
湯布院温泉旅館組合 HP（2012）『滞在プラン』
〈http://yufuin.coara.or.jp/contents/plan/〉（2012 年 4 月 23 日閲覧）。

（鈴木敦詞・西田小百合・原田　保）

第2章
次世代型温泉ビジネスのコンテクストデザイン*
―「系（スタイル特性）」と「類（コンテクスト次元）」から「型」を創る―

《本章の要約》

　本章では，温泉ビジネスが地(じ)ビジネスからの脱却を図るための，新たな温泉ビジネスモデルの提示を行う。より具体的には，本章ではいくつかの事例を指し示しながら，まず温泉ビジネスの脱地域ビジネス，すなわち単なるローカルビジネスからグローバルビジネスへと転換する必要性を提言する。次に脱観光地ビジネス，すなわち単なる観光地ビジネスからライフスタイルビジネス，とりわけスロースタイル対応ビジネスへの転換の必要性が提言される。

　また，この主張を可能にする「スタイル特性」としての「系」と「コンテクスト次元」としての「類」との掛け合わせから，次世代型温泉ビジネスの「型」を導出する。前者の「スタイル特性」としては「交歓―別天地系」，「練磨―合宿所系」，「快癒―湯治場系」，「充電―隠れ家系」という4つの「系」があり，後者の「コンテクスト次元」としては「拡類」，「深類」，「脱Ⅰ類」，「脱Ⅱ類」，「超類」の5つの「類」がある。

　「系」と「類」との掛け合わせから導かれる20種類の次世代型ビジネスモデルの「型」の提言によって，わが国の温泉ビジネスはアニメやテーマパークと肩を並べるようなクールビジネスとしてのアイデンティティを確立できるようになる可能性がある。さらに，このような温泉ビジネスのコンテクストデザインによって，地域（実際には地方）が世界をターゲットにしたグローバルビジネスの主体へと転換できる可能性についても示す。

《キーワード》

　産業クラスター，スロースタイル，エピソードメイク，スタイル特性，コンテクスト次元，ビジネスモデル

プロローグ

　現在わが国では，主に地域経済の活性化を目的として，多方面からの地域デザインの模索が行われている。しかし，これらの議論のほとんどは，地域における地場産業の振興，いわゆる地産地消に代表されるローカルなビジネスの視点からの言及に終始している（富樫，2007）。それゆえ，地域の地場産業に関わる多くのビジネス主体（企業や組合等）や支援組織（行政やNPO等）は，地域経済を支える中核産業であるべき観光地ビジネスにおいて中核的な主体にはなれず，実質的には全国的にブランドを確立している大手ツーリズム関連企業等の傘下に組み込まれた単なる一介の地ビジネス主体としての位置に甘んじている（原田，2011）。

　今後のわが国における地域デザインについては，地方や都市という従来型の地理的差異に基づいたものではなく，インターネットをトリガー（trigger）にして，顧客価値の高いモノやサービスを広くグローバルに提供できるビジネスモデル[1]の構築が望まれている。しかしながら，前章でみたように，既存の温泉ビジネス論は，単なる観光ガイド的な側面からの温泉の評価や顧客のその場限りの温泉に対する印象論的な議論に終始したものが多い。また，地域がローカルな存在であると決め付けた上で議論しているものも少なくない。

　そこで，本著では，このような矮小化された議論ではなく，昨今のグローバル化する経済や社会が現出している境界融合現象を踏まえた上で，特にビジネスモデルや産業クラスター[2]の観点からの議論を試みることにした。温泉についてのビジネスモデルの議論に際しては，さらに従来型のサプライサイド（supply side）からの考察だけではなく，昨今のデマンドサイド（demand side）のライフスタイルに見出される多大かつ多様な変化との関連からの考察を行う。これは，次世代型温泉ビジネスモデルの構築のために不可欠な考察となる。そして，この考察に基づきながら，本章では，次世代型温泉ビジネスの方向性として，地域視点ではローカルからグローバルへ，事業視点では観光地からライフスタイルへの転換を提案し，従来のローカル・観光地型よりも進んだ温泉ビジネスモデルを提示する（図表2-1）。

　なお，本プロローグに続く各節では，以下のような議論が展開される。すなわち，第1節では次世代型温泉ビジネスをゾーニング戦略から考える，第2節では

図表2-1　温泉ビジネスの進化方向

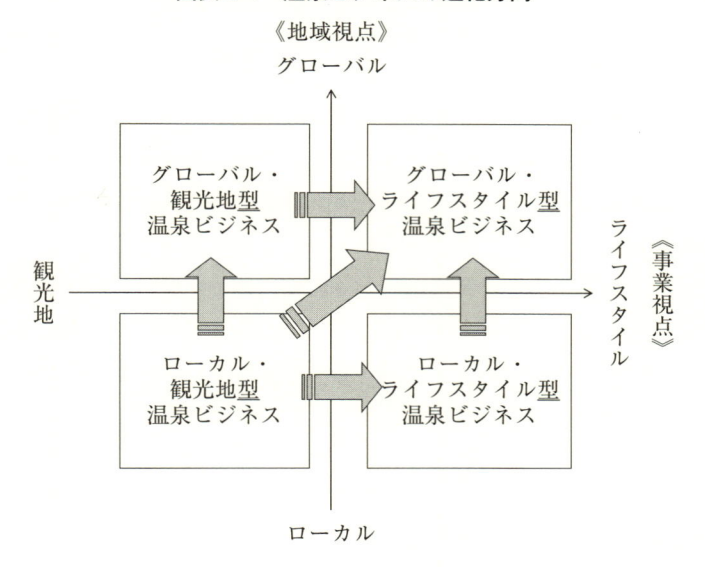

```
                    《地域視点》
                     グローバル
                        ↑
    ┌─────────────┐    ┌─────────────┐
    │ グローバル・  │ →  │ グローバル・  │
    │ 観光地型     │    │ ライフスタイル型│
    │ 温泉ビジネス  │    │ 温泉ビジネス  │
    └─────────────┘    └─────────────┘
観光地 ──────↑─────────↗─────↑──────── ライフスタイル 《事業視点》
    ┌─────────────┐    ┌─────────────┐
    │ ローカル・    │ →  │ ローカル・    │
    │ 観光地型     │    │ ライフスタイル型│
    │ 温泉ビジネス  │    │ 温泉ビジネス  │
    └─────────────┘    └─────────────┘
                        ↓
                     ローカル
```

グローバル化から温泉ビジネスを展望する，第3節ではスロースタイルに4つの「系」を設定する，第4節では「系」と「類」からビジネスモデルの「型」を探る，という4点を議論する。そして，これらの議論を通じた本章の結論として，今後に多大な期待が寄せられる温泉ビジネスモデルの4つの「スタイル特性（style characteristics）」である「系」と5つの「コンテクスト次元（context dimension）」である「類」の設定を行うとともに，「系」と「類」を掛け合わせることにより20種類の次世代型温泉ビジネスモデルの「型」を提言する。また，これらの提言を踏まえて，本章に続く各章において先進事例の紹介とこれらに対する戦略的な解釈を行っていく。

第1節　次世代型温泉ビジネスをゾーニング戦略から考える

はじめに

次世代型温泉ビジネスモデルについて考察するにあたり，まずビジネスモデルのデザイン対象となる主体設定をいかにして行うのかについての議論を行う。一般的に，温泉ビジネスの主たる主体は，個々の温泉旅館とこれらによって組織化

された温泉組合（協同組合）のカバーする地域が温泉街である。このような温泉ビジネスの最小の主体単位である温泉旅館（正式には，単に旅館業である）は温泉街という地域の構成員である。しかし，温泉街のいくつかは，他の複数の温泉街とともに，これより上位の，すなわち広域の地域である温泉郷を構成する要素になっている。したがって，一部の地域においては，温泉郷の中に複数の温泉街があり，そして温泉旅館がこれらの温泉街に複数含まれるデュアル（dual）な包含関係が現出する。

それでは，ビジネスモデルを構築すべき主体はどの段階のビジネス主体であるのか，またこれらのビジネスモデルは一体いかなるものなのかが大きな課題になる。そこで，以下ではこのような課題を容易に理解するためにある種の簡単なたとえ話を行ってみる。

例えば，箱根湯本に出かける際には，通常「箱根に行ってきます」あるいは「箱根湯本に行ってきます」という二通りの表現を用いることが多い。それでは，いかなる理由からこのような異なる表現を行うのかについて考えてみる。前者における箱根とは，おそらく温泉を中核にしながらも実に多彩な観光名所のある行政単位の箱根町のことであり，また箱根湯本温泉をはじめ数多の温泉街を包含する箱根温泉郷のことである。これに対して，後者の箱根湯本は，優れた温泉旅館が立ち並ぶ箱根の中核的な温泉街としての箱根湯本温泉のことを指し示している。この差異は，同じ箱根湯本に行くとしても，行くことの背景が異なっていることに起因していると考えられる。

（1） 箱根を捉えて温泉郷と温泉街の関係を考える

以下では，温泉郷と温泉街はいかに異なるのかについて議論する。そこで，上述した例えば箱根湯本に行く時の会話である「箱根に行ってきます」という場合と「箱根湯本に行ってきます」という場合の意味の差異について再考してみる。

前者の箱根に行くという場合は，東京の近郊にあって歴史的，文化的価値が見出せるある種の別天地であり，箱根温泉郷という複数の温泉街を核拠点に，観光やレジャーのための多彩な施設等が多数存在する広域箱根の一地域である箱根湯本にまずは出かけることを表している。これに対して，後者の箱根湯本に行くという場合は，ピンスポットで小田急線の箱根湯本駅を最寄駅とする温泉街であるまさに箱根湯本温泉に行くということ，すなわち広域の箱根という町全体や箱根温泉郷のことはあまり考えずに箱根湯本という温泉街やそこにある温泉旅館に行

くということを意味する。これをより広域の地域を感じさせる箱根と比較すると，箱根湯本という名称からは温泉旅館が立ち並ぶ賑わいの街であるということに限定されたイメージが現出しており，あわせて広域の箱根町や箱根温泉郷に入るための中心的なゲートウェイとしてのポジションを想起させる。

　ここで，箱根湯本温泉が，自らの名称に広域名称である町名であり郷名でもある箱根を地域名称の頭に付けているという点に注目する。この箱根の事例から，わが国では地域を表す概念として，例えば温泉に関わるものとしては温泉郷と温泉街という２階層の名称が存在することがわかる。それゆえ，このことを強く留意せずに温泉ビジネスモデルを議論することは困難である。

　さて，温泉街とは，多くの温泉旅館が立ち並ぶ賑わいの街を形成する地域の名称である温泉と，温泉旅館はあるものの未だにトータルな地域を形成するには至っていないエリアであることを示している。これに対して温泉郷は，このような温泉街が複数存在している広域なエリアを表していることは前述したとおりである。そうなると，温泉街はこれ単独で存在している場合と温泉郷の１つの構成要素として存在する場合とがあることになる。それゆえ，各温泉街は，前者の場合には自らがそこにある温泉旅館と協力しながら同時に独自のビジネスモデルの構築を行うこと，後者の場合には各温泉街は温泉郷との相互関係を指向しながらも同時にそこにある他の温泉街との関係をも考慮した対応が必要になる。

　以上を踏まえて，次に１つの事例として上述した箱根温泉郷と箱根湯本温泉の関係形態のについて考察を行ってみる。箱根という地域の名称は，まず行政単位である町に付けられたものである。このことは同時に，箱根町にとって温泉が最大級のリソース（resource）であることを明確に表している。つまり，箱根町のアイデンティティ（identity）はそのかなりの部分が温泉街や温泉旅館によって形成されているために，行政単位名である町名が温泉郷の名称にそのまま使用されており，温泉による地域ブランディングが行われてきたといえる。こうして箱根温泉郷の郷を捉えてゾーニング（zoning）がなされた地域の名称は，それがそのまま町という１つの行政単位の名称と全く同一になっているわけである。

　これに対して，箱根湯本という名称は，箱根町にある箱根より下位のある地域としてゾーニングされた湯本に対して付けられた名称であり，同時に箱根湯本が箱根温泉郷にある温泉街の中でも最も著名な温泉街であることを表すものである。すなわち，箱根湯本の場合には，箱根という温泉郷，あるいはそれがある町の名称を自身の名称の一部に取り込むことによって，箱根湯本という温泉街が箱

根温泉郷を代表する温泉街であることを主張している。こう考えると，箱根湯本温泉の場合には，ここが単に箱根温泉郷にある一温泉街であるということではなく，同時に箱根を一流の温泉郷として成立せしめている中核的な機能の担い手であり，それゆえきわめて重要なポジションを占めていることを表している。

（2） デュアルな産業クラスターとして考える

さて，この箱根の事例にみられるように，多くの温泉旅館が集積する地域には温泉郷と温泉街という2通りの次元を捉えた名称がある。そこで以下では，これらの2つの関係，すなわち温泉郷と温泉街の関係について若干の議論を行ってみる。

当然ではあるが，温泉郷の方が温泉街より広域の地域である。また，温泉旅館が集積する地域には，この温泉街を形成している場合と，未だに街を形成するに至らない場合すなわち単に数軒の温泉旅館しかない場合とがあるが，本著では温泉街とは温かいお湯が自然に湧き出しており，そしてこのコンテンツ（顧客への提供内容）としての温泉水や温泉旅館等の施設を活用するビジネス主体が存在している地域の単位であると定義する。ただし，一般的に使用される温泉という言葉は熱いお湯というコンテンツそのものを指すことから，温泉街とは温泉旅館等の温泉に関わる施設が原則として一定の密度で複数見出せる地域を指し示すこととし，そのような場合にはたとえ外観的には街を形成していない場合にも温泉街という表現を行うことにする。これに対して，温泉街を温泉がある地域の名称として表示する場合には，街を外した表記である温泉を使用する。

さて，上述した箱根温泉郷とそこにある数多の温泉街との関係では，狭域の温泉街は広域の温泉郷に含まれるという関係形態が存在することが理解できる。言い換えれば，温泉郷と温泉街は，個々のビジネス主体である温泉旅館にとってはデュアルな包含関係にある広域と狭域の産業クラスターであるといえる。例えば箱根温泉郷の場合には，箱根七湯といわれるように多くの温泉街があるが，箱根という名称を使うか使わないかに拘わらず，箱根にあるすべての温泉は何らかの領域や形態において箱根という名称によるブランディングを行っていると考えられる。

このように，温泉が存在する地域の名称には温泉郷と温泉街の2通りがあり，温泉ビジネスを議論する際には郷の議論なのかはたまた街の議論なのかを区別することが大事になる。そこで以下では，このような問題意識を踏まえて，温泉ビ

ジネスモデルの構築に深く関係する狭域の産業クラスターとしての温泉街の特徴に関わる議論を試みていく（原田・三浦，2011）。

（3） 温泉街と温泉郷との関係を考える

わが国には，前述した箱根温泉郷の他にも数多くの温泉郷が存在している。この代表的なものとしては，例えば宮城県の鳴子温泉郷，栃木県の塩原温泉郷，長野県の湯田中・渋温泉郷，大分県の別府温泉郷等があげられる。

箱根温泉郷の場合には温泉郷が複数の温泉街から構成されていることは前述したとおりである。ここには，箱根湯本温泉，塔ノ沢温泉，箱根堂ヶ島温泉，宮ノ下温泉，小涌谷温泉，強羅温泉，芦之湯温泉，姥子温泉，大平台温泉，湯ノ花沢温泉，宮城野温泉，蛸川温泉，芦ノ湖温泉，千石原温泉等の温泉街がある（図表2-2）。温泉街は温泉郷に含まれているが，同時に独立した存在であり，また固有のアイデンティティを保持するための地域ブランディングを展開するブランディング対象でもある。しかし，これらを包含する温泉郷は，固有のアイデンティティを保持するもう1つの地域ブランドでもある（原田，2011）。そうなると，温泉郷に地理的に含まれる温泉街には，独自のブランドでビジネスを展開した方がよいのか，はたまた温泉郷のブランドを何らかの形態で活用した方がよいのかに対する判断が迫られる。

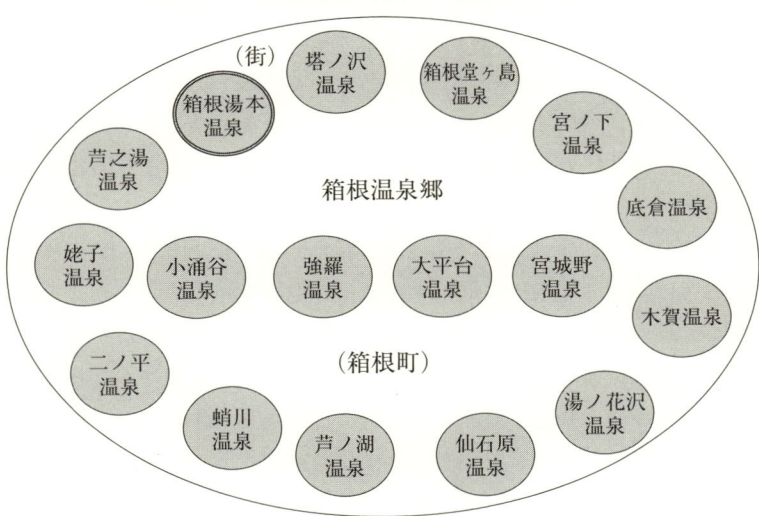

図表2-2　箱根温泉郷と箱根の温泉街の包含関係

例えば，箱根温泉郷の場合には，箱根湯本温泉，箱根堂ヶ島温泉以外には温泉郷の名称である箱根は温泉街の名称の一部として使用されていない。しかし，現時点ではどちらを選択した方が各温泉街の温泉ビジネスモデルの確立のために効果的であったのかは何ら検証されていないが，いずれにしても温泉街は，温泉郷を戦略的ゾーンとして捉えてブランディングを行うのか，温泉街を独立した戦略的なゾーンとして捉えるのか，それとも相互に異なる次元から共創関係を構築するのかという選択に迫られる。

　このような難題について考察するにあたり，まず郷と街という地域およびこれら両者の関係形態についての議論を試みる。前者の郷とは，古くは平安時代に制定された地方の行政単位の最下層の地域名称である。これは，その後の何度かの紆余曲折を経て，概ね今の市町村や郡の単位と同様か，それよりも若干狭い範囲の地域の単位になったと推察できる。例えば，箱根温泉郷の場合にはほぼ箱根町の全域が，別府温泉郷という場合にも別府市のほぼ全域が郷にあたる。

　一方，後者の街に対しては多様な理解があるものの，現時点ではこれといって絶対的定義は見出せない。一般に街というと，例えば下北沢（小田急線，井の頭線）や吉祥寺（JR，井の頭線）あるいは自由が丘（東急東横線・大井町線）等が想起される。これらは市町村の範囲よりは若干狭い地域であると考えられるが，実際には商店街に代表される道1本の両サイドという狭い街すらもある。そこで，街とは，例えば1本の両サイドを意味する商店街から，多くの商店街を抱えており毎日かなりの広域からやって来る多数の顧客によって込み合っているショッピング街や歓楽街まで，いわば特定のアイデンティティを保持する多くのビジネス主体と顧客がそれなりの数で集積している地域であると定義する。とはいえ，街は必ずしもいわゆる繁華街を構成することを前提条件にしておらず，場合によっては多くの住民が集積する住宅地が街という概念に含まれることもあると考えられる。

　この考え方に基づいて温泉街と温泉郷について整理すれば，以下のようになる。温泉郷とは複数の温泉街に位置する数多の温泉旅館に代表されるような地域に湧き出る温泉に依拠したビジネスを展開するビジネス主体が数多存在し，何らかのコンセプトに依拠した広域としてゾーニングされた地域であるといえる。そして，温泉郷は，個々の温泉旅館や温泉街をビジネス主体にした温泉ビジネスへの最大級の関与者である。また，温泉街は，温泉ビジネスの主体の1つである温泉旅館が集積した地域であり，温泉郷に包含される狭域の地域である。

（4）郷や街を産業クラスターから理論する

　以上の議論から，温泉郷と温泉街について，またそれらの関係形態についての理解が深まったはずである。そこで以下では，両者の間に良好な関係を築くために，主として製造業において展開されてきた産業クラスター理論の温泉ビジネスへの活用を試みる。

　わが国では，知的財産や先端技術に関わる産業クラスターはすでに多くの地域において推進されている。しかし，サービス産業においては，このような取組みはほとんど見出せない。そこで，産業クラスター理論をサービス産業に導入すべく，産業クラスターとして温泉郷や温泉街を位置づける議論を行う。産業クラスターという概念は，元来多くの産業集積がなされている一定の地域にある特定産業に関わるビジネス主体が自然発生的に集まることで形成された地域である。それゆえ，この産業クラスター理論はサービス産業や農業に代表される第一次産業にも導入できると考える。

　温泉産業（温泉旅館業というミクロではなく，街のある商店や旅行業等も含めたマクロから捉えた概念）における狭域クラスターである温泉街には，温泉旅館をはじめとするモノやサービスを提供するビジネス主体が数多く存在する。例えば東京の大田区や大阪の東大阪の町工場が集積している地域を一種の自然発生的な下請部品製造ビジネスクラスターであると捉えれば，温泉ビジネスの集積状況もある意味では全く同様の産業クラスターである。次に，このような観点から，下請部品製造ビジネスと温泉ビジネスの産業クラスターの比較を行ってみる（図表2-3）。

　温泉ビジネスクラスターの中心的なビジネス主体である温泉旅館は，下請部品製造ビジネスクラスターの下請部品製造企業，すなわち町工場にあたると考えられる。また，ビジネス主体のビジネスモデルを構成する中心モジュールは，下請部品製造ビジネスクラスターでは町工場における精巧な金型と熟練した職人であるのに対して，温泉ビジネスクラスターではさしずめ温泉旅館における露天風呂と女将であると置き換えられる。

　温泉郷に対しては，これが複数の温泉街という狭域温泉クラスターを包含しているということを捉えて，広域温泉産業クラスターであると定義できる。つまり，温泉郷は，相互に取り立てて特別の関係を持たない複数の温泉街を自らの地域に包含していることで，温泉郷としての1つの統合されたアイデンティティを保持する広域産業クラスターである。

図表 2-3 温泉産業クラスターと下請部品製造産業クラスターのゾーニング比較

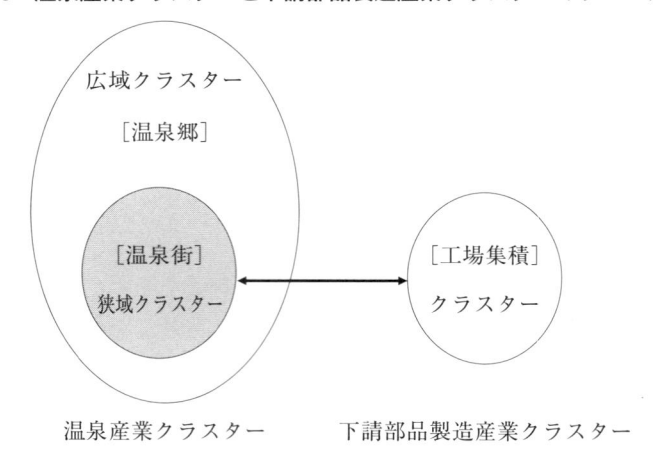

```
         広域クラスター
          ［温泉郷］

    ［温泉街］        ［工場集積］
    狭域クラスター  ←→  クラスター

    温泉産業クラスター   下請部品製造産業クラスター
```

　さて，温泉ビジネスにおいては，温泉の多くが自然発生的に成立してきたこともあって，個々の温泉街はそれぞれある程度の距離をおいた独立した存在である。それゆえ，ビジネスモデルの策定に関しては広域の温泉郷のレベルではなく狭域の温泉街のレベルで行われる。つまり，ビジネスモデルの主体は温泉街であることが多い。

　これに対して，広域産業クラスターである温泉郷に求められる役割は，ある種のソーシャルネットワーキングの主体として，複数の温泉街をはじめとする多様な観光資源を活用した社会に対する情報発信やアクセスの改善のための投資を引き出すことであり，温泉郷は温泉組合の利害を超えて推進するネットワーク主体であると考えられる（図表 2-4）。

　また，温泉郷全体の統一したアイデンティティの確立に向けては，国における国立公園や国定公園に代表される広域レベルのブランディングが可能なゾーニングも大事になる。同様に，箱根や伊豆にみられるように，交通ビジネスを軸にしながらも広範にレジャー産業の施設をもって展開する東急グループや西武グループといった大手企業に対しても多大な貢献が期待される。その意味では，郷のレベルにおいてもソーシャルキャピタルの観点に依拠したビジネスモデルの構築について否定するものではない。

　このようなソーシャルネットワークのハブあるいはプロデューサーによってマネジメントされる広域産業クラスターとしての温泉郷というゾーニングは，温泉

図表 2-4　温泉産業のビジネスモデルとソーシャルネットワーク

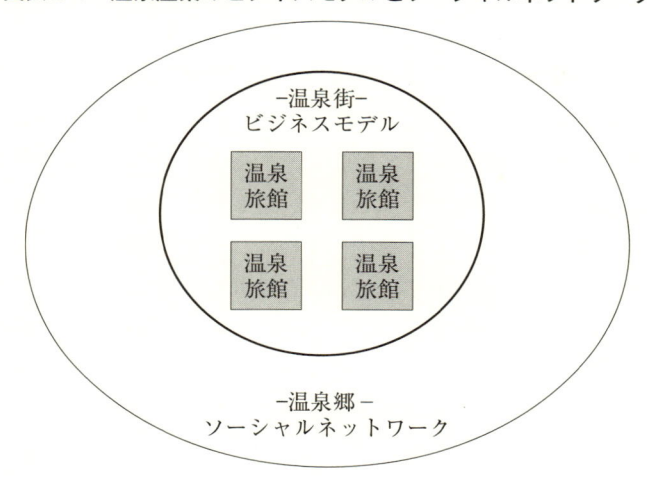

```
           －温泉街－
          ビジネスモデル
      ┌──────┬──────┐
      │ 温泉 │ 温泉 │
      │ 旅館 │ 旅館 │
      ├──────┼──────┤
      │ 温泉 │ 温泉 │
      │ 旅館 │ 旅館 │
      └──────┴──────┘
           －温泉郷－
       ソーシャルネットワーク
```

ビジネス等に代表される地域ビジネスの限界であるいわゆる地ビジネスとしての事業展開からの飛躍を可能性にするパラダイムスイッチ（paradigm switch）と考える。つまり，温泉郷については，温泉ビジネスをマーケットや顧客等のいわばデマンドサイドから捉えるべく，広く社会に開かれたビジネスモデルを温泉街や温泉旅館に構築するためのある種のプラットフォーム（platform）としての役割を担うことができると考えられる。

おわりに

　本節では，温泉ビジネスに関連のある地域として温泉郷と温泉街があり，温泉郷については複数の温泉街から構成されていることが確認された。また，これらの2つの地域は共に産業クラスターであると考えられることの主張が行われた。さらに，温泉ビジネスクラスターの下請部品製造ビジネスクラスターとの比較が試みられ，そこから温泉ビジネスクラスターと下請部品製造ビジネスクラスターとの差異が確認された。これらの議論から，温泉ビジネスではそのビジネスモデルが顧客という1人ひとりにそれぞれ感情や知性がある人間を対象としているということに気付くはずである。あわせて，温泉街は温泉郷にとっては1つの構成要素であるコンテンツであり，このコンテンツはそれ自体もコンテンツである温泉郷というある種の温泉街にとってのコンテクストから多大な影響を受けるということも認識できた。

このような議論を通じた本節の結論として，まず温泉郷と温泉街は共にデュアルな産業クラスターを構成している1つのサービス産業クラスターとしての温泉ビジネスクラスターであることが示された。続いて，温泉ビジネスに関わるビジネスモデルを構想する際には，温泉旅館等の個別のビジネス主体のビジネスモデルのみならず，同時に温泉街としてのビジネスモデルをいかに構築するかがきわめて大事であることが認識できた。さらに，温泉街は広域のクラスターである温泉郷とは切っても切れない不可分な関係にあり，それゆえそれぞれの役割に依拠しながら有効な協創関係を構築することが不可欠な課題であることも確認できた（板倉，2009）。あわせて，両者の関係におけるそれぞれの役割について，前者の温泉街はビジネスモデル主体として，また後者の温泉郷はソーシャルネットワーク主体としての役割を担うという考え方の提示もなされた。

第2節　グローバル化から温泉ビジネスを展望する

はじめに

　わが国では何度か温泉ブームが到来したにもかかわらず，近年の長引く不況や2011年3月に発生した東日本大震災の多大な影響もあって，温泉郷や温泉街をさらにはそこに存在する個々の温泉旅館の経営状態は長期的に低迷が続いている。

　周知のとおり，わが国は世界に冠たる代表的な温泉大国であり，特にアジアでは他に例をみないほど数多の高質な温泉旅館が見出される。その意味において，温泉ビジネスはわが国におけるサービス産業の大事なコアビジネスであり，地域の経済振興にとっても生命線の1つでもある。しかし，このように多大な期待が寄せられるわが国の温泉ビジネスは，かなり厳しい経営状態を余儀なくされている。そこで，わが国における温泉ビジネスの長期的な低迷の理由を探ることにしたが，これについては概ね以下の2点に要約できる。

　その1つは，国や地方の行政機関も注力している地域経済の活性化に関わる基本方針において，そもそも地域は弱者であり，それゆえ例えば地産地消等の政策に代表されるような守りの姿勢が強く出ていることである。それは主に，地域経済の活性化のために地域の外に力強く打って出ようという積極的な姿勢がみえないことに起因している。しかし，眼下のインターネット時代においては，世界中

の誰もが，例えば名産品のほとんどを世界中のどこからでもそしていつでも注文することができる（内田，2009）。これは温泉街のようなまさに求心力が決め手になる拠点ビジネスにおいても同様である。例えば，東京ディズニーリゾートには継続的に，海外も含めて数多の顧客（2009年度年間約2,581万人）が訪れている（東京ディズニーリゾートHP，2011）。温泉街についても，地域外に目を向けることは不可欠となっている。

　もう1つは，全国各地の温泉街で組織化される地域の協同組合（通称，温泉組合）や市町村の観光協会等における温泉ビジネスに対する脆弱なプロデュース力や，強力なビジネスモデルを構築するためのプランニング能力の欠如である。実際に，多くの温泉街が未だに個々の旧態依然たる温泉旅館の集積地域としての温泉街から脱却できていない。また，温泉組合や観光協会を強力に束ねる有能でかつ強いリーダーシップを発揮できる地元の指導者もそう多くは現れていない。

　なお，望ましい温泉郷や温泉街については，大手旅行代理店が実施するアンケート調査に基づいたランキングから抽出されることが多いが，著者はこのような大手旅行代理店の調査から導出された望ましい温泉像はそれほどには参考にしていない。それは前述のように，このような大手代理店の戦略は実は温泉郷や温泉街をある種のローカルな地ビジネスというポジションに押し込めるモデルであり，大手ツーリズムビジネスからの視点に依拠しているからである。その意味において，大手旅行代理店にとって都合のよい温泉郷や温泉街が望ましいものとして紹介がなされていると推察できる。そこで，本書では，温泉郷や温泉街を単なるローカルな地ビジネスとしてではなく，それら自体がビジネス主体としてわが国の温泉ビジネスを世界中の顧客から支持されるグローバルビジネスへと進化させるための構想の提言が行われる。

（1）脱ローカル化戦略を強力に推進する

　さて，多くの場合において，グローバル化とは主に海外でビジネスを積極的に展開することであると理解されている。しかし，インターネットの登場は，至る所で境界融合を引き起こし，以前はビジネス拡大の障害になっていた国境の壁も次第に低くなってきている。これこそがグローバル社会の到来であり，このような変化に伴って多種多様な組織間に存在する多種多様な境界の存在を前提としないビジネスモデルの構築が強く望まれている。

　例えば，大分県産の麦焼酎の醸造メーカーである三和酒類（正式には三和酒類

株式会社)が販売する高級麦焼酎「いいちこ」が大分県産であることを知っている人はそう多くはいない。また,その醸造メーカーの社名が三和酒類という大分県宇佐市に本社がある地場の企業であることもあまり知られていない。しかし,いいちこのことは世界のグローバルシティである東京をはじめ,日本全国のどこの住人であろうとも知っており,酒飲みであれば必ずや一度は飲んだ経験があるに違いない。アメリカ西海岸の大都市やワインの本場であるフランスのパリにおいてさえも,それなりの数に上る iichiko ファンが存在している。著者は,このいいちこの事例がグローバル化に向けたコンテクスト(context)[3]転換から創造されたビジネスモデル例であると考えている(原田,2010a)。

このビジネスモデルでは,自社の商品の販売にあたって,事業の展開のスタート時点から自身の原産地を売り物にしたビジネスを展開していないことに最大の特徴が見出せる。従来のビジネスモデルでは,多くの地方発の産品ブランドが地産地消という政策に依拠して販売を自社の周辺地域に限定してしまう。それゆえ,クローズドなマーケットにおいて通用させることを目的にして構築されている。

一方のグローバルビジネスモデルは,このような地域からの積み上げ型のビジネスモデルとは根本的に異なるものである。しかし同時に,ただ単に特定の国への商品輸出に注力する海外進出型のビジネスでもない。これは,例えば自社の商品を東京でブランディングするのも,あるいはニューヨークやパリでブランディングするのも,まさに同一次元の戦略に依拠していることを意味している。単なる商品の輸出ビジネスであってもグローバルにビジネスを展開するということの重要性は,例えばキッコーマンが世界中のいたる国や地域において醬油の販売を行うことで世界に冠たるブランドの構築に成功したことに端的に見出せる。

以上のような事例からも,すでに事業開始後の初期の段階において,ローカルなマーケットに限定したビジネスではなくグローバルマーケットにおいてビジネスが展開できるビジネスモデルの構築がきわめて大事であることが容易に理解できる。つまり,グローバル時代においては可能な限り事業の開始直後からグローバルビジネスの主体としてのポジションを獲得できるビジネスモデル,すなわちボーングローバル(born global)モデルの構築がより望ましいのである。

このように,国内や国外を問わず多種多様に存在する境界,例えば国家,人種,文化の境界を果敢に越えて世界のどこに対してでも開かれたるビジネスが展開できるビジネスモデルが大いに期待される。それゆえ,わが国の温泉ビジネス

の関係者に対しても特に温泉旅館や温泉街のビジネス主体にとっては急速なグローバル化への対応を指向した次世代型ビジネスモデルの構築のためのさらなる努力が大いに求められる。

（2） 黒川温泉の成功には学ぶべきことがある

　以下において，上述したグローバル化に関わる考え方を温泉ビジネスに適用するとどのようになるのかということについて考察を行っていく。ここでは，熊本県にある黒川温泉の事例をみることにする（後藤，2005）。この黒川温泉がある阿蘇山の麓には実に多くの温泉街が林立している。しかしそのためか，多くの地元住民である熊本県人は，長い間黒川温泉のことを無視し続けてきた。黒川温泉に対しては，自らの地域名が地図から消し去られそうになるほど閑散とした状態になってさえも，熊本県の関係者も含め誰もがそのような苦境を気にかけなかった。つまり，黒川温泉では，いわば偏狭に佇む片田舎の寂れきった温泉街からの復活に自力で取り組むしか道がなかったのである。

　さて，黒川温泉は，10年以上も前に雑誌『じゃらん』の強い後押しもあって，かの「後藤哲也」というカリスマ的な温泉旅館（新明館）の館主の適切な指導によって温泉街全体の再生に成功し，今では全国的に多大な注目を浴びるほどの名声を勝ち取っている。この黒川温泉の成功要因は，皮肉にも地元の熊本県人には全く期待されることがなかったことである。つまり，地元の熊本県人のニーズを全く考慮せず，むしろ大胆にも全国のマーケットに向けた独自性の強い再建策を構築したことが成功要因であったといえよう（原田，2010b）。言い換えれば，この黒川温泉の成功については，地元熊本県から遠く離れた東京をはじめとする全国の女性温泉ファンのグループ顧客をメインターゲットにした，いわばナショナルブランドとしての温泉街のポジションを確立したことで実現できたものである（松田，2004）。

（3） 温泉ビジネスモデルのグローバル化

　温泉ビジネスにおけるビジネス主体は，温泉郷と温泉街，さらに実際に宿泊ビジネスを展開する温泉旅館を含めた三層構造になっている。なお，この三者の間には，以下のような関係が見出せる。結論を急げば，温泉郷が複数の温泉街から構成されており，この温泉街が複数の温泉旅館から構成されているという，デュアルな包含構造として整理することができる。

個々の温泉旅館は，街としての温泉街というレベルの地域に存在しているが，同時に複数の温泉街が含まれる郷というレベルの地域である温泉郷にも含まれている。それゆえ，個々の温泉旅館にとっては，街が郷に含まれているのだから，街を捉えたビジネス主体であると共に，郷にも存在するビジネス主体であるといえる。それゆえ，個々の温泉旅館がビジネスモデルを構築するにあたり，街のみならず郷のレベルのブランド価値や様々なリソースの活用を考慮に入れることが不可欠になる。

　前述した黒川温泉は，南阿蘇温泉郷に包含される多数の温泉街の1つであるが，決して南阿蘇温泉郷に位置する黒川温泉であるとは主張しない。当然ながら，この黒川温泉の顔である後藤が経営する新明館も，南阿蘇温泉郷にあるとは決して言わない。それは，黒川温泉自体もまたそこに立ち並ぶ多くの温泉旅館も，熊本県の温泉街でありまた阿蘇山麓にある多くの温泉街の1つであることを完全に消し去ったブランディングを行うことを決定したからである。つまり，多くの黒川温泉の館主たちが，黒川温泉にとって熊本県や南阿蘇温泉郷は自身に何ら価値を与えてくれないばかりか，むしろそれらとの関係を表現することが自身のブランディングを行うにあたってはマイナスの影響を及ぼすと判断していることを示している。

　これに対して，箱根温泉郷の場合は，黒川温泉とは若干異なる対応が行われている。それは，箱根という温泉郷を指し示す地域の名称が，箱根がたまたま東京に近いこともあって，わが国の温泉の中ではすでに一定程度のグローバルブランド化が確立している地域だからである。それゆえこのイメージを積極的に活用することが，個々の温泉街やここに立ち並ぶ個々の温泉旅館にとってはきわめて有効に機能していると考えられる。箱根という広域の郷の次元でグローバル性を強調しながら，同時に多くの温泉街では個々の温泉街の名称には箱根の名称を付けずにあえてグローバルな地域においてローカル性を訴求するためにまさにオンリーワン指向による希少性や高質性を強調するという地域戦略の使い分けも行われている。確かに，老舗の強羅温泉も新興の仙石原温泉も東京近郊の関東圏の人々にはそれなりに認知されている地域である。それでも，これらをグローバル化の観点から見ると，箱根の持つ地域ブランドのグローバル価値と比較すれば足元にも及ばない。

　一方，箱根と事情を異にするのが別府である。それは，別府という地域の名称が温泉郷と温泉街の双方に使用されているからである。近年，大分県における大

きな問題は，長い間別府温泉郷の中核部分を占めてきた別府駅前中心街の継続的な衰退とこの別府温泉のブランディングへの悪影響である。別府八湯を構成する他の温泉街はそれほど大きな問題点を抱えていないが，駅前ゾーンを抱える別府温泉街のイメージの低下に引っ張られている。しかし，現時点では，前述した黒川温泉のように各温泉街が単独でブランディングできるほどの温泉街であるとはいえず，温泉ビジネスの展開は非常に困難をきわめている。

温泉ビジネスに関わるブランディングの単位として郷を使うか，はたまた街を使うのかは，まず以てどちらが個別の温泉旅館にとってより望ましいのかという問題であるといえる。しかし同時に，どちらのほうが広域への求心力を発揮できるか，またはどちらのほうがライフスタイル指向の新たな顧客層を当該地域に呼び込むことができるか，ということに対するビジネス主体による判断の問題でもある。

おわりに

本節では，まず温泉ビジネスはグローバル化を促進すべきであるという主張が行われ，またそのためには郷と街との関係，あわせてそれらと個々の温泉旅館との関係形態が大事であることが主張された。続いて，グローバル化の成功事例として熊本県の黒川温泉を紹介し，同時にここでのビジネスモデルをめぐる議論を行った。そして最後に，これらの議論を踏まえ，黒川（街として），箱根（郷として），別府（郷と街として）を捉えた温泉ビジネスのグローバル化対応に関わる考察を行った。

これらの議論から理解できたことは，箱根のように郷に大きなグローバル価値が見出る場合は，広域の地域である郷をコンテンツとしての狭域の地域である温泉街に対するある種の価値増幅装置としてのコンテクストとして活用できる，ということである。しかし，黒川温泉のような場合には，温泉街自体を自身の手によってグローバル化対応のためのコンテクストに転換させていくことが不可欠になる。

これら2つの対極的な事例を考慮すれば，概ね以下のような結論を導出することが可能である。温泉街レベルのビジネスモデルは，それが評判の高い温泉郷に包含されている場合にはグローバル化の軸足をそちらにもっていき，温泉郷が存在していない場合や温泉郷のイメージが現時点ではあまり望ましい状況にない場合には，グローバル化の軸足も同時に温泉街自体におくという2通りの対応が必

要になる。それゆえ，次節では，特にグローバル化やライフスタイルへの対応を強力に推進するための次世代型温泉ビジネスモデルの提言が試みられる。

第3節 スロースタイルに4つの「系」を設定する

はじめに

本節では，次世代型温泉ビジネスモデルを体系的に提言するために必要とされるもう1つの軸，すなわちグローバル化とあわせて議論すべき課題であるライフスタイルについての議論を行う。

グローバル化への対応については，従来の温泉ビジネスは主に観光地ビジネスによる地域経済の活性化策への貢献であるという定説に対する対抗概念を提示する。一方，ライフスタイル対応のアプローチについては，温泉ビジネスという事業スタイルを踏まえ，特に近年注目を集めているスロースタイルにフォーカスして議論を展開する。このスロースタイルへの対応は，前者のグローバル化対応がサプライサイド発想，すなわちビジネス主体からのアプローチであったのに対して，デマンドサイド，すなわちマーケットサイドや顧客サイドからの議論である。また，スロースタイルについては，前述したグローバル化がファスト化との関係が深いことを踏まえれば，次元は異なるがグローバル化の対抗概念であると位置づけられる。以上のような考察から，温泉ビジネスモデルの構築にあたってはグローバル化対応とスロースタイル対応の双方からアプローチすることになる。

続けて，以上のような議論に立脚し，次世代型温泉ビジネスモデルを構築するために，今後大いに期待がもてるスロースタイルを捉えた「スタイル特性」としての「系」の設定が行われる。具体的には，縦軸に「エピソード（episode）[4]メイク主体軸（個人・カップル vs. グループ・集団軸）」が，横軸に「ヘルシーライフ対象軸（体 vs. 心軸）」が，それぞれ設定されることになる。そして，これらの2軸から導出されるのが，「交歓—別天地系」「練磨—合宿所系」「快癒—湯治場系」「充電—隠れ家系」という合計4つの「スタイル特性」としての「系」である。

（1） 時代に追い越されたビジネスモデルを考察する

　古く江戸時代からわが国を代表する温泉として，群馬県の草津温泉がある。しかし，この草津温泉は第二次世界大戦後に次第に衰退し，若干持ち直したとはいうものの，その姿に昔日の面影を見出すことはできない。また，東の熱海（静岡県），西の別府に代表される数多の温泉は，明治以降の長期間においてまぎれもなく多大な栄華を謳歌していた。

　しかし，企業の従業員総出による社員旅行の急速な衰退によって，彼らをメインターゲットにしていた温泉旅館の多くが，全国的レベルで次第に衰退の憂き目をみることになった。もちろん，草津温泉は現在でもJTB（日本交通公社）等の大手旅行代理店の人気ランキングではトップにランクされることが多いし，熱海温泉も別府温泉もランキングについては未だに高いままである。また，地元の人々が多大な努力を注いでいることもあって，結果的にはそれなりの成果が出ている（松田，2009）。しかし，最大の問題点は，このような温泉ビジネスの中核的なビジネス主体として，そしてわが国を代表する観光ビジネス主体として，まさに国境の壁を越えて発揮されるグローバルな求心力，例えば東京ディズニーリゾートのような強力な求心力をもっていないということにある。これらのかつて多大な栄華を誇っていた温泉の社会における存在感の低下には，共通する理由があると思われる。それは結論を急ぐならば，温泉ビジネスモデルの賞味期限が切れてしまい，結果的にかれらのビジネスモデルがとうの昔に時代に追い越されてしまったことである。

　この時代に追い越されたビジネスモデルは，すべての業界に共通に見出されるものである。特に，長期間にわたって業界のトップランナーであった企業に多くみられる現象である。かつては彼らが先頭に立って時代を引っ張ってきたが，当然ながら少しでも気を抜いたり手を抜いたりすれば，変化し続けるマーケットや顧客のニーズ，すなわち時間に追い越されてしまう。

　一方で，このような現象は業界における新陳代謝を生んでいるとも考えられる。しかし仮にそうであっても，各企業レベルではそのような悠長なことをいってはいられない。個々の温泉旅館も，また温泉街や温泉郷も，それらのすべてが長期的な生き残りを賭けたイノベーション（innovation）を指向し続けることが要請されることを認識する必要がある。大事なのは，それぞれの顧客に提供するコンテンツに関わるイノベーションを作成すること，すなわちその時代にジャストフィットするコンテクストをデザインすることで，マーケットからの確実な支

持を勝ち取ることである。

　そこで以下において，別府温泉の停滞の分析，すなわち時代に追い越された事例としての別府温泉街の低迷の分析を行ってみる。もちろん，今でも別府温泉に好んで何度も訪れる顧客は数多くおり，多数の優れた温泉街をもつ別府温泉郷全体の宿泊数もかなりの人数（別府市宿泊客数2009年365.2万人，熱海市同年282.0万人）になっている（別府市企画部政策推進課HP，2011）。これは，別府温泉は今でもそれなりの温泉街であることを意味している。しかし，かつての多大な栄華と全国的な求心力を誇っていた時代の別府温泉と比較すると，残念ながら現在の姿は時代に追い越されてしまったと感じられる。その最大の原因は，かつて中核的な温泉街であった別府温泉街が，駅周辺の廃墟化の影響もあって，温泉郷のブランド化を牽引する温泉街になっていないからであろう。

　例えば，東の熱海温泉の場合には，何人か若い経営者の努力（例えば温泉玉手箱の展開）等が功を奏してなのか，実感ではあるが新たな可能性が見出される。これと比較すると，現時点の別府温泉は相変わらず戦後の繁栄のシンボルである「地獄めぐりの別府」という前時代的イメージが払拭されていない。それゆえ別府温泉の多くの温泉ビジネス主体にとっては，別府温泉を批判的に分析することによって，時代に追い越され，顧客のライフスタイルから大きく乖離している現状の認識が必要になる。その現状を認識した上で，時代に適合したビジネスモデルを早急に構築すべきである。

　一方で，別府温泉と同じ大分県にある湯布院温泉（町名は由布院）は昨今きわめて高い顧客からの評判を獲得している。また，ここから県境を西に車で1時間ばかりかけて山越えをしていけばさらに多大な評判を獲得している阿蘇山の山麓に佇む黒川温泉に行き着くことができる。そこで，これらの温泉街に何度か足を運んだ著者の経験を踏まえて，別府温泉，由布院温泉，黒川温泉という3つの温泉街にみられるビジネスモデルの比較を行ってみる。

（2）　別府，湯布院，黒川温泉の三者比較を行う

　顧客の視点で，別府温泉，湯布院温泉，そして黒川温泉を巡ってみると，これら3つの温泉街の特徴がきわめてよく理解できる（JTBパブリッシング企画出版部第四編集部，2006）。

　最初の別府温泉街は，それなりの努力は感じられるものの，かつて賑わいをみせた別府の中心市街地がたいへん寂れていること，また未だに地獄めぐりに代わ

るコンテクストを構築できていないこともあり，特に駅前中心街は閑散としている。これこそが典型的な時代に追い越された街であり，特にかつての中心街はある種の温泉街の遺跡のように感じられてしまうほどである。街そのものが生きていないために日常性を超越するような非日常的経験でわくわくとする時間を過ごすことは全くできない。それゆえ，別府温泉を訪れることで心地のよいエピソードを刻むことができづらい状況になっている。

　これに対して，別府から車で40分ほど走れば行き着ける湯布院温泉は，別府温泉とは正反対の温泉である。電車で行けばそこにはかの著名なドイツ風の由布院の駅舎が忽然と建ち現れ，誰しも駅に着いた時からすでに別天地に入り込んだような気分になる。その意味では，由布院駅はある種の非日常空間に向かうゲートウェイである（JTBパブリッシング企画出版部第四編集部，2006）。ここから温泉街に続くメインストリートには多種多様な温泉旅館が立ち並び，あたかも温泉街に向かう参道のようである。こうして，顧客はそれぞれお目当ての温泉旅館に辿り着くまでに，これから過ごすはずの楽しいひと時に思いをはせることができる。

　さらに，この湯布院温泉から車で1時間強ほどの時間をかけると黒川温泉に到着する。熊本空港から直接行っても車で1時間ほどかかるのが黒川温泉である。また，この黒川温泉は，訪れるには若干手間がかかる，いわば片田舎にひっそりと佇む，鄙びているが賑わいのある温泉街なのである。黒川温泉は交通のアクセスが良好ではない場所であることから，いわゆる娑婆とは異なる非日常的な時空間である。このように，黒川温泉は，カリスマ的指導者後藤哲也を中心にした温泉組合の多大な努力によって日本の原風景を現代に再現し，癒やしの場としてのアイデンティティ形成に成功したことで知られている温泉街である。

　これまで，わが国を代表する九州にある3つの近接する温泉街に対する著者の印象を述べたが，これら3つの温泉街には大きな差異を見出すことができる（原田，2010b）。まず，別府温泉と後の2つの温泉街，すなわち湯布院温泉および黒川温泉との間にある差異は，温泉街が日常空間かそれとも非日常空間かということに依拠している。当然ながら，前者が日常空間であり，後者が非日常空間である。言い換えれば，前者は日常生活の延長線上に捉えられるのだから，あえていえば毎日の生活の中のルーチン（routine）としての温泉体験である。それゆえ，特段大きな感動やエピソードに残るような出来事は期待されてはいない。つまり，前者は自身のライフスタイルの表現の場として捉えられていないということ

であり，逆に後者は自身のライフスタイルの表現の場として捉えられていることを意味している。

　続いて，湯布院温泉と黒川温泉との比較を行っていく。前者は最近では，一部の高級温泉旅館を除いては，例えばジュニアギャルが休日にわざわざ時間とお金をかけて行く東京の原宿や，東京圏に在住するおばあちゃんたちがグループで訪れる巣鴨と同様のポジションにある。その意味では，これらはすなわち日常生活の延長線上におけるちょっとした晴れの場体験であると考えられる。それゆえ，ここを訪れるジュニアギャルやおばあちゃんたちの意識は，普段のままの自分がちょっとばかり日常の中の晴れ着を装いで友達とお出かけするといったようなものであると思われる。言い換えれば，日常生活におけるお手軽なチェンジアップ（change up）のための時空間として利用しているとも考えられる。

　このように湯布院温泉に対するニーズは，日常性の延長線上におけるいわば擬似的な非日常体験であるといえる。そういう意味では，最近ではいささかお手軽なある意味で大衆化した田舎の雑踏のような雰囲気になりさがっているともいえる。これに対して，黒川温泉を訪れる顧客にとっての滞在体験は，日常的な時空間とは若干異なる状況で自分自身や自分と親友・家族との関係を確認したり，前進させたりすることを目的にしている。それゆえ，多くの顧客は，黒川温泉を訪れることによって，自らの生き方に関わる深いが重くはない体験を期待しており，ここでの体験は自身のアイデンティティの確認や再確認のためのある種心の旅であるともいえる。顧客は，それぞれが自分自身の心の旅をたっぷりと楽しむことを目的としており，温泉旅館にある様々な露天風呂を入湯手形を利用しながら巡り，癒しの空間ともいうべき温泉街周辺にある自然が横溢した景観に触れられるのである。

　以上の論述から，マーケットや顧客のニーズにマッチしたビジネスモデルを構築するにあたり，その時々の顧客のライフスタイルが的確に反映されているかどうかが成否を決定することが理解できたであろう。また，前述した3つの事例の比較から，グローバル指向で，単なる地ビジネスからの脱却に向けた努力が成果として結実している温泉街は活況を呈していることがわかった。このように広くグローバルな視点からビジネスを展開するための戦略フレームをいかに構築するかが，次世代型温泉ビジネスモデルを構築する際，重要な課題になる。

　そこで，このような問題意識をもちながら，今後に期待がもてる温泉ビジネス領域の確定を行うことにする。著者は，かねがね今後の温泉ビジネスの発展は，

スロースタイルの中核をしめる「ヘルシーライフ」を指向するマーケティングと「エピソードメイク」を可能にするプロデュースによって実現すると主張している。

　前者のヘルシーライフとは，本著で強調されているデマンドサイドイニシアチブ（demand side initiatives）のライフスタイルの代表的なものである。このライフスタイルは，昨今では時間軸からみると，ファストではなくスローであるという議論が活発になされている。また，ここで取り上げたヘルシーライフは，どちらかというとスロースタイル指向の強いライフスタイルの１つであることを捉えて，スロースタイルの代表的な要素として，軸としての活用を行う。

　後者のエピソードメイクとは，どちらかというとサプライサイドイニシアチブ（supply side initiatives）からのアプローチであり，人々の体験を通してエピソードをプロデュースする機能である。なお，ここでいうプロデュースとは，顧客への提供内容であるコンテンツの価値を増大させるための提供方法としてのコンテクスト創造を行う機能である。また，このエピソードメイクは現在きわめて先進的なプロデュース手法として注目されていることを捉えて，もう１つの軸として設定する。

（3）　ライフスタイルからアプローチする

　以上のような考え方に基づき，以下でスロースタイルの体系化を試みることにする。縦軸のエピソードメイクについては特にエピソードメイクを体験する顧客の人数と捉えることによって「エピソードメイク主体軸」とし，横軸のヘルシーライフについては特にヘルシーライフの注力する対象が体なのか心なのかという，いわば健康の対象として「ヘルシーライフ対象軸」と呼ぶことにする。つまり，マーケティングに関わる軸であるヘルシーライフ対象軸と，プロデュースに関わる軸であるエピソードメイク主体軸という２軸から体系化を試みることにする。その結果，以下のような４つのスロースタイルの「スタイル特性」としての「系」の提言が可能になる（図表2-5）。

　縦軸のエピソードメイク主体軸については，エピソードを記憶するすなわち思い出を刻み込む人数の単位が個人・カップルなのかあるいはグループ・集団なのかという，いわば顧客数の単位における対抗軸（個人・カップル vs. グループ・集団軸）として表すことができる。また，横軸のヘルシーライフ対象軸については，それが人の体なのかあるいは人の心なのかという，いわば健康に関わる対抗

図表 2-5 「スタイル特性」としての「系」

《エピソードメイク主体》

```
            グループ・集団
                ↑
    ┌──────────┬──────────┐
    │ 練磨－    │ 交歓－    │
    │ 合宿所系  │ 別天地系  │
    └──────────┼──────────┘
体 ←────────────┼────────────→ 心
    ┌──────────┼──────────┐
    │ 快癒－    │ 充電－    │
    │ 湯治場系  │ 隠れ家系  │
    └──────────┴──────────┘
                ↓
            個人・カップル
```

《ヘルシーライフ対象》

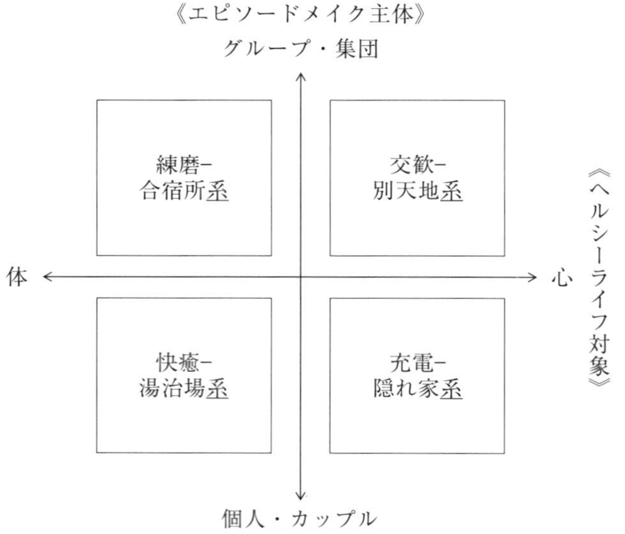

軸（体 vs. 心軸）として提示される。そうなると，これらの2軸の組み合わせから，合計で4つの成長を見込めるスロースタイルコンテクストの設定が可能になる。ここでは，これらの4つの事業領域を「系」と命名した。

(4) 「交歓―別天地」「練磨―合宿所」「快癒―湯治場」「充電―隠れ家」が「系」である

　前項で設定した4つのスタイル特性としての系は，具体的には第1象限の「交歓―別天地系」，第2象限の「練磨―合宿所系」，第3象限の「快癒―湯治場系」，第4象限の「充電―隠れ家系」である。以下では，これらの4つのスロースタイルのスタイル特性である系の概略を説明しておく。

　第1象限の交歓―別天地系とは，ある種の別天地を舞台にしたスロースタイル系である。これは，縦軸のエピソードメイク主体軸がグループ・集団であり，横軸のヘルシーライフ対象軸が心であるようなスタイル特性の系である。この系は，主に大人の女性，とりわけ東京に代表される都会の女性グループや，暮らしに余裕のある家族グループがメインターゲットであり，彼らがグループとしてのさらなる絆の強化を図るために温泉街を訪れるようなスロースタイル系である。それゆえ，この交歓―別天地系ビジネスにおいては，温泉旅館のみならず，これを包み込む豊かな自然の中で散策を楽しめるように随所に何らかの界隈性が装備

される。そして，これによって健康的な賑わいがもたらされるようなストリートが形成されていることが，この系の前提条件になる。なお，このような系の代表的な事例としては，前述した黒川温泉があげられる。

　第2象限の練磨―合宿所系とは，ある種の合宿所を舞台にしたスロースタイル系である。これは，縦軸のエピソードメイク主体軸がグループ・集団であり，横軸のヘルシーライフ対象軸が体であるスタイル特性の系である。この系では，サッカー等のスポーツチームがまさに切磋琢磨による競技水準の向上を指向して長期間滞在するような温泉をあげられる。当然ながら，そこにある温泉旅館の近くにはグランドや体育館等の練習場があることが前提条件になる。この系としては，例えば最近女子サッカーの「なでしこジャパン」が合宿場として使用したことから全国に知られるようになった岡山県の湯郷温泉があげられる。

　第3象限の快癒―湯治場系とは，温泉の原型である湯治場を舞台にしたビジネスである。これは，縦軸のエピソードメイク主体軸が個人・カップルであり，横軸のヘルシーライフ対象軸が体であるスタイル特性の系である。この系は，病気や疾患の治癒を目的とするのみならず，近年では予防医学の観点からも大いに期待が寄せられるスロースタイル系である。また，長期滞在が前提になるためそこでの生活が豊かになるような試みも行われている。この系には，例えば鳴子温泉郷に代表される昔からの湯治場があげられる。

　第4象限の充電―隠れ家系とは，人里離れたある種の離れ等の隠れ家を舞台にしたスロースタイル系である。これは，縦軸のエピソードメイク主体軸が個人・カップルであり，横軸のヘルシーライフ対象軸が心であるスタイル特性の系である。この系は，忙しい日常生活に疲れたハイソやセレブといわれているゆとりのある暮らしをしているがきわめてストレスの大きい仕事に従事している人々が，ある種の癒しや活力を求めて少しの期間だけ現実の社会と隔離されるべく籠もれるような隠れ家を舞台にしてエピソードメイクが行われるスロースタイル系である。この系については奥湯河原に代表される温泉の名所に「奥」という一文字が付与されている温泉を探していくと容易にみつけられる。

おわりに

　ここでは，次世代型温泉ビジネスモデルを提案するために，そのモデル構築の対象としてライフスタイル対応の中で今後可能性が見出されるスロースタイルの体系化が行われた。本著では，このようなスロースタイルを規定する軸としてエ

ピソードメイク主体軸とヘルシーライフ対象軸が設定され，この2軸から成長可能性が高いと思われる4つの異なるスタイル特性としての系が設定された。

具体的には，交歓―別天地<u>系</u>，練磨―合宿所<u>系</u>，快癒―湯治場<u>系</u>，充電―隠れ家<u>系</u>という4つのスタイル特性としての系である。もちろん，これが今後の可能性のある温泉ビジネスのすべてでないことはいうまでもない。また，本章では，これらの4つの系についてはすべてパラレルな関係にあると考えており，それゆえこれらの優劣は付けていない。

なお，著者は，温泉ビジネスの成否を決定する最大の要因は温泉自体の効能すなわち泉質の良し悪しであることは十分に承知している。それでも本著ではあえてビジネスモデルの構築にあたっては，それらを考慮に入れずに議論を行うことにした。このような判断は，本著の執筆者の中に医学者や医師が1人もいないことを考慮すれば，まさにやむをえないことであると考える。

第4節　「系」と「類」からビジネスモデルの「型」を探る

はじめに

本節では，温泉ビジネスのビジネスモデルの概念枠組みを提示する。これは，他のサービス事業にも活用できる普遍性の高い枠組みであると考える。ここでは，従来型の温泉ビジネスを起点としてスロースタイル（実際にはその1つであるヘルシーライフだが，ここでは広範な利用を考慮して，若干絞り込んだ概念であるスロースタイルとする）に関わる「コンテクスト次元」からの5つの「類」を設定する。その際，「マーケットセグメント」を縦軸とし，「ドメインセグメント」を横軸とする2軸から4つのグループ，結果的には5つのコンテクスト次元である「類」（第3グループには2つの類がある）を設定する。そして，これを前節において設定されたスロースタイルのスタイル特性としての4つの系と組み合わせることによって，20種類のビジネスモデルの「型」が導出される。具体的には，交歓―別天地<u>系</u>，練磨―合宿所<u>系</u>，快癒―湯治場<u>系</u>，充電―隠れ家<u>系</u>の4つのスタイル特性としての系が，「コンテクスト次元」である「<u>拡類</u>」，「<u>深類</u>」，「<u>脱Ⅰ類</u>」，「<u>脱Ⅱ類</u>」，「<u>超類</u>」という5つの「類」と掛け合わせて導出される。

(1) 「コンテクスト次元」として「類」がある

「コンテクスト次元」である「類」は，縦軸の「マーケットセグメント軸」と横軸の「ドメインセグメント軸」によって設定されることになり，結果的には4つのグループが誕生する。縦軸の「マーケットセグメント軸」は「ローカル」と「グローバル」という対抗概念で表され，横軸の「ドメインセグメント軸」は「観光地」と「スロースタイル」という対抗概念で表される（図表2-6）。

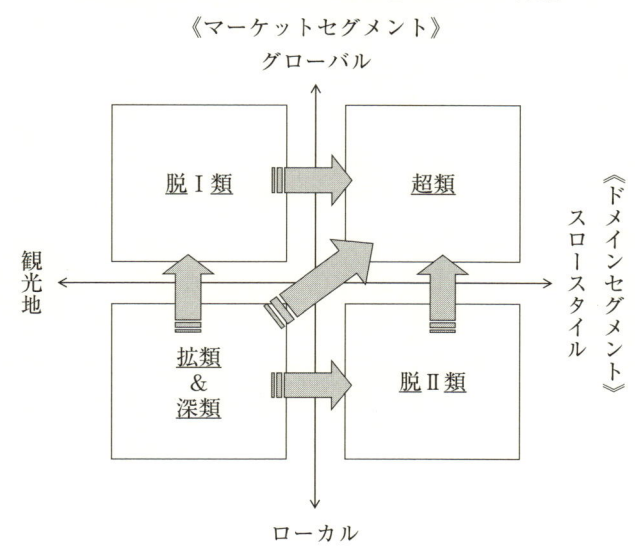

第1象限にポジショニングされるコンテクスト次元は，縦軸のマーケットセグメントがグローバルであって，横軸のドメインセグメントがスロースタイルであるコンテクスト次元を表す「超類」である。第2象限にポジショニングされるコンテクスト次元は，縦軸のマーケットセグメントがグローバルであって，横軸のドメインセグメントが観光地であるコンテスト次元を表す「脱Ⅰ類」である。第3象限にポジショニングされるコンテクスト次元は，縦軸のマーケットセグメントがローカルであって，横軸のドメインセグメントが観光地であるコンテクスト次元を表す「拡類」と「深類」である。そして，第4象限にポジショニングされるコンテクスト次元は，縦軸のマーケットセグメントがローカルであって横軸のドメインセグメントがスロースタイルであるコンテクスト次元を表す「脱Ⅱ類」

図表2-6 「コンテクスト次元」としての「類」

《マーケットセグメント》
グローバル

脱Ⅰ類	超類
拡類＆深類	脱Ⅱ類

観光地 ← → スロースタイル 《ドメインセグメント》

ローカル

（注） 第2節で述べたヘルシーライフは，スロースタイルに含まれる。

である。

　なお，これらのコンテクスト次元である類においては，現時点では相互に優劣はない。しかし，一般的なビジネスモデルの進化方向としては，第3象限の拡類や深類から第2象限と第4象限の脱類への進化を実現することが最初のステップであり，続いて第2象限と第4象限の2つの脱類から第1象限の超類への進化を実現することが次のステップであるといえる。

　次に，この5つの類について象限ごとに簡単な議論を行う。まず，第3象限の内の拡類は，現在の温泉ビジネスを加速的に拡大させた次世代型の温泉ビジネスであり，また深類は現在の温泉ビジネスをより深く掘り下げた温泉ビジネスである。これらは共に現状のコアビジネスを進化させたビジネスであると考えられる。第2象限の脱類は，縦軸のマーケットセグメントがローカルからグローバルに進化したものであり，また第4象限の脱類は，横軸のドメインセグメントが観光地からスロースタイルへと進化したものである。第2象限と第4象限の脱類を区別するため，第2象限は「脱Ⅰ類」，第4象限は「脱Ⅱ類」と命名した。最後の第1象限の超類は，縦軸のマーケットセグメントがローカルからグローバルへと進化したものであり，また横軸のドメインターゲットが観光地からスロースタイルへと進化したものである。

　それでは，第3象限に分類される温泉ビジネスが，第2象限あるいは第4象限の脱類，さらに第1象限の超類への進化を実現するにあたり，どのような転換を行えばよいのだろうか。まず，第3象限から第2象限への転換は，ローカルなビジネスモデルをグローバルなビジネスモデルへ転換したものである。このような転換は，温泉街や温泉郷を全国的な視野やグローバルな視野で相対化しながら顧客価値の創造を可能にするビジネスモデルを構想することによって実現する。例えば，黒川温泉のように地元にも見捨てられたような辺境にある温泉は，一挙にグローバル化するという方向性を狙うのが適切である。

　また，第3象限から第4象限への転換は，観光地型というサプライサイドの価値創造を行うビジネスモデルからスロースタイルに代表されるライフスタイルを捉えた顧客価値を創造するビジネスモデルへの転換である。このような転換は，温泉のみならず，エピソードメイクができるような顧客価値を提供することで実現する。例えば，東鳴子温泉のように治癒を目的とした湯治場として存在していたような温泉は，その近隣のアグリカルチャー資源を取り込み，治癒だけでなく予防という観点から心と体のヘルスケア対応のライフスタイル提案を行っていく

ことが可能である。最後に，第2象限あるいは第3象限から第1象限あるいは第3象限から第1象限への転換は，上述した転換を追加あるいは一挙に行うことになる。例えば，黒川温泉は，第3象限から第1象限への転換を実現したといえる。いずれにしても，第3象限の拡類あるいは深類から，第2象限あるいは第4象限の脱類への転換を目指すのか，追加的にあるいは一挙に第1象限の超類への転換を目指すのかは，その温泉のビジネス主体の選択にゆだねられる。

（2） 4つの「系」と5つの「類」から20種類のビジネスモデルの「型」を考える

前述した4つのスタイル特性である系を，以上の5つのコンテクスト次元である類と掛け合わせると，合計で20種類の温泉ビジネスに関わるビジネスモデルの「型」の設定ができる。なお，このような関係を算式で示すと以下のようになる。

ビジネスモデル型＝ビジネス系（スタイル特性）×ビジネス類（コンテクスト次元）

また，それぞれの系ごとにすべての類を掛け合わせることによって導出される型を以下に表すことにする。なお，ビジネスモデルの「型」の表示方法についてはビジネスのコンテクスト次元を前に置いた形式を採用することにした（図表2-7）。

なお，読者の理解を深めるために，以下に温泉ビジネスの進化領域である系の単位ごとに合計20種類の「型」を列挙しておく。

図表2-7　ビジネスモデルの「型」一覧

スタイル特性 ＼ コンテクスト次元	拡類	深類	脱Ⅰ類	脱Ⅱ類	超類
交歓―別天地系	"拡"交歓―別天地型	"深"交歓―別天地型	"脱Ⅰ"交歓―別天地型	"脱Ⅱ"交歓―別天地型	"超"交歓―別天地型
錬磨―合宿所系	"拡"錬磨―合宿所型	"深"錬磨―合宿所型	"脱Ⅰ"錬磨―合宿所型	"脱Ⅱ"錬磨―合宿所型	"超"錬磨―合宿所型
快癒―湯治場系	"拡"快癒―湯治場型	"深"快癒―湯治場型	"脱Ⅰ"快癒―湯治場型	"脱Ⅱ"快癒―湯治場型	"超"快癒―湯治場型
充電―隠れ家系	"拡"充電―隠れ家型	"深"充電―隠れ家型	"脱Ⅰ"充電―隠れ家型	"脱Ⅱ"充電―隠れ家型	"超"充電―隠れ家型

◎ A. 交歓―別天地系のモデル
〔A―1型〕:「交歓―別天地系」×「拡類」=「"拡"交歓―別天地型モデル」
〔A―2型〕:「交歓―別天地系」×「深類」=「"深"交歓―別天地型モデル」
〔A―3型〕:「交歓―別天地系」×「脱Ⅰ類」=「"脱Ⅰ"交歓―別天地型モデル」
〔A―4型〕:「交歓―別天地系」×「脱Ⅱ類」=「"脱Ⅱ"交歓―別天地型モデル」
〔A―5型〕:「交歓―別天地系」×「超類」=「"超"交歓―別天地型モデル」

◎ B. 練磨―合宿所系のモデル
〔B―1型〕:「練磨―合宿所系」×「拡類」=「"拡"練磨―合宿所型モデル」
〔B―2型〕:「練磨―合宿所系」×「深類」=「"深"練磨―合宿所型モデル」
〔B―3型〕:「練磨―合宿所系」×「脱Ⅰ類」=「"脱Ⅰ"練磨―合宿所型モデル」
〔B―4型〕:「練磨―合宿所系」×「脱Ⅱ類」=「"脱Ⅱ"練磨―合宿所型モデル」
〔B―5型〕:「練磨―合宿所系」×「超類」=「"超"練磨―合宿所型モデル」

◎ C. 快癒―湯治場系のモデル
〔C―1型〕:「快癒―湯治場系」×「拡類」=「"拡"快癒―湯治場型モデル」
〔C―2型〕:「快癒―湯治場系」×「深類」=「"深"快癒―湯治場型モデル」
〔C―3型〕:「快癒―湯治場系」×「脱Ⅰ類」=「"脱Ⅰ"快癒―湯治場型モデル」
〔C―4型〕:「快癒―湯治場系」×「脱Ⅱ類」=「"脱Ⅱ"快癒―湯治場型モデル」
〔C―5型〕:「快癒―湯治場系」×「超類」=「"超"快癒―湯治場型モデル」

◎ D. 充電―隠れ家系のモデル
〔D―1型〕:「充電―湯治場系」×「拡類」=「"拡"充電―隠れ家型モデル」
〔D―2型〕:「充電―隠れ家系」×「深類」=「"深"充電―隠れ家型モデル」
〔D―3型〕:「充電―隠れ家系」×「脱Ⅰ類」=「"脱Ⅰ"充電―隠れ家型モデル」
〔D―4型〕:「充電―隠れ家系」×「脱Ⅱ類」=「"脱Ⅱ"充電―隠れ家型モデル」
〔D―5型〕:「充電―隠れ家系」×「超類」=「"超"充電―隠れ家型モデル」

以上の20種類の型で表せる次世代型温泉ビジネスモデルの特徴と事例の解釈については,後章におけるビジネスモデルを実際の展開と絡ませながら詳細に述べる。なお,事例については,本著で提言されているすべてのビジネスモデルの型をカバーしてないが,これは未だ研究途上のため最適な事例が見出されていないことに起因している。それゆえ,これらについては今後の課題にすることをご

容赦いただきたい。

おわりに

本節では，次世代型温泉ビジネスモデルの体系化に注力してきた。これらの議論を通じて理解できたことは，既存のビジネスモデルに散見できる常識，すなわち温泉は地域振興に貢献するための観光ビジネスであらねばならないという伝統的かつ権威的な縛りからの解放であった。

著者は温泉ビジネスの次世代型モデルを提言するにあたり，まず長い間すっかり常識になっている温泉ビジネスはローカル産業であるべきで，観光ビジネスにおいてはいわゆる地ビジネスとしてのポジションに甘んじざるをえないという地域への圧力に対する対抗概念を提示した。

このような考え方に依拠しながら，今後対応すべきライフスタイルのスタイル特性としての4つの系を提言した。具体的には，交歓—別天地系，練磨—合宿所系，快癒—湯治場系，充電—隠れ家系である。

また，5つのコンテクスト次元である類は，第1の拡類と深類という2つの既存のコンテクストを活かしながら進化させるというコンテクスト次元，第2の2つの脱類という既存のコンテクストを2つの軸の一方を変えることによる既存ビジネスから脱却させたコンテクスト次元，そして第3の既存のコンテクストを二軸とも変えてしまうことによる超類という3つの種類のコンテクスト次元から成る。そして結果的には，4つのスタイル特性である系と5つのコンテクスト次元である類との掛け合わせによって，20種類のビジネスモデルである型が構想された。

エピローグ

わが国においては，温泉に関わる著書がすでに数多く出版されており，それらの中には興味深いものもそれなりに見出せる。しかし，それらのほとんどが観光ガイドに類する一般書であり，一部の観光経営学や地域ブランドに関わるものを除くと，温泉についての経営学の専門書をほとんど見出すことはできない。また残念なことに，ほとんどの経営学の専門書ではあくまでも地域はマイナーでローカルな存在として捉えられており，決してグローバルな主体にはなりえないとい

うスタンスに立脚する論述が多い。

　しかし，上述したように，今や時代はインターネットを中核にした高度情報化社会に移行しており，それゆえどのような地域のビジネスであろうとも，またどのような形態のビジネスであろうとも，ネットワークに依拠したビジネス展開が可能である。実際に，世界のモノやサービスはいつでもどんな場所でもそして何でも入手できるようになっている（原田・寺本，1996）。同時に，このような時代に，はたして従来型のビジネスモデルでビジネス主体が存続できるのかという疑問も呈している。

　例えば，東京ディズニーリゾート（千葉県舞浜市）は，ある日突然（東京ディズニーランドは1983年に開業）にその姿を現したが，誕生時からすでにわが国最大のグローバル拠点としてのポジションの獲得を見据えていた。それゆえ，アジアの各国からも観光客が多数，しかもリピーターとして訪れている。しかし今や，このようなビジネスモデルはテーマパークに限定されたものではない。世界のいたる場所のありとあらゆるビジネスにおいて，このようなグローバルで集客力を保持するビジネス主体が登場し始めている。

　それゆえ，このような時代には，地域の壁を乗り越え，たとえどこでビジネスを展開しても，適切なオペレーションができるビジネスモデルの構築に成功しさえすれば，グローバルなビジネスの展開や確立が可能である。そして，このことは，拠点ビジネスである温泉ビジネスについても例外ではない。地域に引き籠もって地域の中のみ，あるいはその近隣に限定してしか存在意義を見出されないローカルマーケットに自らの生存を託せる時代はもうとうの昔に過ぎ去ったことを表しているのである（原田，2002）。

　著者は，わが国の温泉ビジネスに対して，ドイツに代表されるヨーロッパの一流温泉に劣らないほどのグローバルビジネスを展開することが可能であると考えている。さらにはジャパニメーションと称されるアニメビジネスとも肩を並べるほどの世界への影響力の行使が可能であり，わが国を代表するもう1つのクールジャパン（Cool Japan）[5]ビジネスとしてのポジションを獲得することを大いに期待している。

　本章では，わが国の産業においてグローバル化が可能なものとして温泉ビジネスがあり，ビジネスモデルの新たな方向性を提示した。この新たな方向性は何も温泉ビジネスに限定されたものではなく，地域における多くの他の産業においても共通して活用できると考えている。それゆえ，このようなコンテクストデザイ

ンを積極的に活用した地域デザインのイノベーションが実践されることが大いに望まれる。

＊本章は以下の論文を加筆修正したものである。
原田保（2012）「地域デザインのコンテクスト転換—進化型温泉ビジネスの20「型」—」『日本情報経営学会誌』vol. 32, No. 3, pp. 1-14.

【注】

（1） ビジネスモデル：ビジネスモデルは，元来情報産業における新たなビジネス展開のモデルとして考案された概念であり，IT（情報技術）を利用することが前提であった。しかし現在では，これに関係なく，ビジネスを戦略的に展開する上での1つの戦略的な概念として，それも差別化され他者に対する競争力のある特定のコンセプトで統合された概念として理解されている。また，現在では，ビジネスモデルの概念が登場する前のビジネスに対してもビジネスモデル論からの考察が行われており，営利セクターのみならず公共セクターや非営利組織も分析対象となっている。著者は，端的にいえば，ビジネスモデルとはいわゆる「儲かる仕組み」のことであると考えている。また，これはコンテンツ（提供内容）とコンテクスト（提供方法）の掛け合わせであると捉えている。

（2） 産業クラスター：ある特定の産業が集中的にある大きな地域である。元来，自然発生的なものであったが，現在では地域経済の振興を目的として官庁等の指導や支援を受けて計画的に構築されることが多い。情報システム産業の産業クラスターとしてはシリコンバレーやオースチンが，バイオビジネスの産業クラスターとしてはフィラデルフィアが著名である。わが国においては経済産業省や文部科学省が主導し，知的財産の充実した先端技術にかかわる産業振興に向けた産業クラスターの育成が行われている。このように，現在では経済政策的な方面から意図的に大規模な投資を伴って開発される事例が一般的になっている。

（3） コンテクスト：これは，ある「テクスト」（本文，作品）を解釈するために不可欠なテクストの総体である。一般的には文脈，脈絡，状況などと訳される言語理論，文学理論，解釈学等の領域におけるキーコンセプトの1つである。なお，これは言語哲学者のストローソン（P.F. Strawson）によって一般に定着した概念である。これはどんな「テクスト」も「コンテクスト」を無視して読み解くことはできないという考え方である。また，クライスは「テクスト」が語るものと，それが意味するものの区別を明確にすることで，「テクスト」の解釈理論に「コンテクスト」を組み込んでいる。なお，「テクスト」と「コンテクスト」との関係についての言説として，デリダ（J. Derrida）のものが著名である。これは，「テクスト」の外部というものは存在していないという言説であり，いわば「テクスト」万能主義ともいうべき考え方である。一方，この「テクスト」万能主義に異を唱えたのがフーコー（M. Foucault）であった。これは，「テクスト」が境界線を持つ限定されたものとして存在するという考え方であり，「テクスト」はコンテクストを越えたものとして捉えられる。

（4） エピソード：本章ではこれは日常的に使用される挿話という意味ではなく，心理学の

専門用語であるエピソード記憶に関連して使用される概念として捉えている。これは，自身によってある特別なできごとや関係の現出が長期的に記憶させることができるということを捕らえて，近年では大いに注目されている。実際に，プロモーション領域においてイベントやシンボルの活用による強い顧客との関係性の構築に成功した事例も数多く見出される。

（5） クールジャパン（素敵な日本）：クールジャパンという言葉は，ジャーナリストのD. McGray が 2002 年に Foreign Policy に発表した "Japan's Gross National Cool" という論文がきっかけで使われるようになったとされている（McGray, 2002）。一般的には，アニメ・マンガ・ゲーム・音楽・映画などのコンテンツ産業，エンタテイメント産業，そこから派生するストリートファッションやアートなどの日本独自の文化が海外で評価を受けている現象，またはその日本文化を指す。経済産業省は，2010 年 6 月に日本の文化産業の海外進出，人材育成などの促進を行う「クールジャパン室」を創設している（知的財産戦略本部企画委員会，2011 等参照）。

【参考文献】

板倉宏昭（2009）「地域産業の再生」板倉宏昭・木全晃ほか『ネットワーク化が生み出す地域力』白桃書房，pp. 1-24。

内田純一（2009）『地域イノベーション戦略 ブランディング・アプローチ』芙蓉書房出版。

後藤哲也（2005）『黒河温泉のドン 後藤哲也の「再生」の法則』朝日新聞社。

JTB パブリッシング企画出版部第四編集部（2006）『タビリエ 湯布院 別府 黒川温泉』JTB パブリッシング。

知的財産戦略本部企画委員会（2011）『クールジャパン推進に関するアクションプラン』
　〈http://www.kantei.go.jp/jp/singi/titeki2/kettei/cjap.pdf〉（2012 年 7 月 8 日閲覧）。

東京ディズニーリゾート HP（2011）『入園者数データ』
　〈http://www.olc.co.jp/tdr/guest/〉（2012 年 4 月 23 日閲覧）。

富樫幸一（2007）「グローバル化のなかの地域経済」岡田知弘・川瀬光義・鈴木誠・富樫幸一『国際化時代の地域経済学 第三版』有斐閣，pp. 1-66。

原田保（1999）『ウイナーズウェイ 次世代勝利企業の条件』同友舘。

原田保（2002）「境界融合時代の企業経営」原田保・古賀広志編著『境界融合 経営戦略のパラダイム革新』同友舘，pp. 3-37。

原田保（2010a）「いいちこのブランディング いいちこ＝デザインされた焼酎文化の全国ブランド」原田保・三浦俊彦編著『ブランドデザイン戦略 コンテクスト転換のモデルと事例』芙蓉書房出版，pp. 239-251。

原田保（2010b）「黒川温泉のブランディング 黒川温泉＝入湯手形で著名な癒しの温泉街」原田保・三浦俊彦編著『ブランドデザイン戦略 コンテクスト転換のモデルと事例』芙蓉書房出版，pp. 255-271。

原田保（2011）「地域ブランド戦略のパラダイム転換」原田保・三浦俊彦編著『地域ブランドのコンテクストデザイン』同文舘出版，pp. 3-8。

原田保・三浦俊彦（2011）「地域ブランドのコンテクストデザイン ゾーンデザイン，エピソードメイク，アクターズネットワーク」原田保・三浦俊彦編著『地域ブランドのコンテ

クストデザイン』同文舘出版，pp. 11-20。
原田保・寺本義也（1996）『インターネット時代の電子取引革命 生活・企業・社会を変える』東洋経済新報社。
二神恭一（2008）『産業クラスターの経営学 メゾレベルの哲学への挑戦』中央経済社。
別府市企画部政策推進課HP（2011）『平成23年度別府市の概要』
〈http://www.city.beppu.oita.jp/03gyosei/general/gaiyou/gaiyou.pdf〉（2012年4月23日閲覧）。
McGray, D.（2002）"Japan's Gross National Cool", *Foreign Policy*,
〈http://www.foreignpolicy.com/articles/2002/05/01/japans_gross_national_cool〉（2012年7月8日閲覧）。
松田忠徳（2004）『女性のためのホンモノの温泉案内』寿郎社。
松田忠徳（2009）『平成温泉旅館番付』開発社。

（原田　保・西田小百合・大森　信）

第3章
ビジネスモデルの広域化への戦略展開*
─ビジネスモデルとソーシャルネットワークはグローバルリンクになる─

《本章の要約》

　温泉ビジネスモデルの各発展段階の構造は，製造業をベースに構築された一般ビジネスモデルとは異なっている。温泉ビジネスモデルでは，その中心に第1世代ではサービス，第2あるいは第3世代では拠点すなわち温泉旅館と温泉街を据えている。第4世代ではビジネス主体によるネットワーク活用を軸としたグローバル指向性が読み取れる。第5世代になると異次元のグローバルリンクが形成されると共に，その個々のビジネス主体と地域との関係性が変化し，結果的に両者間に新たな関係の構築がなされる。

　これらのビジネスモデルに依拠して，温泉ビジネスの主体はその姿を大きく転換する。温泉郷には自らがグローバルリンクになるか，その一つのコンテンツになるかという選択が，温泉街には温泉郷に進化するか，それともグローバルリンクのコンテンツになるかという選択が迫られる。また，個々の温泉旅館の目標は，新たな戦略的ゾーンであるグローバルリンクと温泉郷や温泉街の枠を越えたグローバルな主体になることである。

　今後の温泉ビジネスについては，温泉街と温泉旅館というビジネス主体の役割期待を捉えて次世代型ビジネスモデルをグローバル化視点から3つに分類し，「進伝統グループ」，「超広域グループ」，「滅集積グループ」というグループが提示される。

《キーワード》

　超広域マルチプレイヤークラスター，ソーシャルネットワーク，グローバルリンク，進伝統グループ，超広域グループ，滅集積グループ

プロローグ

　前章で述べたように，温泉ビジネスにおけるビジネスの主体の1つは温泉旅館である。しかし，加賀屋や星のや軽井沢等の一部の著名な温泉旅館や温泉ホテルを除けば，個々の温泉旅館（正確には温泉のある旅館）や温泉ホテル（正確には温泉のあるホテル）の努力のみで，各ビジネス主体がグローバルな求心力を発揮することはきわめて困難であると思われる。また，多様化する顧客のライフスタイルやニーズに対応するためには，多様かつ高質な各種サービスの提供や，女将や仲居をはじめとする従業員の痒いところにも手が届くような高度なおもてなしの提供，読書室やラウンジ等の諸施設の設置も不可欠になる。

　そこで通常は，これら温泉旅館を組織化した温泉組合（協同組合）が，地域における産業クラスター（cluster）[1]，つまり狭域温泉産業クラスターとして温泉街を形成することにより，全体として顧客に提供する価値増大を指向した活動を展開している。この温泉組合は，時に個々の温泉旅館の利害に相反する活動を行うこともあるが，結果的には個々の温泉旅館の経営に対して何らかの好影響を与えている場合がほとんどであろう。

　さらに，このような温泉街のいくつかは，温泉街が複数存在するまたは温泉以外の多種多様なレジャー施設等も存在する広域の温泉産業クラスターとして，温泉郷を構成している。温泉郷も温泉ビジネスに関わる主体の1つではあるが，ここではあえてビジネスの主体としてではなく，個々の温泉旅館をはじめとする営利組織のみならず行政組織やNPO等の非営利組織をハブにしたある種のソーシャルネットワーク（social network）[2]の主体であると考える。これに対して，温泉旅館と温泉街は，共に温泉ビジネスを担うビジネス主体，すなわちビジネスモデル（business model）[3]のエンジンの担い手と捉える。これらの差異を踏まえて，温泉郷の温泉産業クラスターとしての特徴を要約すると，以下のようになる。

　広域温泉産業クラスターである温泉郷の場合には，これが市町村あるいは郡と同様もしくは若干狭い地域であることもあって，日立市や豊田市のように民間組織が直接的に地域全体の運営を担うことはほとんどないようである。むしろ，行政組織や広域対象の非営利組織等が何らかの支援機能を分担する例が数多く見出される。この事実からも，この郷という単位の地域では，ほとんどの営利組織は

ビジネス主体を統制するものではないと考えて差し支えない。その意味では、広域温泉産業クラスターである郷はビジネスモデルの担い手ではなく、むしろ温泉街や個々の温泉旅館をリンクさせる役割を担うソーシャルネットワークの主体である。それゆえ、温泉郷は温泉街と個々の温泉旅館のようなビジネスモデルの担い手たちに対するある種の触媒的な役割を担っているとも考えられる。また、仮にビジュアル的に表すならば、ソーシャルネットワークの主体としての郷には、ビジネスモデルの担い手である温泉街と個々の温泉旅館が含まれることになる（図表2-4）。

そこで本章では、ソーシャルネットワークとビジネスモデルで捉えた温泉ビジネスモデルの進化について、既存のビジネスモデル論との比較を通じて論述していく。

第1節　ビジネスモデルとソーシャルネットワークを統合する

はじめに

わが国で戦略論としてビジネスモデルが本格的に議論されはじめたのは1995年頃であるが、今日では過去に遡ってビジネスモデルに関する議論が盛んに展開されている。そこでまず、1960年代の高度成長期から現在までの間にビジネスモデルがいかにして進化し続けてきたのかについて簡単に紹介する（原田, 1999, 寺本・岩崎・近藤, 2007等参照）。

まず、第1世代のビジネスモデルは、物を作りそして売るといういわばハードウェア（hardware）が中心に据えられたビジネスモデルである。この段階では、三種の神器といわれたテレビ、冷蔵庫、洗濯機に代表される家庭電化製品が、顧客に対する代表的な提供物、すなわちある種のコンテンツであった。それゆえ、第1世代のビジネスモデルは、端的にいえば主に目に見える物というコンテンツから顧客価値を創造することを主に指向するビジネスモデルであると定義できる。

第2世代のビジネスモデルは、1970年代前半の石油ショックがトリガー（trigger）になって現出した成熟期に登場したビジネスモデルである。これは、目に見える何らかの形ある物としてのハードウェアの収益低下傾向に歯止めをかけるために構想されたソフトウェア（software）を中心に据えたビジネスモデルであ

る。すなわち，第2世代のビジネスモデルはハードウェアにソフトウェアを統合させることによって顧客価値を創造するビジネスモデルであると定義できる。

　続く第3世代のビジネスモデルは，ハードウェアにソフトウェアを統合した第2世代のビジネスモデルに，さらにサービス（service）を統合させたビジネスモデルであると定義できる。また，この第3世代のビジネスモデルは，第2世代のビジネスモデルとほとんど同時期に登場したサービス中心のある種のソリューション指向のビジネスモデルでもある。

　次の第4世代のビジネスモデルは，眼下のインターネットがトリガーになって現出したネットワークを中心に据えたビジネスモデルである。今では，この第4世代のビジネスモデルが最も主流のビジネスモデルになっている。第4世代のビジネスモデルについては，それ以前のビジネスモデルとは全く異なる次元のビジネスモデルとして登場していることに注目する必要がある。第3世代までのビジネスモデルがすべてコンテンツの提供による顧客価値の創造を指向していたのに対して，第四世代のビジネスモデルはある種のコンテクスト（context）[4]としてのネットワークが顧客価値を創造していることを示している。

　近年，第4世代のビジネスモデルは，営利組織に限定される概念ではなく，次第に非営利組織まで含んだ第5世代のビジネスモデルへと発展してきている。すなわち，第4世代までのビジネスモデルが営利組織に関わるモデルであったのに対し，第5世代は非営利組織も含めたモデルとして構想されたものである。言い換えれば，これはビジネスモデルの主体において営利と非営利との境界がなくなり，あらゆる組織が同一の土俵で議論されるようなビジネスモデルが登場したということである。今やビジネスモデルは，ソーシャルネットワークも含めて考察されなければいけない段階に入っている。

　これはビジネスモデルの進化過程においてソーシャルネットワークを取り込んだということを意味しているが，逆にソーシャルネットワークを中心にして考えるならば，その進化過程においてソーシャルネットワークがビジネスモデルを取り込んだともいえる。そこで，本書では，ビジネスモデルがソーシャルネットワークを取り込んだとも，ソーシャルネットワークがビジネスモデルを取り込んだとも考え，両者が統合されて新たな次元の概念を作り上げたと考える。それが著者が主張するグローバルリンク（global link）[5]という新たな概念である。本節では，温泉ビジネスの進化については，従来のビジネスモデルという範囲を超えて，グローバルリンクという新たな次元の概念への進化という観点から捉えていく。

（1） 近江商人から学ぶことでグローバルリンクが想起できる

　従来の考え方では，第5世代のビジネスモデルの捉え方はあくまでもビジネスモデルの範囲に留まることを前提にしている（寺本・岩崎・近藤，2007）。この第5世代のビジネスモデルでは，ビジネスモデルが営利と非営利による競争と協創を指向するという考え方が貫かれている。このような考え方に依拠すれば，前述したようにビジネスモデルがソーシャルネットワークを内部に取り込んでいるという論理に結びつく。言い換えれば，ビジネスモデルがそれよりも高次元の概念であるソーシャルネットワークをビジネスモデルの内部に取り込むことによって，ビジネスモデルの顧客価値増大への有効性を高めるという進化を実現したことになる。

　しかし，第5世代のビジネスモデルは，第4世代のビジネスモデルからの進化という枠組みで捉えるのではなく，第4世代のビジネスモデルのもたらしたデメリットを克服し，メリットを増大させるための新たなコンセプト次元の創造であるとみることもできる。このような考え方に依拠しながら，次にわが国の近江商人の「売り手よし，買い手よし，世間よし」といういわゆる「三方よし」[6]の精神をビジネスモデルとソーシャルネットワークの統合をめぐる議論として捉えた考察を試みる（末永，2004）（図表3-1）。

　著者は，これら三方よしという近江商人の主張における三方の議論において，3つのすべてを並列的に同一次元で論ずるべきでないと考えている。まず，売り手と買い手との間でビジネスが成立するためには，売り手サイドのみならず買い手サイドにとっても満足のいくような顧客価値を獲得する必要がある。このような取引関係に依拠したビジネスモデルは，それ以前の中心的な考え方であった

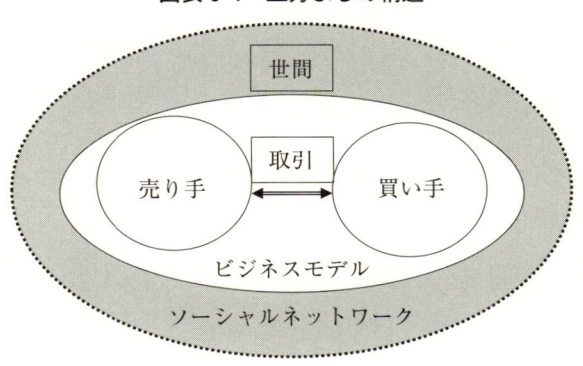

図表3-1　三方よしの構造

「売り手よし」を指向したビジネスモデルを買い手よしという顧客指向へと転換させたビジネスモデルであり，当時における先進的な需給関係の姿を指向したビジネスモデルであったと考えられる。

これに対して，第3の世間よしという考え方における世間とは，取引関係の視点からビジネスモデルに関与するのではなく，むしろこのビジネスモデル自体の社会的な正当性を確認するためのある種のリトマス試験紙としてのソーシャルネットワークであると考えられる。言い換えれば，ビジネスモデルをある種の社会的規範に照らし合わせた際に，それが社会における何らかの正当性の担保が可能かどうかという，いわば"社会の鏡"である。

以上のことから著者が主張したいのは，ビジネスモデルそのものは取引関係に限定して世間よしをソーシャルネットワークの観点から捉えるべきであるということである。つまり，ビジネスモデルの社会性からの評価は，ビジネスモデルの主体自身から捉えるのではなく，ビジネスモデルが包含されているいわば世間から，すなわちニュートラルな社会セクターであるソーシャルネットワークから行われるべきであると考える。

このように考えると，ビジネスモデルは，ビジネス主体の支配の全く及ばない，ある種の異次元の場ともいえる世間であるソーシャルネットワークからの正当性を獲得することが不可欠になる。これは，ビジネス主体がソーシャルネットワークからの評価に対し，ビジネスモデルは営利目的のみから自らの影響力を行使してはならないということを示している。

以上のような考え方に立脚すると，ビジネスモデルの議論は第4世代までに留めるべきであり，第5世代はビジネスモデルとソーシャルネットワークという異次元の概念がまさに境界融合したビジネスモデルと理解すべきなのである。言い換えれば，ビジネスモデルにソーシャルネットワークが，またソーシャルネットワークにビジネスモデルが相互に入り込み，このような関係がさらに強まることで，結果としてビジネスモデルとソーシャルネットワークは限りなく同次元の概念，つまり単にビジネスモデルでもなくソーシャルネットワークでもない異次元のニュートラルなグローバルリンクになると考えられる。なお，このグローバルリンクを算式で表すと，以下のように表記できる。

$$グローバルリンク = ビジネスモデル \times ソーシャルネットワーク$$

（２） 温泉ビジネスをビジネスモデル論から考察する

　第２章で述べたように，温泉旅館は異なる次元の地域ゾーンである温泉街と温泉郷とは共に包含関係にあるが，同時に温泉旅館とこれを包含する温泉街も共に広域温泉産業クラスターという温泉郷の構成要素にもなっている。つまり，温泉旅館は温泉街と温泉郷という狭域および広域温泉産業クラスターの双方に含まれる温泉ビジネスの主体であるといえる。そして，このようなポジションにある温泉旅館は，温泉街に対してはビジネスモデルの担い手同士という関係にあり，温泉郷に対してはビジネスモデルとソーシャルネットワークの関係にあると考えられる。

　以下では，温泉ビジネスのビジネスモデルとしての進化過程と製造業を捉えて構築された従来型の一般ビジネスモデルの進化過程を比較する。ここでは両者の差異を明確にするために，一般ビジネスモデルの進化過程の定義に依拠して温泉ビジネスモデルの進化過程に関する議論を行なう（図表3-2）。

　温泉旅館も温泉街も顧客に提供するコンテンツは主に温浴に関わるサービスであるから，一般ビジネスモデルとは異なり，第１世代の温泉ビジネスモデルは，サービスを捉えたビジネスモデルになる（これは一般ビジネスモデルでは第３世

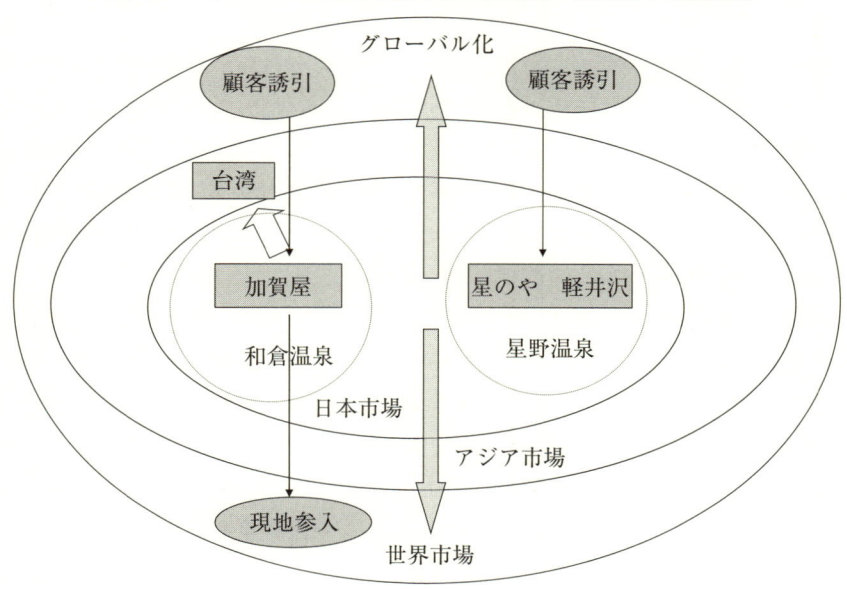

図表 3-2　グローバル指向を強める温泉旅館＝希薄化する温泉街

代に相当する)。このことは，温泉ビジネスにおいては温浴というサービスの提供によって顧客価値が現出されることに起因している。それゆえ，温泉ビジネスモデルは，製品というハードウェアを中心に据えている一般ビジネスモデルとはそもそも根本的に異なるものであるといえる。

　これが第2世代の温泉ビジネスモデルに進化すると，温浴に関わるサービスのみならず物販も含めた総合的なソリューション (solution) が提供されるようになる。すなわち，温浴というサービス消費とは直接的な関係を持っていない多種多様なコンテンツ（例えば，カフェ，ゲームセンター，土産物店等）が，個々の温泉旅館の内部や温泉街のストリート沿いに配置される。

　総合的なソリューションが温泉街に配置されるモデルが第2世代の温泉ビジネスモデルとするならば，それらが個々の温泉旅館の中に配置される場合が第3世代の温泉ビジネスモデルである。後者の第3世代の温泉ビジネスモデルには，温泉ビジネスの進化過程が温泉街にある風呂中心の温泉旅館というビジネスモデルから，温泉旅館自体に街機能のすべてを取り込むというワンストップサービスのためのビジネスモデルへの転換が現出している。そこで，第2世代の温泉ビジネスモデルを街によるソリューション段階のビジネスモデル，そして第3世代の温泉ビジネスモデルを館によるソリューション段階のビジネスモデルと定義する。

(3) グローバル化とリンケージゾーンを構想する

　現在，これらの街や館という場を軸としたソリューションビジネスの段階から，次の段階のビジネスモデルの確立が求められる段階に入っている。これは，次世代型ビジネスモデルである脱観光地ビジネスや脱ローカルビジネスを指向するビジネスモデルに転換する可能性を示しており，これが第4世代の温泉ビジネスモデルとこれまでとは異なる新たな次元のモデル，すなわち第5世代の温泉ビジネスモデルグローバルリンクである。

　前者の第4世代のビジネスモデルとは，星のや 軽井沢（星野温泉）や加賀屋（和倉温泉）のように，グローバルな求心力を発揮する多様なしかけやパーソナルなライフスタイルを捉えたホスピタリティへの対応力を獲得した温泉旅館自身が，それらが存在している温泉街の枠を大きく越えた強力なアイデンティティの形成に成功した段階にあるビジネスモデルである。

　例えば星のや 軽井沢は，長野県のローカルな星野温泉を発祥とする星野リゾートの一中核拠点にすぎないということはあまり知られていない。逆に，近年で

は再建ビジネスの担い手としてきわめて著名な全国ブランドになったこともあって，星野リゾートについては一般の観光客の中には「星野温泉が発祥の地なんですね」というような感じ取り方をする人が多いのが現実である。また加賀屋も，国内では日本一のおもてなしで著名な石川県ではなく"日本の加賀屋"というアイデンティティを確立している。多くの人は，加賀屋は確か北陸のどこかにあると理解してはいるが，これがある程度の知名度がある和倉温泉にあることはそれほど意識していないだろう。

　また，後者のビジネスモデルの次元を超えたグローバルリンクとしては，北海道を挙げることができる。近年，グローバルな観光拠点としてのアイデンティティを確立して，超広域で地理的にも文化的にも日本の他の地域とは独立したイメージをもつ北海道のような地域が，例えば沖縄やハワイのようにグローバルリンクとしてのポジションを獲得している。北海道は，広域のソーシャルネットワークのポジションにある郷のレベルを超えたさらに広域の，いわば超広域のエリアであり，同時にこの超広域エリアはグローバルなビジネスモデルの主体でもある。このような地域がまさにビジネスモデルとソーシャルネットワークを統合した次元であるグローバルリンクである。

　そこでは，温泉街も温泉旅館もグローバルリンク北海道を構成する1つのコンテンツにすぎず，それゆえグローバルリンクのコアコンテンツになるかどうかが問われるようになる。つまり，一部の例外，旭山動物園，大雪山，あるいは世界遺産である道東の知床を除けば，今後はたとえ札幌といえどもグローバルな視点からのコンテンツとしての価値が問われることになるということである。言い換えれば，グローバルリンクとしての北海道というコンテクストの価値の最大化に向けてコンテンツの選択が行われることになる。

　このような状況では，温泉街や温泉旅館はその領域においての競争のみならず，例えば旭山動物園との競争あるいは連動を考えることが不可欠となる。中国をはじめとする海外から北海道を訪れる一週間程度の旅行では，温泉は数箇所ほどしか選択されないと思われる。したがって，広大な地域において効率よく回れるルートに何としても組み込まれることも重要な対応策になる。このように，温泉街や温泉旅館には本格的に到来するであろうグローバルリンク時代における温泉ビジネスとしての戦略的な対応が求められている（図表3-3）。

　北海道では，地域主体のビジネスの新たな取組みを推進するシンガポールや中国の海南島（未だ推進過程である）のように，グローバルリンク時代の流れを捉

図表 3-3　グローバルリンク北海道のコンテクストとコンテンツ

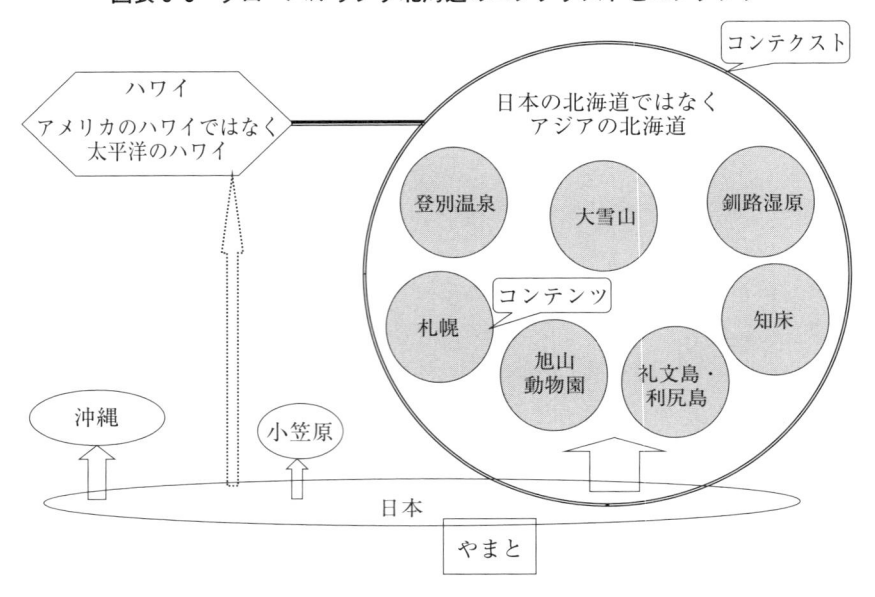

コンテクスト：日本の北海道ではなくアジアの北海道
コンテンツ：登別温泉、大雪山、釧路湿原、札幌、旭山動物園、知床、礼文島・利尻島

ハワイ：アメリカのハワイではなく太平洋のハワイ

沖縄／小笠原／日本／やまと

えた強いアイデンティティの形成に向けて行政と民間が一体となったグローバルリンケージの早期構築が不可欠である。それゆえ，北海道の場合には，夏も冬も四季を通じて大型レジャーが楽しめるグローバルリンクを指向したアイデンティティを，コンテンツレベルではなくコンテクストレベルで構築することが急務である。近年，北海道の存在は，中国人にはかなり浸透しているようにみえるが，前述したように日本人にとってのハワイ，ヨーロッパ人にとっての地中海の諸地域，アメリカ人にとってのフロリダ等と比較すれば，そのポジションの確立は未だに不十分である。外国人にとっては，ハワイもフロリダもアメリカの州であることはあまり意識されず，地中海の諸地域も国はそれほど意識されない。北海道は，ハワイや地中海と同様に，日本の北海道ではなく，アジアの北海道あるいは世界の北海道という確かなアイデンティティを保持したグローバルリンクになる潜在的な可能性を秘めている。

おわりに

本節では，温泉ビジネスモデルの進化過程について一般ビジネスモデルとの比較による考察を行ったが，温泉ビジネスモデルは一般ビジネスモデルと同様に段

階を踏んで進化したことが分かった。しかし，温泉ビジネスモデルの各段階の内容は，製造業をベースに構築された一般ビジネスモデルとは大きく異なっている。また，第2世代と第3世代の温泉ビジネスモデルおよび第4世代の温泉ビジネスモデルと，第5世代ではなく新たな次元であるグローバルリンクが相互に関連しあいながらほとんど同時期に現出しているという点が温泉ビジネスモデルの進化の特徴である。両者の差異は，一般ビジネスモデルがモノに関わるビジネスであり，温泉ビジネスモデルがサービスに関わるビジネスであるというコンテンツの特性によるものである。

　具体的には，一般ビジネスモデルにおいては第1世代がハードウェア，第2世代がソフトウェア，第3世代がサービスを中心に据えているのに対し，温泉ビジネスモデルにおいては第1世代がサービスを中心に据えており，これが一般ビジネスモデルにおける第3世代に相当する。さらに，顧客に提供されるソリューションが第2世代のビジネスモデルでは温泉街に，第3世代のビジネスモデルでは温泉旅館の中に据えられている。第4世代においては一般ビジネスモデルも温泉ビジネスモデルも，ビジネス主体によるネットワーク活用を軸としたグローバル化への指向性が読み取れる。その意味において，一般ビジネスモデルも温泉ビジネスモデルもネットワークを活用するという点では，ほぼ同様の進化形態をたどっているといえる。これが第5世代になると，ビジネスモデルとは異次元のグローバルリンクを形成すると共に，個々のビジネス主体と地域との関係性が変化して，結果的に新たな関係が構築されていく。

第2節　超広域マルチプレイヤークラスターの登場を予見する

はじめに

　前節では，温泉ビジネスにおけるグローバル対応やライフスタイル対応への方法論として2つの視点を提示した。第1は，温泉街や温泉郷に含まれている温泉旅館を，温泉街や温泉郷の枠を越えたグローバルなポジションとして確立させるという観点である。また第2は，温泉郷をはるかに超える広域のゾーンによるグローバルなアイデンティティ形成と，多彩なライフスタイル提案をグローバルに展開する超広域のコンテクストで意味づけられる強力なコンテンツ揃えを行うという視点である。

以上のような考え方に依拠しながら，本節では，第2の方法であるビジネスモデルとは次元が異なるグローバルリンクの構築，特に温泉を中核的なコンテンツとした形態によってグローバルリンクを確立するための方法について議論を試みる。周知のとおり，日本のグローバルアイデンティティの確立は困難な課題であり，残念ながらこのままでは地域においてもグローバル化が順調に進展する可能性は低いといわざるを得ない。ならば，日本というアイデンティティに依存することなく，地域は自ら単独でグローバルなアイデンティティの確立を指向しなければならない。また，グローバル化への対応は異文化から自らを相対化することになるため，グローバル視点からのライフスタイル対応を急速に進展させることも課題の1つとなる。もちろん，海外からの顧客誘引のみならず，国内においても東京をはじめとする全国からの顧客誘引も依然として大きな可能性があるため，国内に対する対応も併せて行う必要がある。

　例えば，北海道について考えると，グローバルリンクとしての北海道構想が実現できれば，北海道はアジアで有数のグローバルリゾート地域になることができるはずである。現に，他の地域に比して北海道に訪れるアジアからの入り込み客数は圧倒的に多い。このような状況においては，北海道を日本から切り離し，ハワイと同様のグローバルなブランディングを行うほうが効果的な戦略になる。

　また，北海道における温泉ビジネスを考察する場合には，温泉ビジネスにとっては総合レジャーリンケージの中心に温泉をいかにしてポジショニングするかが成功の岐路となる。北海道は，多彩なレジャー施設や，豊富な自然が満喫できる広域の地域としてまさにグローバルリンケージに相応しい場所である。このような環境では，温泉については，夏はハイキングなどのサマースポーツ，冬はスキーやスノーボード等のウインタースポーツと組み合わせたり，旭山動物園等の様々な拠点と組み合わせたりすることで，それなりの影響力を行使することができるはずである。

　以下では，北海道の事例に代表されるようなきわめてグローバルな観光拠点としての可能性の高いグローバルリンクのアイデンティティ確立に向けて，有効な方法論についての議論を行うことにする。このような戦略が有効な地域としては，例えば瀬戸内海（府県を越えた超広域），大和（奈良県全域），沖縄（旧琉球王国）等が挙げられる。

（１） 世界遺産やミシュラン・グリーンガイドが価値を創る

　昨今，各地で世界遺産として登録されることを強力に推進する動きが見受けられる。その理由は，ユネスコが認定する世界遺産に登録されることで，認定された地域や建物が一気に世界的なアイデンティティを確立することになるからである。加えて，グローバルな規模で人々の動きが誘発され，結果的にはそれらに関連するビジネスやネットワークにも多大な恩恵がもたらされる。元々世界的に知名度の高い京都や浅草（東京）を除けば，その効果はきわめて絶大なものとなる。

　実例を挙げれば，世界遺産に登録されるまで東北の白神山地や道東の知床の知名度はそれほど高くなかったと推察される。白神山地は，同じ東北の国立公園である十和田湖の認知度には及ばなかったし，知床も「森繁久弥の歌」として知られてはいても，実際には摩周湖の認知度には及ばなかった。しかし，世界遺産に認定されるやいなや様相が一変し，今ではそれぞれの地域で非常に求心力の強い地域になっている。

　すでに訪れた経験のある人は肌で感じるであろうが，時代性という観点においては，白神山地や知床のほうが十和田湖や摩周湖と比較して観光資源としての優位性を保持しているように思われる。いわば，十和田湖や摩周湖には時代に追い越されてしまったような雰囲気が蔓延しているように感じ取れてしまうのである。別の例を挙げれば，湯布院温泉や黒川温泉と比較した場合の駅前に続く別府温泉（別府温泉郷の他の温泉を指してはいない）が，同様な雰囲気を有している。その理由は，世界遺産に登録されることになった背景による地域を捉えたコンテクストがコンテンツとしての観光資源に輝きを与えることで，その価値の最大活用に成功していると考えられるからである。とりわけ時代性という観点では，世界遺産というコンテクストによる価値創出のほうが，国立公園や国定公園と比較すると圧倒的に多大であることを示している。

　しかし，世界遺産は希望すれば認定されるような簡単なものではなく，どこもかしこもこのような恩恵にあずかることができるわけではない。それゆえ，せめて世界遺産に登録されるための条件に精通することで自身を見つめ直し，時代の要請に応えるべく対応策の実施を継続していくことが必要となる。以上の考え方に照らし合わせると，多くの世界遺産が存在する奈良県でさえも，その価値を十分に理解した対応が行われているとは到底思えない。また，京都と比較しても，ブランディングにおいて圧倒的な差をつけられてしまっているのが現状である。

より多くの良質な宿泊施設とさらに多くの観光客を受け入れる姿勢さえあれば，海外からの顧客にとっての価値は京都でも奈良でもほとんど変わらないのではなかろうか。実際に，関西国際空港からのアクセスからいえば，両者に優劣はほとんど感じられない。

また，世界遺産以外にグローバル化の観点から観光地における大事な要素としてクローズアップされてくるものとして，『ミシュラン・グリーンガイド（ジャパン）』（2011 年）が想起できる（日本ミシュランタイヤ HP, 2011）。これは外国人に対して日本の優れた観光地をレストランと同様な形態で評価したガイドであり，今後わが国の観光地がグローバル化へ向けて対応する上で，多大な影響を与えると予想される。要するに，『ミシュラン・グリーンガイド（ジャパン）』のような評価指標がグローバル指標として意味を持つようになると，企業や行政，言い換えればビジネスモデルやソーシャルネットワークにおいても，このようなガイドの中で高い評価を得られるような取り組みが重要性を増してくる。

このような公式の評価によってコンテンツの価値を高めるためには，今後ますますコンテクストのもつ役割が大きくなっていくだろう。なぜならば，この種の評価はきわめて思想性が強く，時代性を反映しているものだからである。そうなると，コンテンツの背景にある文化的，歴史的な意義あるいはこれを反映したコンテンツの編集や発展がきわめて重要になってくる。以上のような過程を踏まえたアイデンティティが形成できれば，対象の地域ブランドやコンテンツブランドは，国家の枠を超えた強力なブランドとしての地位を確立することができる。

以上の議論を温泉ビジネスに置き換えれば，以下の 2 点に集約することができる。第 1 には，個々の温泉旅館が強力かつグローバルな発信力を備えることで，温泉街や温泉郷の枠を越えたアイデンティティを獲得するための対応を行うことである。第 2 には，温泉郷という単位で地域や事業領域を大きく越えた超広域マルチプレイヤークラスター[7]としてのグローバルリンクの確立を指向することで，地域の求心力を高めるという方法である。こうなれば，求心力を発揮するためのコンテクストがグローバルリンクと，優れたコンテンツが温泉を含めた数多の観光資源としてのコンテンツという役割分担が確立するはずである。

（2） 北海道というリンケージブランドの意義を考える

前述したように，ここ数年の間に北海道全体はそのポジションと姿を大きく変貌させている。かつての北海道は，住民にとっても観光客にとっても 1 つの地域

として認識するには広大でありすぎた。鉄道で回るにしても時間がかかりすぎるし，鉄道の利便性も十分とはいえなかった。しかし近年，高速道路網がかなり整備されてきたため，交通事情は大きく様変わりしている。そこで，交通事情の変化が北海道に一体何をもたらしたのかについて考えてみると，交通事情の変化により北海道内の時間的距離が短縮し，結果的に従来と比較して小さなもう１つの新たな北海道が誕生したようにみえる。すなわち，高速道路網の整備により１週間ほどの期間で北海道全域をくまなく訪れることが可能になったのである。

しかし，通常は１度の滞在でそれほど多くの観光スポットを巡ることはできないため，多くの観光地にとってはグローバルリンクのノード（node）としてのポジションを獲得することが不可欠になる。そこで，世界遺産やミシュラン・グリーンガイドなどのコンテクストによる価値の担保が重要になる。また，グローバルリンクにおいても，いかに魅力的なコンテンツを効率よくネットワークしてブランディングするかが，他のグローバルリンクとの競争において重要な差別化要因になるだろう。

かつては，北海道を道南，道央，道北，道東というように大雪山を中心に分割して捉えられていた。それゆえ，道央の札幌（現在は北海道の札幌である），道南の函館，道東の釧路という理解がなされていた。しかし昨今では，札幌と同様にわざわざ「道東の釧路に行く」とか，「道南の函館に行く」というような言い方はあまり聞かれない。このことは，北海道が名実共に１つの地域になった，すなわちグローバルリンクになったことを意味している。１つの北海道という理解が進むと，永い時代存在していた支庁という概念の必要性が薄らぐのは当然である。結果的に，北見，旭川，札幌がそれぞれ隣町のように括られる状況が現出することにも必然性が出てくる。そうなると，もはやブランディングやビジネスモデルを構築する地域の単位は，超広域マルチプレイヤークラスターを前提とするグローバルリンクとしての北海道である。

このようにグローバルリンクの成立要件がマルチプレイヤーであるということは，北海道において，温泉ビジネスという単一の産業に依拠したブランディングやビジネスモデルに絞り込むことには自ずと限界がみえてくる。そうなると，グローバルリンクとしてビジネスモデルとソーシャルネットワークが統合された，ゾーン単位の戦略構築が望まれるようになる。これが次世代型ビジネスモデルや，次世代型のソーシャルネットワークを共に内包した戦略次元である新たな戦略ゾーンとしてのグローバルリンクの登場を示している。つまり，従来は北海道

の枠を越えて雪祭り等で強力なアイデンティティを確立していた札幌の地位も，知床や旭山動物園と同様にグローバルリンク内の一コンテンツとなってしまう。事実，近年では札幌に訪れる観光客数は大幅に減少傾向にある（2010年約1,260万人，対2006年比10.6%減）（札幌市HP, 2011）。

次世代型温泉ビジネスモデルでは，グローバルリンクをプロデュースする主体が必要になり，またそのゾーン単位から顧客価値の創造を議論することが不可欠である。温泉旅館にとっては，温泉街や温泉郷との関係を踏まえたビジネス展開を考える時代から，より広域かつマルチな産業を内包したグローバルリンクを捉えたビジネスの構想が不可欠な時代へと変化している。このことは，超広域な地域を単なる産業クラスターとして捉えるのではなく，マルチプレイヤーの存在を前提にした地域クラスターへと転換することが重要であることを意味しているのである。

おわりに

本節では，温泉ビジネスを構想する戦略の場が大きく変化していることをみてきた。ビジネスモデルを構想する単位は変化し，ビジネスモデルがソーシャルネットワークと統合される時代が到来している。このように，ビジネスモデルとソーシャルネットワークの異次元に向けた進化，すなわちグローバルリンクの成立に向けた構想が本格的に指向されるようになる。

このような事例として著者が期待する温泉郷としては，箱根温泉郷が挙げられる。なぜなら，箱根温泉郷には，温泉郷の枠を越えて美術館をはじめとする実に多彩な文化施設や自然を活かした施設が数多く存在し，今後も多くの資本参入が予見されるからである。これは，箱根温泉郷がすでに超広域ではないが，それでも広域のマルチプライヤークラスターであるグローバルリンクに進化したことを意味している。さらに，今後，箱根は温泉郷を形成していない伊豆地域の数多の温泉街やゴルフ場等を内包し，伊豆・箱根というまさに超広域マルチプレイヤークラスターとして，新たな地域クラスターへと発展していく大きな可能性を秘めている（図表3-4）。

もう1つの重要な点は，グローバルリンク構想が従来型の産業クラスターの再考を促していることである。単独産業による産業集積によって地域の競争力を獲得できる時代はすでに終わっている。新たな地域ゾーンである超広域グローバルリンクのみならず，既存の温泉郷といわれている地域においても，グローバルリ

図表 3-4 伊豆・箱根グローバルリンク構想＝デュアルブランドの確立

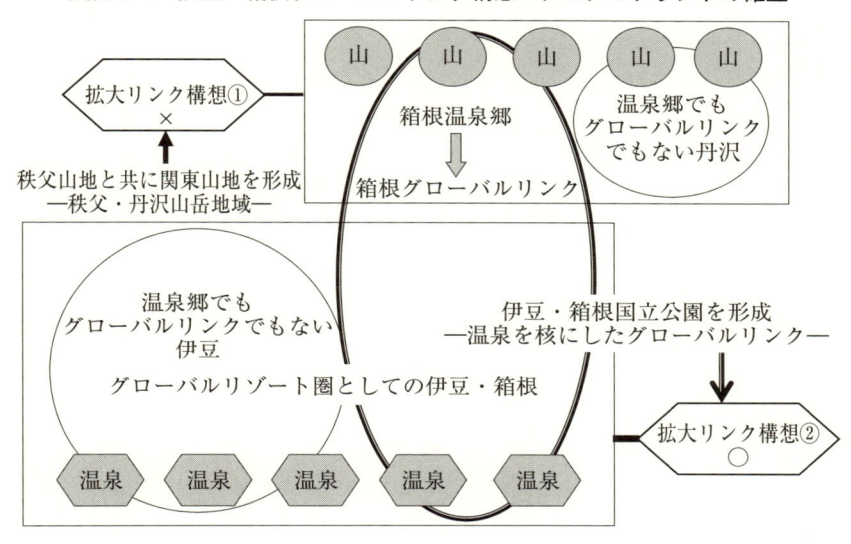

[図：拡大リンク構想①×（秩父山地と共に関東山地を形成──秩父・丹沢山岳地域──）、山・山・山・山・山、箱根温泉郷→箱根グローバルリンク、温泉郷でもグローバルリンクでもない丹沢、温泉郷でもグローバルリンクでもない伊豆、グローバルリゾート圏としての伊豆・箱根、温泉・温泉・温泉・温泉・温泉、伊豆・箱根国立公園を形成──温泉を核にしたグローバルリンク──、拡大リンク構想②○]

ンク化という同様の現象が生じており，事例によっては既存の温泉郷が消滅することもありうる。例えば，消滅した事例としては，何のコンテクストも見出せない単なる温泉街の集積である阿蘇温泉郷がある。阿蘇温泉郷は，今では存在感を全く喪失しており，それゆえそこにある著名な黒川温泉は阿蘇温泉郷の存在を全く無視しているのである。

第3節　モジュール構成によって温泉ビジネスモデルを構築する

はじめに

　前節までは，温泉ビジネスモデルの進化過程の考察と，これを踏まえた新たなビジネスモデルとソーシャルネットワークの統合概念としての超広域マルチプレイヤークラスターの提言が行われた。本節では，上述の考え方に依拠して，温泉ビジネスの再生に向けた戦略的構想の単位をモジュールとして捉え，モジュールの最適な組み合わせによるモデル化を指向するための前提条件を整理する。

　第1に，温泉ビジネスが展開されるビジネスフィールドには，温泉街がビジネスモデル主体として存在しており，その中に複数のビジネス主体である温泉旅館

が存在するビジネスモデル（ビジネス主体は狭域温泉産業クラスター）としての温泉街と温泉旅館におけるモジュールが挙げられる。なお，今後紹介されるほとんどの事例がこの形態に該当していると考えて差し支えない。

第2に，新たな戦略的なゾーンである超広域マルチプレイヤークラスターの誕生に伴う温泉街や温泉旅館が，この新たなクラスターを構成する1つのモジュールとしてのポジションへと転換した場合のモジュールの形態がある。このことは，温泉街や温泉旅館は独立したビジネスモデルの主体ではなく，新たな概念である超広域マルチプレイヤークラスターの構成要素へと転換が行われることを意味している。同時に，グローバルレベルの戦略ゾーンが，温泉街というクラスターではなく，より広域なクラスターに転換してしまうことにもなる。この超広域マルチプレイヤークラスターについては，温泉郷が進化して形成される場合と，この既存のゾーンをさらに越えて超広域な新たなゾーンが設定される場合とがある。前者については箱根の事例が，後者については北海道の事例が挙げられるのは前述したとおりである。

第3に，星のや 軽井沢や加賀屋の例に見出されるように，温泉街や温泉郷という温泉産業クラスターのアイデンティティに全く依拠することなく，いわば地域ブランドとは全く無関係に企業のブランド力のみによってグローバルなアイデンティティの確立を指向する場合のようなモジュール構成の形態が挙げられる。この場合には，ビジネスモデルの主体は企業のみであって，企業が持つビジネスモデルのパワーによってグローバルな競争が展開されている。それゆえ，当該企業が自身で圧倒的なパワーのあるグローバルなブランディングに成功すれば，その企業を内包する温泉郷や温泉街という温泉産業クラスターの価値も結果的に増大する。この場合，個別企業にとって，クラスターにおける戦略的役割はほとんど期待されていないと考えて良い。

（1） 進化型ビジネスモデルと多様化するモジュール構成を考える

今後の温泉ビジネスをめぐる展開では，3つのモデル（2つのビジネスモデルと1つの超広域マルチプレイヤーネットワーク）と，その構成要素であるモジュールについても3通りの発展的な方向がみえてきた。

第1グループは，いわゆる伝統的モデルであるが，ビジネスモデルの主体を温泉街と温泉旅館の双方が担っている。第2グループは，超広域マルチプレイヤークラスターというビジネスモデルとソーシャルネットワークの統合型の新型モデ

ルであり，モジュールとしての温泉街や温泉旅館によって構成される。第3グループは，個別企業が主体になっているビジネスモデルである。多くの場合には，企業が展開する事業活動のフィールドやアイデンティティ形成の範囲が温泉産業クラスターである温泉郷や温泉街をはるかに凌駕したグローバル化が実現する。なお，本書においては，第1グループを「進伝統グループ」，第2グループを「超広域グループ」，第3グループを「減集積グループ」と命名した。

モデル主体の全体像
① 進伝統グループ…ビジネスモデル主体は温泉街と温泉旅館
② 超広域グループ…ビジネスモデル主体ではなく超広域マルチプレイヤークラスターが主体であり，ここに位置する温泉街，温泉旅館に代表される施設等が構成要素
③ 減集積グループ…ビジネスモデル主体は主に温泉旅館

（2） 進伝統グループ…温泉街と温泉旅館が主体である

　第1の進伝統グループについては，別府温泉郷を捉えて考察する。別府温泉郷には，別府温泉等の温泉街と，スギノイパレスに代表されるような温泉街で商いを行っている温泉旅館やホテルがある。別府温泉における温泉旅館は，温泉街にとっての1つのモジュールであり，同時にビジネスモデルの主体でもある。加えて，ストリート沿いの土産物店や飲食店，ゲームセンター等も同様に1つのモジュールである。他にも，黒川温泉などの入湯手形によって宿泊地以外の温泉旅館の露天風呂を利用できる例では，元来温泉旅館のモジュールであった露天風呂を同時に温泉街のモジュールとして利用していると考えられる。

　一般的な温泉旅館のモジュールは，宿泊モジュール（部屋），飲食モジュール（部屋または食堂での食事），露天風呂等の風呂モジュールから構成されている。一部の伝統的モデルにおいては，温泉旅館に飲食モジュールをもたない事例もある。一方，ホテル化した温泉旅館においては，ショップモジュール，宴会場モジュール，各種エンターテイメントモジュールを内包している場合も多い。なお，前者の場合には温泉街を活性化するためのアプローチであり，後者の場合には温泉旅館においてワンストップサービスを推進するための対応であると理解できる（図表3-5）。なお，ここにおけるビジネスモデルを構成するモジュールの主なものは，以下のとおりである。

図表 3-5　進伝統グループ…温泉街と温泉旅館がビジネス主体

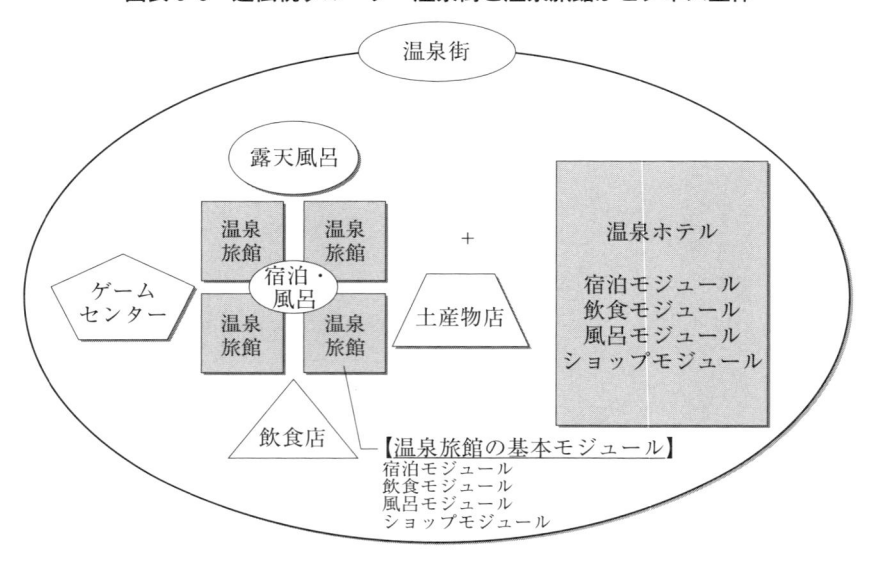

温泉街
露天風呂
温泉旅館　温泉旅館
ゲームセンター
宿泊・風呂
温泉旅館　温泉旅館
土産物店
飲食店
温泉ホテル
宿泊モジュール
飲食モジュール
風呂モジュール
ショップモジュール

【温泉旅館の基本モジュール】
宿泊モジュール
飲食モジュール
風呂モジュール
ショップモジュール

「温泉街」

　○景観（街，周囲），○歴史（古さ），○文化（施設，人物），○イベント，○温泉旅館，○共同風呂，○足湯，○飲食（食堂，喫茶，飲み屋，バー），○土産物店，○コンビニエンスストア，○アミューズメント，○ヘルシー＆ビューティ（エステサロン），○アグリ（農業，園芸），○案内所（案内，地元土産品・温泉グッズ販売等）

「温泉旅館」

　○建物・施設，○部屋，○庭，○風呂（大浴場，露天風呂，部屋風呂），飲食（部屋食，食堂，喫茶，飲み屋，バー），○共同スペース（ラウンジ，図書室），○宴会場，○ホスピタリティ（女将，仲居），○イベント，○アミューズメント，○ヘルシー＆ビューティ（エステサロン）

（3）　超広域グループ…マルチプレイヤーが主体である

　第2の超広域グループは，超広域マルチプレイヤークラスターモデルである。このモデルにおいては，もはや温泉街や温泉旅館が独立したクラスターとしてのアイデンティティ形成を行わない場合が多くなると推察できる。よって，温泉街や温泉旅館は，超広域マルチプレイヤークラスターの価値を増大させるための1

つのコンテンツおよびモジュールとしてポジショニングされることになる。

　それは，超広域クラスターでは，マルチなプレイヤーの存在によって自らの価値を創造することになるから，温泉街も温泉旅館も共に1つのモジュールとしての役割を担っていれば良いからである。つまり，プロデュース機能やブランディング機能はすべて超広域マルチプレイヤークラスターが担うことになり，温泉街や温泉旅館はビジネスモデルとソーシャルネットワークの統合組織である超広域マルチプレイヤークラスターを構成する1つのモジュールへと自らの存在を大きく転換させる。こうなると，温泉街や温泉旅館は自身の力によってではなく，超広域マルチプレイヤークラスターの力によって自らの存在が決定されることになる。よって，超広域マルチプレイヤークラスター内に存在するコンテンツ（＝モジュール）間の競争も，次第に激化していくことが予見できる。

　このような超広域マルチプレイヤークラスターを構成する主なモジュールとしては，温泉街や温泉旅館は当然であるが，それ以外にも動物園や水族館，美術館や博物館，世界遺産や国立公園，あるいは四季を彩る海や山々の景観，さらには各種の祭りやイベント等も含まれることになる。そうなると，温泉旅館にとっての競合対象は必ずしも同業他社のみならず，従来では全く想像できなかった業種や業態がライバルとして想定されることとなる。それゆえ，1つのモジュールとなった温泉街や温泉旅館は，モデルの主体である超広域マルチプレイヤークラス

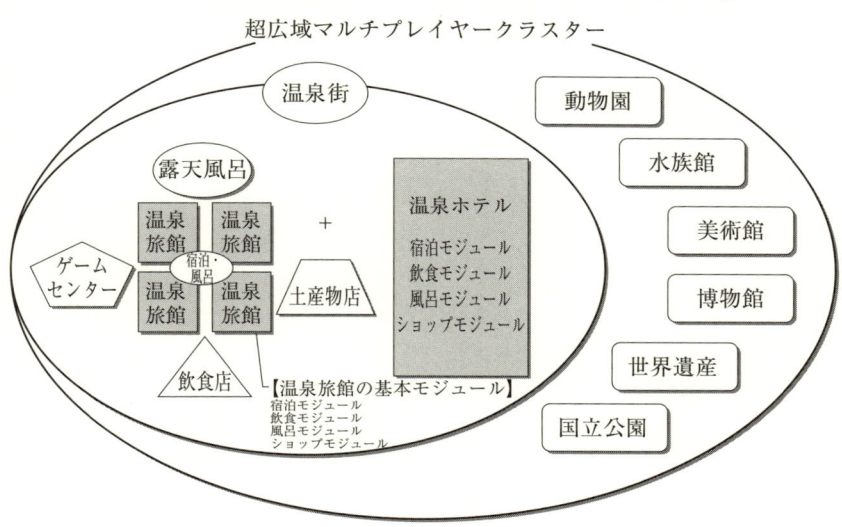

図表3-6　超広域グループ…マルチプレイヤーがビジネス主体

ターの価値を高めるためのコンテンツとして，多くの業種，業態の差異を超越した競争の展開によって，自らの存在を賭けるような時代に突入していくことになる（図表3-6）。なお，ここにおけるビジネスモデルを構成するモジュールの主なものは以下のとおりである。

「超広域マルチプレイヤークラスター」
○交通（飛行機，鉄道，道路，航路），○世界遺産・国立公園（国定公園），○ミシュラン・グリーンガイド，○文化（施設，人物），○景観，○自然（景観，街），○庭園，○名所・旧跡，○温泉街，温泉旅館

（4） 減集積グループ…個別企業（温泉旅館を含む）が主体である

第3の減集積グループは，ある種のグローバルビッグ企業ブランドモデルである。ビジネスモデルの主体はあくまでも何らかの企業であって，例えば豊田市や日立市のような地域では企業城下町の様相を呈している。

温泉業界でも，星野リゾートの一拠点として著名な星のや軽井沢がある星野温泉や，女将や仲居で著名な加賀屋がある和倉温泉などが同様のケースとしてイメージされる。加賀屋においては，提携戦略によって台湾への進出を果たし，日

図表3-7　減集積グループ…個別企業（温泉旅館含む）がビジネス主体

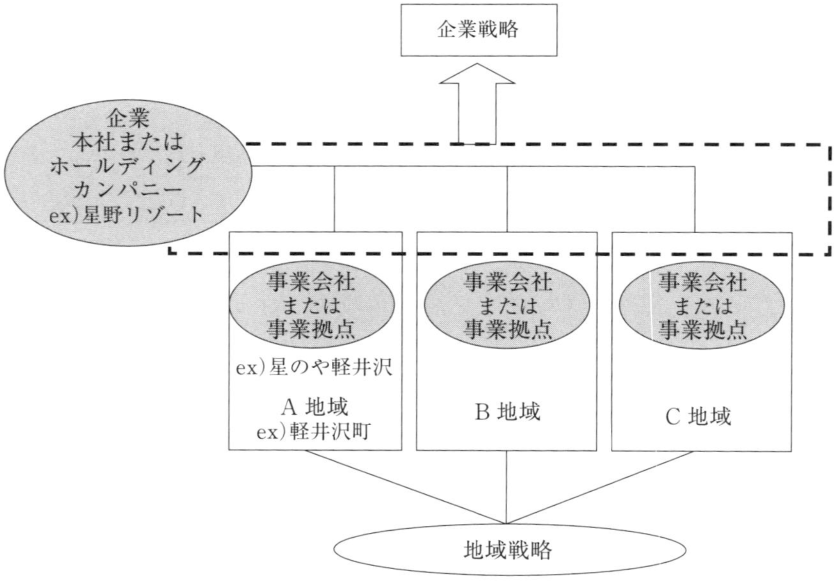

本のおもてなしを代表する企業ブランドとしてのアイデンティティを確立することで成功を遂げている。こうなると，星野リゾートの重点ターゲットの1つとしての背伸びした外国人対応や飲食機能の宿泊機能からの部分的な切り離し，あるいは加賀屋の女将や仲居のサービス等が，競争優位を確立できるモジュールとして大きな意味をもつこととなる（図表3-7）。

なお，ここにおけるビジネスモデルを構成するモジュールの主なものは以下のとおりである。

「温泉旅館」
　○進伝統グループの温泉旅館で述べた機能，○外国語サービス，○日本文化体験，○海外広報

このように，3つの温泉ビジネスモデルの進化がモジュールにも多大な変化を及ぼすことになる。温泉街がビジネスモデルの主体となったり，単なる1つのモジュールになったりする。また，露天風呂は元来温泉旅館におけるモジュールであるが，温泉街におけるモジュールでもある。つまり，同じコンテンツであっても，戦略的なゾーニングが転換すると自らもポジションを大きく転換してしまうことを意味している。このような状況では，コンテンツとコンテクストの関係を自在に捉えたプランニングとプロデュースが容易に行える能力こそ，生存を賭けたグローバル競争にとって決め手になる。

おわりに

本節では，温泉ビジネスをめぐる新たな展開の可能性について，すなわち温泉ビジネスの新地平についての考察を進めてきた。もちろん，本節での主張は非常に限定されたものであり，これ以外にも多くの温泉ビジネス革新へ向けた試みが散見される。しかし，著者は，1つの纏まりを持ったビジネスモデル論の観点から温泉ビジネスに対する主張がなされていることに大いに意義があると考えている。

本書では，著名かつ伝統的な温泉街に対して，若干の批判的な論述が行われている。なぜなら，温泉ビジネスの中核を担うことが期待されている温泉街は，他所と比較して重要な課題を持っていると考えるからである。その意味からも，批判の対象となった温泉および地元の関係者には，実は他所と比較してより多大な期待が寄せられていると考えていただきたい。

例えば，伝統的モデルの代表格である別府温泉街は，現時点で課題が多い温泉

街であるが，視点を変えれば，実は明るい未来がみえてくる。そのためには，別府が別府温泉郷に超広域なマルチプレイヤークラスターとしての指向性をもたせることが必要である。しかし，それには大きな外科手術が不可欠であることはいうまでもない。外科手術とは，別府温泉郷のイメージを想起させている別府温泉駅前のシャッター商店街も含めて取り壊すことと，地獄めぐりを再構築することである。病巣を残して，新たなアイデンティティを確立することは困難である。上記の前提に立ち，大分空港をゲートウェイとしたグローバルに開かれた大分県を指向することで，そのコアたる超広域マルチプレイヤークラスターとしての別府ブランディングが成功すると思われる。

　また，このような発想の転換により，現在では昔の輝きに翳りがみられる草津，熱海，箱根等の温泉街や温泉郷を，一気に再生できる可能性があると考えている。ゆえに，繰り返しになるが，温泉ビジネスをマルチプレイヤークラスターから捉えることが，きわめて重要であることを強調したい。

エピローグ

　本章では，温泉ビジネスモデルの進化過程の考察を，一般ビジネスモデルとの比較により行ってきた。これらの考察から，ビジネスモデルもソーシャルネットワークへの進化形態を模索した結果，共に既存の次元とは異なる新たな次元として，ビジネス・オン・ザ・ソーシャルネットワークともいうべきグローバルリンクが現出することになったということが理解できただろう。

　このことから，温泉ビジネスモデルはグローバルリンクに関わる議論に移行し，温泉街や温泉旅館はこのグローバルリンクのコンテンツとしての担い手に転換することになった。また，グローバルリンクにおいては温泉旅館以外の多種多様なコンテンツが存在することになるため，温泉郷自体がコンテンツとして吸収され，グローバルリンクになるかどうかという選択に迫られることもある。こうして，単一産業から成立している温泉産業クラスターは，超広域マルチプレイヤークラスターであるグローバルリンクへと進化することとなる。

　このような進化によって確かに温泉街は1つの中心的なコンテンツになるのだが，必ずしも温泉街が前面に現れるわけではない（例えば，北海道では旭山動物園）。同様に，温泉郷がグローバルリンクに進化する事例も，それほど多くは見

出されてはいない（現時点では箱根温泉郷のみ）。この事実から温泉街の将来を展望すると，黒川温泉のようにグローバル化やライフスタイル対応が温泉街自身で行われれば，温泉街がグローバルなコンテクストで説明可能な強力なコンテンツとして生き残ることは可能である。しかし，黒川温泉の事例では，温泉郷という拡張性が確保できず，北海道のような本格的なグローバルリンクとしては存在し得ない。すなわち，グローバルに対応する地域クラスターとしては，限界があるといわざるを得ない。

　繰り返しになるが，温泉街が数多く林立している温泉郷でグローバルリンクに進化できる可能性があるのは箱根温泉郷である。箱根が伊豆との統合に成功し，伊豆・箱根というグローバルリンクが形成されれば，首都東京に近接した立地を活用し，北海道とは異なる成功例として進化を実現することができるはずである。

　第Ⅱ部においては，第2章で提言されたビジネスモデルの型と，本章で提言されたマルチプレイヤークラスターの提言を踏まえ，双方を構成するモジュールに関わるコンテクストについて議論を行っていく。

＊本章は以下の3つの論文を統合した上で，それに執筆者3名によって加筆修正を加えたものである。
原田保「温泉ビジネスの再生戦略①ビジネスモデルとソーシャルネットワークの統合―グローバルリンクの構築」『企業診断』2012年6月号，同友館，pp.40-44。
原田保「温泉ビジネスの再生戦略②超広域マルチプレイヤークラスターへの期待」『企業診断』2012年7月号，同友館，pp.92-95。
原田保「温泉ビジネスの再生戦略③モジュール構成による温泉ビジネスモデルの進化」『企業診断』2012年8月号，同友館，pp.52-55。

【注】

（1）　産業クラスター：第2章注（2）を参照。
（2）　ソーシャルネットワーク：近年，ソーシャルネットワークは，SNS（ソーシャルネットワークサービス）によって一般的に知られるようになった。しかし，ソーシャルネットワークとは，社会的に形成されるネットワークのすべてを含んだ概念である。ここでは，価値や構想が共有されており，取引等の経済的関係も含めた社会的な概念である。したがって，本章でいうソーシャルネットワークとは，社会科学における社会的ネットワークのことを意味している。社会的ネットワーク論では，「ノード」と「つながり」という観点から社会的隣接性を考察する。ノード間にはあらゆる関連性を様々な種類のつながりで表現できる。それゆえ，社会的ネットワークはノードをつながりで結んだ地図であると解釈

できる。
（3）　ビジネスモデル：第2章注（1）を参照。
（4）　コンテクスト：第2章注（3）を参照。
（5）　グローバルリンク：ソーシャルネットワークとビジネスモデルが統合された概念であり，きわめて広い範囲におけるビジネス，生活，公共等の多様な要素によって構成される広く外部に開かれたネットワークである。グローバルリンクにはコンテンツとしての諸要素があり，それらを活用してゾーン全体の価値の最大化を追求するのがコンテクストとしてのグローバルリンクである。
（6）　三方よし：これは，「売り手よし，買い手よし，世間よし」のことである。ここで大切なのは，ビジネスは売り手と買い手という当事者だけの問題ではなく，世間という社会からの正当性を勝ち取ることができるかどうかである。これはすなわち，オープンな社会において広範にビジネスを展開するには当事者間の了解だけでは限界があるという考え方に立脚したビジネスの有り様を語っていると理解できる。それゆえ，企業はソーシャルネットワークの構成員として活動を行うことになり，世間からの高い評価を勝ち取れるビジネスモデルをいかに構築するかがビジネスの成否に関わっていると考えるべきである。
（7）　超広域マルチプレイヤークラスター：観光のみならず，産業，生活，公共に関わるすべての多様なファンクションがモザイクのように入り交じった集積エリアのことをいう。

【参考文献】

札幌市 HP（2011）『平成 23 年度版札幌の観光―平成 22 年度観光の概要―』第 2 章
　〈http://www.city.sapporo.jp/keizai/kanko/statistics/documents/2shou.pdf〉（2011 年 4 月 23 日閲覧）。
末永國紀（2004）『近江商人学入門 CSR の源流「三方よし」』サンライズ出版。
寺本義也（2007）「日本における営利と非営利の「競争」と「協創」の歴史」，寺本義也・秋澤光ほか『営利と非営利のネットワークシップ』同友舘，pp.15-37。
寺本義也・岩崎尚人・近藤正浩（2007）『ビジネスモデル革命―グローバルな「ものがたり」への挑戦』生産性出版。
日本ミシュランタイヤ HP（2011）『ミシュラン・グリーンガイド（ジャパン）』
　〈http://www.michelin.co.jp/Home/Maps-Guide/Green-guide〉（2011 年 4 月 23 日閲覧）。
原田保（1999）「インターネット・ビジネスが進化する」寺本義也・原田保著『図解インターネット・ビジネス』東洋経済新報社，pp.9-14。

（原田　保・吉澤靖博・西田小百合）

第Ⅱ部

個別温泉街の戦略分析と戦略提言

> スタイル特性としての系

《エピソードメイク主体》
グループ・集団

錬磨-合宿所系
- 蔵王温泉（山形県）
- 川湯温泉（北海道）
- 岳温泉（福島県）
- 湯郷温泉（岡山県）

交歓-別天地系
- 城崎温泉（兵庫県）
- 熱海温泉（静岡県）
- 箱根湯本温泉（神奈川県）
- 星野温泉（長野県）

体 ← → 心

快癒-湯治場系
- 二日市温泉（福岡県）
- 三朝温泉（鳥取県）
- 東鳴子温泉（宮城県）
- 夏油温泉（岩手県）

充電-隠れ家系
- かみのやま温泉（山形県）
- 賢島温泉（三重県）
- 西表島温泉（沖縄県）
- 湯河原温泉（神奈川県）

《ヘルシーライフ対象》

個人・カップル

本書で取り上げる温泉一覧

- 川湯温泉
- 夏油温泉
- 東鳴子温泉
- 岳温泉
- 星野温泉
- 箱根湯本温泉
- 湯河原温泉
- 蔵王温泉
- かみのやま温泉
- 熱海温泉
- 賀島温泉
- 城崎温泉
- 湯郷温泉
- 三朝温泉
- 二日市温泉
- 西表島温泉

第4章　交歓―別天地系

〈総括〉

　本章では,「交歓―別天地系」の観点から4つのケース（城崎, 熱海, 箱根湯本, 星野）を取り上げる。「交歓―別天地系」とは, ある種の別天地を舞台にしたスロースタイル系である。エピソードメイク主体が「グループ・集団」であり, ヘルシーライフ対象が「心」であるようなスタイル特性の系である。この交歓―別天地系では, 東京に代表される都会の女性グループや, 暮らしに余裕のある家族がメインターゲットである。彼らが, グループ・集団としてのさらなる絆の強化を図るために温泉街を訪れるのがスロースタイル系温泉である。それゆえ, 温泉旅館のみならず, これを包み込む豊かな自然の中での散策を楽しめるように随所に何らかの界隈性が装備されたり, 健康的な賑わいがもたらされるようなストリートが形成されていたりすることが求められる。

　具体的には, 事例分析を通じて, 城崎温泉（兵庫県）では「関西の奥座敷化戦略」, 熱海温泉（静岡県）では「訪れる場所から住まう場所へ進化するソーシャルネットワーク戦略」, 箱根湯本温泉（神奈川県）では「東京圏からのふらっと箱根湯本戦略」, 星野温泉（長野県）では「テーマ温泉化戦略」が戦略提言として示される。

コンテクスト次元としての類

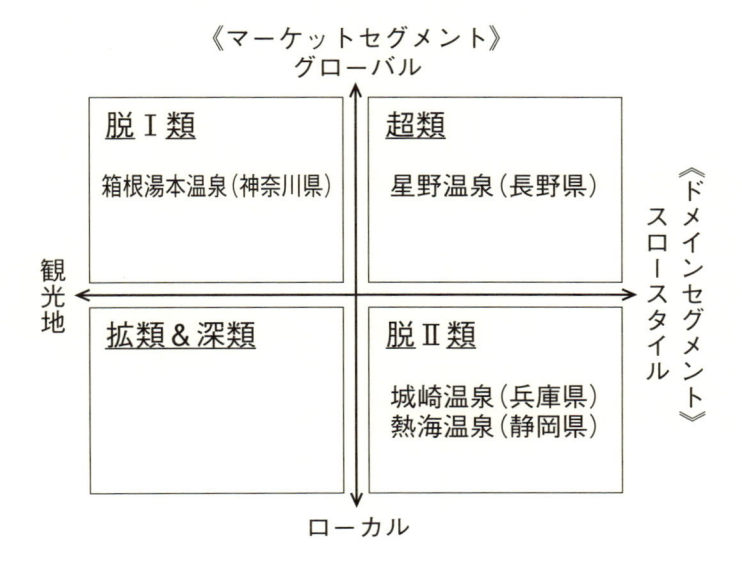

《マーケットセグメント》
グローバル

脱Ⅰ類	超類
箱根湯本温泉（神奈川県）	星野温泉（長野県）

観光地 ←　　　　　　　　　→ 《ドメインセグメント》スロースタイル

拡類＆深類	脱Ⅱ類
	城崎温泉（兵庫県） 熱海温泉（静岡県）

ローカル

永久不滅温泉街に向けたイノベーションによる関西の奥座敷化戦略

ケース1　城崎温泉
「"脱Ⅱ"交歓―別天地型」×「進伝統グループ」

《温泉のプロフィール》

- ▶所在地：兵庫県豊岡市城崎町
- ▶アクセス：
  JR山陰本線城崎温泉駅下車，北近畿豊岡自動車道和田山ICから約45km
- ▶外湯：7カ所，（手・）足湯：5カ所
- ▶旅館数：約80軒
- ▶泉質：ナトリウム・カルシウム塩化物泉，73〜80度
- ▶温泉旅館：西村屋本館，大西屋水翔園，三木屋，ゆとうや旅館，ときわ別館，ギャラリーの宿つばきの旅館など
- ▶観光名所：温泉寺，極楽寺，城崎麦わら細工伝承館，城崎マリンワールド，兵庫県立こうのとりの郷公園など
- ▶イベント：温泉まつり（4月下旬），かに王国開国式（11月23日）など

〈大谿川の柳並木〉

> **着眼点**：関西の奥座敷のポジションを確立する城崎温泉

　関西には「奥座敷」と称される2つの温泉がある。1つはここで取り上げる城崎温泉であり，もう1つが有馬温泉である。両温泉とも兵庫県にあるが，前者の城崎温泉は日本海側にあり，後者の有馬温泉は瀬戸内海側にある。この2つの温泉は共に長い歴史があり，ずっとライバル関係にある温泉である。

　城崎温泉は，かつての都であった京都の奥座敷であった。今では鉄道を使えば京都，大阪からは約2時間50分，神戸からは約2時間30分の距離にあるが，それでも城崎温泉は関西の三都（京都・大阪・神戸）から日帰りで行くにはやや遠

い場所にある。これに対して有馬温泉は、鉄道を使うと京都から1時間30分、大阪から1時間、さらに神戸からは30分の距離にあるため、関西の三都からの日帰りが可能である。

しかし、平成の大合併で豊岡市になる前の城崎町長の西村肇（（株）西村屋代表取締役社長）によって2005年に策定された「城崎このさき100年計画[(1)]」によって、城崎温泉の有馬温泉に対する比較優位が確立した（城崎このさき100年計画HP, 2004）。城崎温泉が有馬温泉に競り勝つこということは、城崎温泉が西日本随一の温泉街になったことを意味する。これは昔風にいえば西の大関の地位を占めているということである。そこで、なぜ城崎温泉はこれほどまでに現代の日本人に愛されているのかについて、若干の考察を加えることにする。

１　平成の大合併でも城崎ブランドは輝き続ける

1）市町村名を超越する城崎温泉の存在

かつての城崎町は、2005年4月に平成の大合併によって隣接の豊岡市に吸収（形式的には対等合併）され、豊岡市の一部になった。一般的に、ある地域が吸収された場合、特に吸収した方の名称が残る場合には、吸収された地域の保持するアイデンティティは大きく損なわれる。しかし、城崎町は、合併にもかかわらず、現在も城崎町（実際はエリア）としてそのままの形で残ることになった。また、合併に伴い、城崎駅は城崎温泉駅と改名され、温泉が前面に打ち出された。

さて、現在の豊岡市は、かつての城崎郡城崎町、竹野町、日高町と出石郡出石町、但東町が豊岡市と対等合併することで現出し、兵庫県で最大の面積を誇る市となっている。しかしながら、現在でも、多くの人は豊岡といえばカバンで有名な旧豊岡市のことを想起し、実生活においては現在の豊岡市を豊岡全域の名称であると捉えることはあまりない。一方、温泉街がある城崎町では、長い間温泉街の城崎というゾーンブランディングがなされていたために、城崎郡や城崎町がどこに合併されようと城崎という地域ブランドはもはや崩れることはない。少なくとも、城崎という地域ブランドは現在でも北近畿[(2)]の城崎、あるいは関西の城崎という関西地域のコア拠点の1つとしてのアイデンティティを確立している。

このように、城崎温泉は、城崎温泉がある関西、または城崎温泉がある北近畿、さらに城崎温泉がある但馬というポジションを確立している。それゆえ、城

崎では，温泉によって確立された地域ブランドの価値を維持すべく，まさに時の流れと共に進化させ続けることが大切になる。その意味では，前述した「城崎これから100年計画」はきわめて大事な施策になり，これを温泉街のリーダーや市の責任者が今後も推進し続けることが重要になる。

この城崎温泉には，古き良き日本の街（温泉街に限らない）が時間を止めて保持されている遺跡としての街ではなく，今も時代の先端で果敢に革新し続け，時流に乗って前進し続ける生きた街が現出している。換言すれば，城崎温泉は保存された"死"の街ではなく，多くの生活者や仕事人が賑わいを見せる"生"の街である。そういう意味で，城崎は，保存され見世物になっている多くの昔なつかしい街，例えば奈良の今井町や大分の豆田地区（日田市）とは全く異なっている。

2）街にエターナルナウを感じさせる外湯

前述したように，観光のための博物館の展示物のような街ではないまさに生きた人の営みをいつも感じる街，これこそがまさに城崎温泉である。そこを訪れる人も，そこに住まう人も，共に生きた街の賑わいを醸し出すある種のアクターであるといえる。そこには，理想的といえるような温泉を中心にした人が集う賑わいのある街が形成されている。これこそが実は生きた温泉街としての城崎温泉であり，今では西日本随一の温泉街であるといっても過言ではない。

城崎温泉では，街全体が1つの旅館であるとよくいわれる。つまり，駅は玄関，道路は廊下，宿は客室であり，これらをあわせた街全体が1つの旅館だということになる（久保田，2008）。確かに，駅前からすぐに温泉街が開けていることもあって，観光地としては珍しく駅や駅前が温泉街に来たという興奮を覚えるような雰囲気を醸し出している。そもそもエントランスやゲートウェイにはこのような役割が期待されているのだが，多くの伝統的な観光地では城崎のようにその役割を果たしている地域は少ない。

また，わが国の温泉街は，近年温泉旅館の温泉ホテル化に伴う大型化によるワンストップサービスが主流になっており，顧客は宿泊する館から街に一歩も出なくなり，それに伴って街が次第に寂れ，死の寸前という温泉が多く存在する。これに対して，城崎温泉では今も昔ながらの外湯（共同湯）巡りが中心の温泉街という構造が守られており，街は夜10時過ぎまで多くの観光客や地元住民で賑わいをみせている[3]。その意味で，道路が廊下で温泉旅館が客室であるという表

現は適切であると思われる。

　城崎温泉の外湯の特徴は，そこに住む人とそこを訪れた人が一緒に利用しているにも関わらず，両者を分ける壁がない雰囲気が醸し出されていることにある。全国各地の多くの温泉街にも共同湯はあるが，一般的には観光客と地元の住民の時間感覚に差異があり，これによって相互に違和感が生じることが多い。しかし，城崎温泉の外湯はすべてがコンセプチュアルな館になっており，またかなり豪華な雰囲気のある古い日本の伝統的な時空間を違和感なく醸し出している。

　このこともあってか，観光客も地元の住民もそこに集まる利用者として融合した触れ合いの場が現出している。そこには何ともいえない伝統ある共同空間が現出しており，顧客に対して短時間ではあるが不思議なリラックス感を与えてくれる。このように，城崎温泉は常に時代に対してオンタイムで存在しうる温泉街として，まさにエターナルナウ（eternal now：永遠の今）の実現に向けて日々進化し続けている。

　また，城崎の外湯は数も質もわが国随一であり，ここが城崎温泉を訪れる人々にとってある種の神殿のような効果を発揮している。城崎温泉を訪れる多くの人々は，外湯を巡るために城崎温泉を選択するといわれている。実際に外湯をはしごすると，次第にくつろぎ感が広がり，心身ともに不思議なチェンジアップを感じるようになる。その意味では，温泉街の神殿である外湯は，ある種の心と体の健康のための転換装置であるといってもよい。この外湯が毎日賑う城崎温泉では，いつも時代の真只中に生きる忙しい人々の今生きることへの喜びを感じさせる湯を大事にしており，中心街から少し離れた温泉旅館では送迎サービスも行っている。

3）外湯による交歓―別天地の構築

　以上のように，城崎温泉における街の繁栄と賑わいは，高質な，しかも観光客にとっては親しい人との楽しいエピソードメイクが可能な外湯の成功に依拠している。それゆえ，一時低迷した際にもその復興には外湯の設備投資を行うことで躍進に結びつけたという経緯がある。外湯が7つもあって，それらのすべてが個々の温泉旅館を凌駕するほどのアイデンティティを形成している温泉街は，それほど多くはない。これらの外湯はほどよい間隔をもって駅前から続く大谿川（おおたにがわ）沿いの温泉街に設置されている（図表4-1）。

　城崎温泉には，鴻の湯，まんだら湯，御所の湯，一の湯，柳湯，地蔵湯，さと

図表 4-1　城崎温泉街の全体像

の湯という7つの外湯があるが，ここで外湯の紹介を簡単に行っておく（城崎温泉観光協会HP，2009）[4]。これらの外湯すべてに利用者にとってエピソードメイクが可能な物語が付与されている。その意味では，単に温泉に浸る以上の楽しみを体験することができる。

「鴻の湯」は，約1400年前にコウノトリが傷を癒したと伝わる城崎最古の湯であり，コウノトリにちなんでしあわせを招く湯として著名である。「まんだら湯」は，717年に温泉寺の開祖道智上人の一千日祈願によって湧き出たと伝わっており，一生一願の湯とされている。「御所の湯」は，後白河天皇の姉である安嘉門院が入湯されたといわれ，京都御所をイメージした外観で，外湯の中では一番新しい建物である。美人の湯として評判である。「一の湯」は開運招福の湯とされており，温泉街のシンボルとして城崎温泉の真ん中に位置している。建物は桃山時代の歌舞伎座を思わせるものであり，温泉医学の祖香川修徳が「天下一の湯」と記したことから命名された。「柳湯」は，中国の西湖からわが国に移植した柳の木の下から湧き出た温泉であり，子授けの湯とされている。大正から昭和初期の建物を再現した小さな外湯である。「地蔵湯」は，かつてはその泉源から地蔵

が出たことから命名された衆生救いの湯とされている。モダンな内湯と貸切風呂，打たせ湯，さらにエステもある，江戸時代から地元民に最も愛される外湯である。「さとの湯」は，もとは地蔵湯の分湯で地蔵湯の隣にあったが，2000年にリニューアルオープンしJR城崎温泉駅横にある外湯である。日本最大の駅舎温泉であり，自然回帰の湯とされている。ここは立地特性を踏まえて，伝統的な城崎の外湯に若干モダンな感覚を付加した，まさに城崎温泉のゲートウェイに相応しい外観をみせている。外湯は，1999年の一の湯以降，順次リニューアルされた。これ以外にも，5カ所の足湯（手・足湯）が作られており，浴衣でのそぞろ歩きを楽しむことができる。

　この城崎温泉の外湯巡りは，顧客にとっても街にとってもかの入湯手形で有名な黒川温泉（熊本県）における街の露天風呂巡りよりはるかに多大な優位性がある。黒川温泉の入湯手形による露天風呂巡りは，宿泊旅館以外の他の旅館の内風呂に入るのだから，顧客にとっては風呂を借りることになり若干の引け目を感じるし，温泉旅館にとっても自身の顧客ではないためか，他旅館の顧客に対する対応が不十分になるという点は避けられない。これに対して，城崎の外湯は，市（正確には湯島財産区）によって維持管理される公の施設であるために，多様な顧客サービスがそれなりに充実している。また，顧客にとってもきがねせずに堂々と入れるので，満足度はきわめて高くなっている。

　城崎温泉においては地元の温泉旅館に宿泊する顧客に対してはすべての外湯への入湯が無料になっており，1泊2日の急ぎ旅でも7つの外湯のすべてを巡ることができる。日帰りの場合，各外湯は600～800円の入湯料が必要であるが，「1日ぐるっと，入り放題　城崎温泉外湯めぐり券」（1日1,000円）を購入すれば，その日開湯している外湯にはどれでも入湯することが可能である。2010年から城崎温泉ではデジタル外湯券「ゆめぱ」が導入され，おサイフケータイあるいはICカード（FeliCa対応）に登録するか，持っていない場合はバーコード外湯券を発行してもらえば利用が可能である（日帰りの場合は，貸し出し用ICカードを利用）。ゆめぱには，外湯券としての機能の他，お買い物特典，ゆめぱつけ払い機能（旅館へのつけ払い機能）もあるが，それ以外にも各観光拠点や外湯に設置されている音声ガイダンスから観光情報を入手することができる機能も付与されている（英語での利用も可）。

　また，このシステムによってどこの温泉旅館のどの顧客がどの外湯を利用したのかというようなマーケティング情報の獲得も十分可能である。さらに，街歩き

のための女性の浴衣についても，多くの温泉旅館では多種類の色浴衣から自分の好みのものを選べるなど，街歩きの楽しみをより大きく感じさせるようなサービスを行っている[5]。

これらの取組みを考慮すれば，街歩きのための仕掛けについては近年話題になっている黒川温泉よりも城崎温泉の方がはるかに上回っていると感じられる。城崎温泉は黒川温泉と同様に親しい人との交歓を楽しむある種の別天地であるといえる。しかし，城崎温泉が徹底的に外湯にこだわり，しかも刻々と変化する時代に乗り遅れないよう設備投資を怠らないという経営感覚は，まさにある種の次世代型温泉の原動力になっている。

② コンテンツはよいがコンテクストが脆弱である

1）四季を楽しめる豊富なコンテンツ

温泉街を含む城崎町の魅力は，いつでも楽しめる城崎温泉のみならず，広く豊岡市全体あるいは但馬地域で連携すれば長期滞在も十分に可能であるという点に見出される。ここでは，温暖な夏のバカンスシーズンのみならず，寒い冬でも，京都，大阪，神戸からの顧客が金曜の夜から日曜日の昼までの2泊3日かけてゆっくりとした奥座敷の暮らしを楽しむことが可能となる様々なコンテンツがそろっている。これこそが多くの関西圏の都会人にとってはある種の別天地であり，城崎温泉に滞在することによって身も心も生き返る。

しかも，リーズナブルでカジュアルな温泉旅館も多く，高級な温泉旅館でも他の有名な温泉と比較して驚くほど高額というわけではない（平均的なもので1人1泊2食付き22,000円程度）。これは，城崎温泉には外湯の文化が根付いており，温泉旅館におけるワンストップサービスがさほど強く現出してこなかったことに起因している。最近では内湯に注力する旅館も増えているが，旅館の規模に応じた内湯の広さに対する制限が行われているため，城崎温泉においては昔ながらの浴衣姿で街を散策する楽しみがなくなることはないだろう。

さて，城崎町では，夏はかなり温度が上がるため近場の日和山海岸は日本海の海水浴場として有名であるが，ここは山陰海岸国立公園における奇岩で著名な絶景ポイントとなっている。11月頃から春先にかけては雪がかなり降る（多いときで80cm程）が[6]，寒い冬には城崎のある但馬や隣接する丹後においてはま

さに本場の松葉蟹が味わえる。

　また，四季を通じて年間ずっと楽しめる観光スポットとしては，野生のコウノトリの絶滅の地に設置された兵庫県立コウノトリの郷公園があるし，約160万年前の火山活動によって作られた5つの洞窟が並ぶ玄武洞もある。子供連れの顧客に対して海の生き物の生態がリアルに観察できる城崎マリンワールドも魅力的であり，松葉蟹を食べ飽きた人にとっては高質な但馬牛をたっぷりと味わえる場所でもある。

　このような城崎温泉が最近注力しているのが，女性をターゲットにしたエステサロンの充実である。特に，温泉でキレイになるというメッセージを女性に向けて発信するため，リーズナブルな価格設定が行われている[7]。

2）別天地としては黒川温泉に劣る城崎温泉

　駅を出るとすぐに非日常的な温泉街という空間に入るが，そこは松葉蟹をはじめとする多数の土産物屋が自然発生的にランダムに並んだ街並みとなっている。これは人工的に作ったディズニーランドのエントランスゾーンとは若干異なるが，それでも温泉街に対する大きな期待を醸成させる効果的なエントランス効果を発揮している。そして，これに続く大谿川沿いに立ち並ぶ多くの柳も城崎温泉にやってきたという高揚感を現出させてくれる。しかし，その後に続く温泉街の中心部分については少し期待を裏切られた感じがしないでもない。確かに，外湯はすばらしいメッセージを発信しているのだが，一部の老舗旅館を除いて，そこに立ち並ぶ温泉旅館から温泉街のストリートに向けたまさにエターナルナウの息吹を感じさせるだけの十分なメッセージを感じ取ることができない。

　この原因は，中心街の街づくりには別天地としての統合された演出が不足しており，そこには顧客を感動させるためのドラマ作りが完全に欠落していることにある。老舗の温泉旅館ではその内部に手入れの行き届いたすばらしい庭や品格のある建物があるのだが，そのような今に生き続ける伝統的な雰囲気がメッセージとしてストリートに対してほとんど発信されていない。

　また，城崎温泉では全体として個々の温泉旅館がストリートに対して若干クローズドな感じがしないでもない。城崎温泉の特徴である駅に降り立ったらすぐにある種の非日常的な空間である別天地が開けているが，そうなるとそこにある温泉旅館には城崎温泉というある種のテーマパークのような空間を彩るパビリオンのような役割が期待されることになる。しかし，残念ながら個々の温泉旅館はそ

のような役割意識をもっているとは思えない。だからこそ，旅館から街へ向けたメッセージが発信されていないばかりか，著者には街とは異なる空間であることを指向しているとも感じられる。

　現状では，この温泉街の魅力は外湯だけの力に依存しているといわざるをえない。つまり，現在の城崎温泉の最大の問題点は，個々の温泉旅館の街全体の景観や賑わいに対する関心が低いことである。

　この点は，温泉街の再生で有名な黒川温泉との大きな差異である。黒川温泉では，温泉組合に加入しているすべての温泉旅館がまさに一体となって街の景観作りや街の賑わい作りに注力している。だからこそ，温泉旅館の料金はどこにおいてもほとんど同じであるし，入湯手形による内湯巡りが実現したわけである。

　今後の城崎温泉にとっての課題は，街全体の景観への関心を深めること，そして街があって個々の温泉旅館があるという街全体を捉えたプロデュース感覚の醸成である。城崎温泉では，個々のコンテンツ，例えば温泉旅館そのものや7つの外湯，資料館などの公共施設には問題はないのだが，これらから顧客のエピソードメイクを誘引するためのコンテクストを構築するアクターが欠落している。この点については，城崎温泉は黒川温泉から多くを学ぶことができるはずである。

3）目指すは女子旅のメッカとしての城崎

　それでは，いかにすれば黒川温泉のように大人の女性グループを城崎温泉に呼び込むことができるのか。街を歩いていて気付くのは，家族や若いカップルは多いものの，大人の女性のグループ客の姿が黒川温泉と比較するとはるかに少ないことである。カップルや家族は元来きわめてクローズドなグループ単位であるから，あまり街歩きに対してはポジティブなポジションに立たない存在である。例えばカップルはカップルとしての空間が大事であり，それがどこであろうが2人だけの世界を形成してしまう。また，家族もどちらかというと構成メンバーの縛りがきつい集団の単位であるから，その単位を崩した他者との関係を望むことはない。

　すなわち，彼らは街と一体となって景観を織りなし，多様な出会いを積極的に模索するような存在ではない。彼らにとっては宿泊する温泉旅館が充実していて，あとは予定している観光地を訪れさえすれば十分である。このような観光客だけでは街にビビッドでダイナミックな，しかも調和のとれた動的な景観は現出しない。

黒川温泉にはたいしたコンテンツはないのだが，それでも大人の女性グループ顧客が数多く街を散策している。この上品でお洒落な女性が街に溶け込むように存在する姿こそが，ある種の別天地を現出するのかもしれない。グループを構成する女性たちにはその言動を通じて相互にマルチにインプロビゼーションを行うという創造的な関係が現出している。

　したがって，城崎温泉が今行うべきことは，このような大人の女性グループを取り込むことである。いわゆる女子旅[8]の対象になるような交歓型の別天地を構築することが必要である。そのためには街に賑わいがあり，より開かれた界隈性のある，ある種の陽だまりの散歩道のような景観の構築が不可欠である。城崎温泉はコンテンツについては黒川温泉に比較して圧倒的に多いのだから，これが実現できれば，今からでも黒川温泉に追いつくことはさほど難しいことではない。

３　有馬温泉を引き離すために交歓型の別天地を創る

1) 宿泊するなら城崎というアイデンティティ

　2011年のじゃらん「全国人気温泉地ランキング」によれば，城崎温泉（全国第9位）は有馬温泉（全国第11位）に比較して人気ランキングで上回っている（じゃらんHP, 2011）。両者は，バブルの崩壊後大きく低迷したが，城崎温泉は前述した西村の強いリーダーシップによって温泉街の再構築に成功した。これが契機となり，城崎温泉は有馬温泉に対する優位な地位を獲得することになった。

　一方で，有馬温泉は，城崎温泉よりも関西の三都から近いというメリットを活かすべく，日帰り観光を強力にアピールすることで街の賑わいを回復している。このように，城崎温泉と有馬温泉との間には関西の奥座敷の地位を巡って熾烈な競争が展開されている。城崎温泉が有馬温泉より遠距離に位置し，冬には雪が降るというハンディキャップを乗り越えるためには，かなり強力な施策の投入が欠かせない（図表4-2）。

　城崎温泉と有馬温泉との簡単な比較を行ってみると，最大の類似点は共に外湯がシンボルになっていることである。城崎温泉には前述した7つの外湯があるが，有馬温泉にも金の湯（金泉）と銀の湯（銀泉）という2つの高質な外湯が存在する[9]。また，温泉街のエントランス部分に土産物屋が多数あり，ある程度

図表 4-2　城崎温泉のポジション

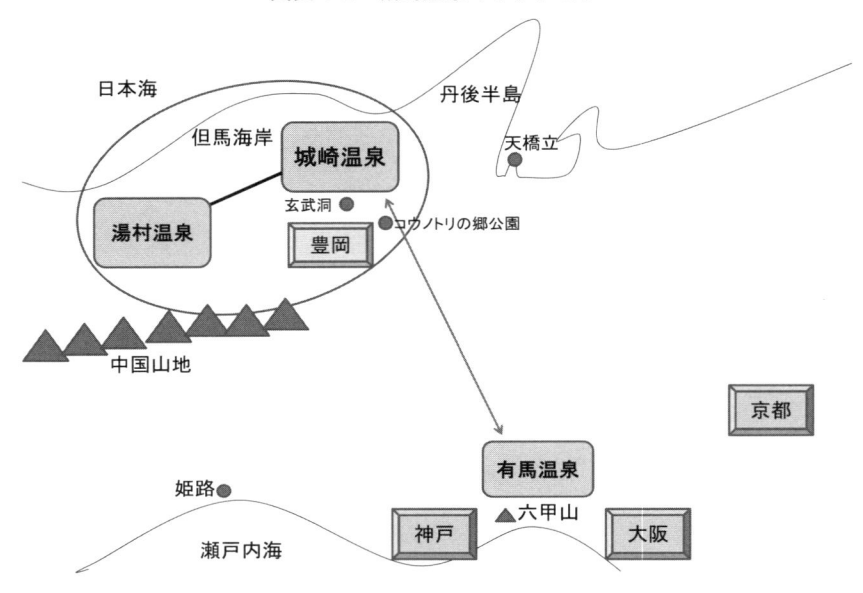

の賑わいをみせている点も共通している。

　一方，両者の差異としては，以下のような3点が想起できる。第1に，城崎温泉では駅前からすぐに温泉街という異次元空間が現出するが，有馬温泉では神戸電鉄の小さな駅があるのみであり，エントランスやゲートウェイの役目を果たしているものはない。第2は，有馬温泉では温泉旅館の大型化がすすみ，かなりの数の温泉旅館が温泉ホテル化しているが，城崎温泉ではほとんどの温泉旅館が3階建ての木造建築であり，温泉街としての風情がよく残っている点である。以上の2点からみると，現在の団体顧客離れが進展する現在では城崎温泉の方が優位性を保持していると考えられる。第3に，城崎温泉の地理的問題と冬の厳しさという気象条件といった不利な点である。しかし，有馬温泉がその立地特性を活かして日帰り観光に注力しているなら，まさに城崎温泉はその立地特性を捉えた逆張りの戦略を採用するのがよい。

　城崎温泉にとっては，有馬温泉が日帰りを強調しているのはまさに渡りに船のようなものである。それゆえ，前述したように大人の女性グループ顧客をターゲットにしたまさに交歓―別天地型の温泉街であることを強調しながら，例えば2泊3日のゆっくりした滞在型の旅によってブランディングを行えばよい。また，

冬の寒さも中途半端ではないため，まさに真っ白な雪景色を前面に出した雪の中の外湯巡りを徹底的に訴求すれば，顧客によってのエピソードメイクの大きな素材になる。したがって，関西の奥座敷という地域の覇権をめぐる有馬温泉との競争においては城崎温泉が打ち勝つ可能性が高いと考えられる。

2) 近接する湯村温泉との協創的競争

さて，今後の城崎温泉の戦略を考えるにあたって忘れてならないのは，近接する湯村温泉である。ここは以前夢千代日記[10]の舞台として話題を攫ったことで多くの人がその存在を知っている（JTBパブリッシング，2011）。湯村温泉へは，大阪や神戸からは高速バスの利用，東京からは鳥取空港経由となるため，やや不便な地である。また温泉旅館は20軒を超す程度だが，大型ホテルが2軒あるため部屋数でみれば大きな温泉街である。

湯村温泉にある旅館は，城崎温泉の木造旅館と比べてよりレトロな感じの佇まいである。その意味では，多くの歴史的保存地区の建物と同様に，いわば博物館的な匂いがしないでもない。しかし，それが現役のビジネス拠点になっている。したがって，湯村温泉は顧客から温泉街としてのみでなく，昔ながらの街を散策するための歴史散歩のための場所としても期待されている。なお，この受け皿としては2軒ある500室の観光ホテルがもっぱら活用されている。

湯村温泉のある種のレトロなテーマパークを思わせる街並みは，城崎温泉の中心部よりはインパクトのあるテーマ性の強いメッセージを顧客に対して発信している。その意味では，城崎温泉にはエターナルナウを感じるのに対して，湯村温泉にはむしろレトロモダンを感じる。それゆえ，地域的には両者は若干の競合関係にあるのだが，瀬戸内海サイドにある有馬温泉との競合を考えれば，城崎温泉は湯村温泉とも何らかの協調関係を構築することが大事になる。それは，これによって，関西の奥座敷は日本海側にあるというアイデンティティを確実にすることができるからである。

3) テーマにこだわるエターナルナウ空間の創造

城崎温泉が有馬温泉との奥座敷競争において勝利するには，大人の女性グループ顧客をターゲットにした四季をゆっくり楽しめる交歓―別天地型の温泉街の構想が不可欠になる。そのためには，近接の湯村温泉との協創的競争関係を構築することにより，対瀬戸内・日本海サイド連合の結成も大事な戦略になる。その上

で，黒川温泉が大人の女性グループ顧客をファン化することに成功したように，いわゆる女子旅のメッカになりうる交歓―別天地型の温泉街を創りあげる必要がある。

しかし，このような対応においては，すでに紹介した「城崎このさき100年計画」のように長期的に繁栄が担保される単なる一過性の多大な投資を行うのではなく，むしろ結果として永遠に繁栄していたというような日々のイノベーションを重ねることが要請される。その意味では，永遠の今を追及するエターナルナウのあくなき追及が望まれる。

このように，城崎温泉が指向すべきイノベーションの方向性は，わが国で最も温泉街らしいものの1つと思われる景観や外湯に繰り出す人で賑わう伝統的な温泉街を日々進化させるという進伝統グループにポジショニングされる温泉街になることであるといえる。この城崎温泉の別天地作りは，典型的なリゾート型温泉である星野温泉とはまったく異なっており，まさにオンタイムの現実生活の延長線上にあるチェンジアップ型の別天地である。

> **将来像**：奥座敷としての永久不滅温泉を指向する城崎温泉

著者は，今後の城崎温泉においては，関西の奥座敷の地位を永久に維持し続けるためのある種のイノベーション装置の確立に向けて日々の革新が行われることを大いに期待している。実際に100年計画を推進した城崎温泉だからこそ，単なる一過性の非日常空間の創造ではなく，エターナルナウを指向したオンタイムのエブリデイイノベーションへの取組みが可能であると思われる。

そして最終的には，城崎温泉がわが国の温泉の原型であると考えられる外湯を中心にして，この地を訪れる顧客が誰でもオープンでインタラクティブな交歓型の別天地のモデルとして進化することが期待される。わが国の温泉街には木造の温泉旅館が似合うし，また浴衣での街歩きが実に良好な景観を作り上げている。こうして，リゾートの星野温泉や山間に佇む黒川温泉とはまったく異なる新たなイノベーションの事例を現出させてくれる。

多くの城崎温泉を訪れる人々はこの城崎という街に対して志賀直哉を連想するだろうが，この城崎がまさに白樺派の作家たちが集うのには相応しい街であったことに気が付くはずである[11]。それは，ここがまさにピュアな日本人の精神が宿る不思議な場所だからである。その意味では，城崎温泉が永久不滅であること

は日本人の精神が永久不滅であることを意味している。

【注】

（1）　城崎このさき100年計画：2005年に前城崎町長西村肇を中心にまとめられた城崎のまちづくりビジョンで，コンセプトは「めぐる」である。豊岡市との合併後は，城崎温泉の住民自治によって取り組むコミュニティ計画の性格を色濃く打ち出している（後藤，2006参照）。

（2）　北近畿：北近畿とは，一般に但馬地域，丹後地域，丹波地域をさす。

（3）　城崎温泉街では，多くの土産物屋が夜10時まで営業しており，夕食後に外湯めぐりをしながら買い物を楽しむことができる。

（4）　その他，JTBパブリッシング（2011）参照。

（5）　城崎温泉では，独立行政法人産業技術総合研究所との共同研究として，高機能テキスタイル加工をしたICタグとアンテナを浴衣とのれんに付け，客の行動観察を行っており，これによってもマーケティング情報を入手できるようにしている。

（6）　豊岡市HP（2011）参照。

（7）　例えば，外湯「地蔵湯」内のSpa Emyouでは，セルフエステ1,000円，フェイシャルなどの各コース4,200円からというリーズナブルな価格設定となっている。また，各温泉旅館にもエステサロンが多く用意されている。

（8）　2011年11月から，城崎温泉旅館協同組合主催で女子旅in城崎温泉というキャンペーンが行われており，各旅館では女子会（女性だけのグループ）に対する特別プランを用意するところが多い。

（9）　有馬温泉の泉質は湧出場所に異なるが，大別すると塩分と鉄分を多く含み褐色を呈する含鉄塩化物泉，ラジウムを多く含む放射能泉，炭酸を多く含む炭酸水素塩泉の3種類がある。空気に触れ着色する含鉄塩化物泉は金泉と呼ばれ，それ以外の透明な温泉は銀泉と呼ばれている。

（10）　夢千代日記は，1981年～1984年にNHKで放映された三部作のドラマであり，兵庫県美方郡温泉町（現在の新温泉町）が物語の舞台となっている。同町の湯村温泉は，夢千代の里として知られている。

（11）　白樺派：日本近代文学の一派で，1910（明治43）年創刊の雑誌「白樺」に依って活躍した文学者や美術家をいう。城崎文芸館には小説「城の崎にて」を執筆した志賀直哉をはじめ，与謝野晶子，島崎藤村など城の崎に縁のある文人墨客の資料が展示されている。

【参考文献】

城崎温泉観光協会HP（2009）『城崎温泉観光パンフレット』
　〈http://www.kinosaki-spa.gr.jp/howto/download/pdf/kinosaki2009.pdf〉（2012年7月6日閲覧）。

城崎このさき100年計画HP（2004）『城崎このさき100年計画プロジェクト』
　〈http://www.geocities.co.jp/HeartLand-Oak/4092/top.html〉（2012年6月28日閲覧）。

久保田美和子（2008）『温泉再生　地域の知恵が魅力を紡ぐ』学芸出版社。
神戸新聞但馬総局編（1983）『城崎物語』神戸新聞社。
後藤春彦（2006）『建築雑誌』VOL. 121, No. 1545。
JTB パブリッシング（2011）『るるぶ情報版近畿7兵庫　神戸・姫路・但馬』，JTB パブリッシング。
じゃらん HP（2011）『全国人気温泉地ランキング』
〈http://www.jalan.net/jalan/doc/etc/onsenranking/onsenranking_index.html〉（2012年7月1日閲覧）。
豊岡市 HP（2011）『平成22年版豊岡市統計書』
〈http://www.city.toyooka.lg.jp/www/contents/1157942863609/index.html〉（2012年1月31日検索）。

（原田　保・西田小百合）

訪れる場所から住まう場所へ進化するソーシャルネットワーク戦略

ケース2

熱海温泉
「"脱Ⅱ"交歓―別天地型」×「超広域グループ」

―― 《温泉のプロフィール》 ――

- ▶所在地：静岡県熱海市
- ▶アクセス：
  JR東海道新幹線・東海道本線熱海駅，東名高速道路厚木IC～小田原厚木道路～国道135号線
- ▶旅館＆ホテル数：約130軒
- ▶泉質：ナトリウム・カルシウム―塩化物・硫酸塩温泉（低張性・弱アルカリ性・高温泉）海岸沿いは塩化物泉，山沿いは硫酸塩泉の源泉が多い，90度
- ▶温泉旅館：古屋旅館，あたみ石亭，ホテルニューアカオ，熱海後楽園ホテル，リゾナーレ熱海，熱海シーサイド・スパ＆リゾートなど
- ▶観光名所：熱海城，伊豆山神社，MOA美術館，熱海駅前間歇泉，お宮の松・寛一お宮像，サンビーチ，初島アイランドリゾートなど
- ▶イベント：熱海海上花火まつり（3・7・8・9・12月），熱海梅園梅まつり（1～3月），湯めまちをどり華の舞（毎週土日）など

〈ビーチ全景〉

着眼点：ソーシャルネットワークモデルとしての熱海温泉

　かつて，温泉リゾート・歓楽街の代名詞として隆盛を極めた熱海は，様々な時代の変化とともにその姿を変容させてきた温泉街である。1950年代には，新婚旅行のメッカとされ，当時の若者文化のトレンドを象徴する地でもあった。さらに，高度経済成長期を迎え，1964年東海道新幹線が開通することにより団体旅行客の取り込みにも成功し，首都圏近郊のリゾート地として揺ぎ無い地位を確立した。

日本三大温泉場として名をとどろかせた熱海も，1990年代以降の社員旅行を中心とする団体旅行客の急激な減少等により，「熱海の街から灯が消えた」と揶揄されるほど大型ホテル・旅館の閉鎖が相次いだ。2000年代に入り，女性を中心とした温泉ブームの到来や原油高騰を背景とした環境指向の高まりによって，東京の奥座敷と呼ばれる利便性を活かし，少しずつ復活の兆しが見え始めている。加えて，大型温泉施設の衰退とともにリゾートマンションの建設が加速し，訪れる場所から住まう場所への転換が進行している。

　しかし，ビジネスモデルの視点から熱海を俯瞰した場合，未だ旧来の観光地ビジネスから脱却したとは言い難い状況である。本著において何度も例示されている星野リゾートが，2011年12月，熱海に新たなリゾートホテルを開業した事実からも，未だこの地がリゾート開発のプロから見てさらに進化し得るポテンシャルを有しているという証拠に他ならない。

　そこで，本ケースでは「隆盛から衰退，そして復活」への道を歩む熱海を3つの視点から考察する。1つめは，脱静岡，脱伊豆を指向することによる，21世紀の奥座敷戦略である。2つめは，「脱観光地ビジネス」を指向することによる，参加型ソーシャルネットワークビジネスへの転換である。そして3つめは，上記2つの戦略を内包した上でソーシャルネットワークの形成を指向したリゾートコミュニティの実現可能性である。

1　脱静岡と脱伊豆を指向した奥座敷戦略を展開する

1）脱静岡がもたらす意味

　熱海温泉の起源は，今からおよそ1250年前の天平宝字（750年前後）の頃，箱根権現の万巻上人が海中に沸く熱湯「熱い海」によって魚類が焼け死に不漁に苦しむ漁民を救うために，祈祷によって泉源を海中から山間へ移したという伝承に由来している。

　歴史上において，その名を一躍有名にしたのが徳川家康である。自ら熱海に逗留した家康はこの地のお湯を非常に愛し，後に御汲湯と呼ばれる江戸まで熱海の湯を運ばせる仕組みを最初に導入した張本人でもある。当時，健脚自慢の担ぎ手が昼夜兼行で15時間かけて運んだ熱海の湯は，江戸に到着する頃，ちょうど良い湯加減になっていたという逸話も残されているほどである。当時と現代では交

通手段ひとつ取っても比較すること自体ナンセンスではあるが，熱海が「江戸の奥座敷＝東京の奥座敷」という物理的にも精神的にも身近な温泉場として愛され続けている証左であるといえる。その後，家康は熱海を直轄領とし，治安風紀の改善に努めることでリゾートブランドの礎を築いた。明治時代以降の近代においても，政治家，軍人，文化人がこぞってこの地を訪れ，熱海のブランド価値を引き上げていくこととなった。

　上述した歴史的背景を見ても，今更あえて脱静岡を主張するまでもなく，古き時代より現在の行政区的発想を超えた地域であったことは間違いない。しかし，このあとに脱伊豆の主張を展開する前提として，地域デザインの要諦である「ゾーニング＝コンセプト」を際立たせるためにも，あえて行政区との連想を断ち切る意味で脱静岡を強調する必要性を感じている。

2）脱伊豆をトリガーとした首都圏戦略

　脱静岡についての記述は，また明確に脱伊豆を指向するためのものであった。伊豆半島東部の付け根に位置する熱海は，相模灘に沿って東の湯河原町，西の伊東市と地理的連続性を有している。いわば，伊豆半島の玄関口ともいうべき場所

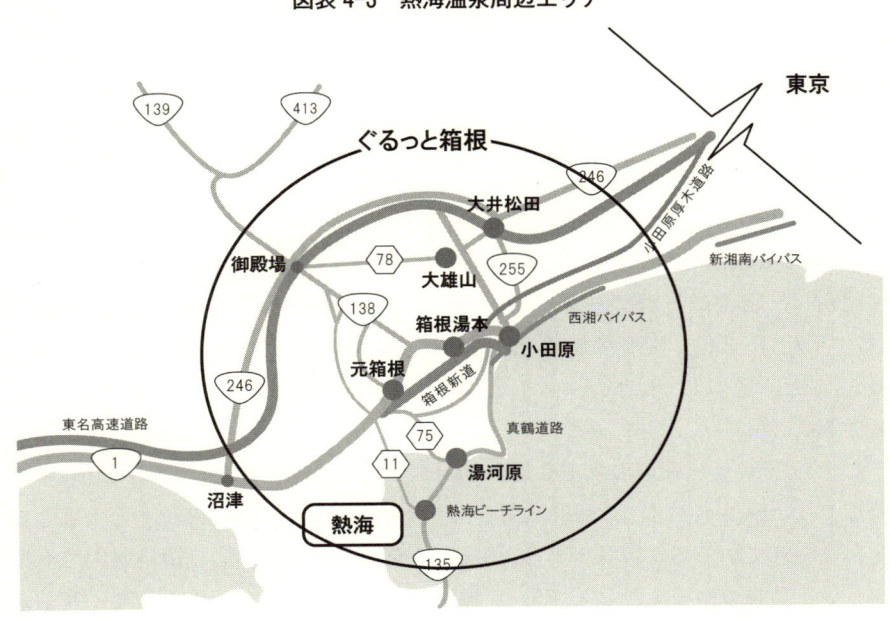

図表 4-3　熱海温泉周辺エリア

とも表現できる（図表4-3）。

　一方で，東海道新幹線を利用すれば東京から50分弱で往来できる地の利があり，これこそ熱海温泉が古くから「東京の奥座敷」と呼ばれる所以でもある。また，意外と知られていない事実であるが，JR東海が管轄する東海道新幹線とJR東日本が管轄する東海道本線および伊東線が混在する駅でもある。静岡県内にある在来線駅の中で，唯一JR東日本が管轄する駅がこの熱海駅である。このような交通インフラの状況を踏まえ経済的背景を俯瞰しても，総務省の国勢調査上，熱海市が関東大都市圏に含まれるなど，伊豆を含む静岡よりも神奈川・東京方面への志向性が明らかに強いことを物語っている。

　さらに，温泉街として熱海が立脚する立場も脱伊豆を明確に指向している。後述する第7章ケース16湯河原温泉の事例のとおり，「ぐるっと箱根観光圏」の一地域を形成している事実からも明らかである。「ぐるっと箱根観光圏」は，自然，歴史，文化等が密接に関係する神奈川県西部（小田原市，南足柄市，中井町，大井町，松田町，山北町，開成町，箱根町，真鶴町，湯河原町）および，静岡県熱海市の3市8町における行政と企業が観光振興を展開している活動である。観光庁が主導する2泊3日以上の滞在可能な観光地づくりを目指す取り組みへの参画は，脱伊豆戦略を推進する上でも非常に大きな意味をもつ。

　なぜなら，首都圏近郊という地の利を生かし，依然としてブランド力を発揮している箱根と観光圏を形成することは，本著が主張するグローバルリンク形成に熱海が加わることを意味するからである。ここには，全盛期から衰退期に転じたとはいえ，熱海が本能的に首都圏を意識し続けることで，苦しみながらも新たに生まれ変わろうとする嗅覚とセンスの良さが表れている。

3) 新たな顧客層を捉えた21世紀の奥座敷戦略

　確かに，宿泊数推移データをみても，2008年の時点で「1位　箱根温泉郷（472万人）」「2位　別府温泉郷（373万人）」に続いて「3位　熱海温泉郷（304万人）」と，数の上では未だベスト3のポジションを維持している（社団法人日本温泉協会，2011）。

　しかし，「にっぽんの温泉100選」（観光経済新聞社HP，2011）では，2010年の時点で「箱根湯本11位」「別府八湯6位」と比較して，「熱海25位」と大きく水をあけられているのが現状である。過去15年間で最高位および静岡県内でトップという結果を踏まえたとしても，「熱海は温泉リゾートとして一度死んだ」と

いう印象を完全には拭い切れていないのも事実である。やはり，過去20年間で最も宿泊数が落ち込んだ1995年（258万人）当時に醸成された負のブランドイメージを払拭するのは容易ならざることである。このような事実を踏まえた上で21世紀の奥座敷戦略を考察するために，2つの重要なポイントに触れておきたい。

　まず1つめのポイントは，旧来の団体旅行客指向による衰退を繰り返さないために，リゾート型温泉ビジネスモデルが如何にして構築されたのかを，ホテル大野屋を例にしてその歴史を紐解いてみたい。ホテル大野屋は，新潟，東京，大阪などで旅館チェーンを経営していた初代が，1937年（昭和12年），熱海で瑞雲荘大野屋として開業した。他にも，横浜，名古屋，京都，神戸などで都市型旅館経営を手掛けていた大野屋は，旅館チェーンの先駆者でもあった。当時としては非常に珍しくインパクトのあるローマ風呂をコンテンツの中核に据え，約三千坪の敷地にそれぞれ趣向の違う三棟の大型宿泊施設を設けて，「温泉リゾート・熱海」の礎を築いたことは間違いない。当時の社会背景であった高度経済成長，交通インフラの整備などの諸条件に呼応するように，施設を大型化させた温泉旅館がリゾート型温泉ビジネスモデルを一気に進化させていった（武田・文，2010）。

　しかし，熱海全体が時代の変化を読み切れず，伝統と格式を重んずるあまり，過去の成功体験の呪縛から抜け切れなかったことは前述したとおりである。「温泉リゾート・熱海」の勇として一世を風靡したホテル大野屋も，2010年会社更生法の適用に至り，他企業の傘下に入った事実がその厳しい現実を物語っている。いわば，モノからコトへのコンテクスト転換が成し遂げられなかった最たる例といわざるを得ない。

　一方で，現代リゾート産業において時代の寵児と目されている星野佳路率いる星野リゾートが，2011年12月，リゾナーレ熱海を開業した意義は大きい。2つめのポイントは，海と山に囲まれた熱海の魅力をリゾート経営の観点から再構築することである。星野リゾートは，リゾート事業における開発・所有・運営という3機能の分離を前提として，自社の事業ドメインを運営分野に設定している。これは，日本の観光産業がグローバル競争の中にあるという明確な認識や危機感の表れでもある。自らを「リゾート運営の達人」と称し，顧客満足度・経常利益率・エコロジカルポイントの3つの数値目標を達成してこそ達人の領域に達すると定義している。いわば，オーナーシップによる伝統と格式を保持しながらも，達人の3条件によって常に環境変化を読み取り，変わらぬことと変わることを両

立させる経営によって21世紀型のリゾート戦略に挑戦しているといえる。

　奥座敷とは，主に客間として使う表座敷に対して，家族が起居する奥の部屋の意から派生して，都市近郊の観光地や温泉街を指す言葉としても使われるようになった。時代の変遷とともに，特別な空間の中で特別な要人たちが会する場所から，歓楽街を中心として非日常的空間を団体で楽しむ場所へと，奥座敷という言葉のもつ意味合いが変化してきた。さらに，少子高齢化による人口減少時代の到来，地域コミュニティの崩壊など，現代における社会問題を背景に絆やつながりといったキーワードが重要性を増している。

　その時流を読み解くならば，熱海が旧来の奥座敷から未来の奥座敷へと変貌を遂げる最大のチャンスを迎えている。そのチャンスを活かす主体者は，旧くからこの地に根を張る老舗温泉旅館だけではなく，また星野リゾートのような先進企業主導でもなく，ましてや行政主導でもない。新たな顧客層（女性や家族連れ）が主体者となり，様々な人々と出会い，同じ体験を共有し，新たなソーシャルネットワークが形成されるスタート地点となり得る戦略こそが，21世紀の奥座敷戦略といえる。

２　参加型ソーシャルネットワークビジネスへ転換する

1)「脱観光地ビジネス」の萌芽

　熱海市は，観光の視点，都市計画や景観の視点から街づくりを統合的に進めるために，2007年（平成19年）に「熱海まちづくりビジョン」を策定した。観光ビジョンと街づくりという両軸の一方である熱海市観光基本計画では，熱海の目指すべき姿として『長期滞在型の世界の保養地―心と体を回復させる　現代の湯治場「熱海」』を掲げ，以下のような実現のための4つの柱を示している（熱海市HP，2012）。

① 温泉中心主義　―湯治場「熱海」の復権―
② もう一度行きたくなる街　―満足度アップの仕組みづくり―
③ 歩いて楽しい温泉保養地　―経済効果の各業界への拡大―
④ 全員参加のまちおこし　―総合的な観光事業の実施―

　詳細は割愛するが，やはり，旧来の観光地ビジネスを踏襲する内容であり，新たなモデルを構築するという観点からみればもう一押しの感がどうしても拭えな

い。

　ただし，もう一方の軸である街づくりの骨子の中には，市民参加を基軸とした新たな取組みの萌芽が見え始めている。その中心的プレイヤーとなっているのが，熱海に根ざしたNPO団体である。中でも，熱海温泉玉手箱（通称：オンたま）を主催するNPO法人atamistaの取組みは，社会問題の解決を指向することで「キャピタリズム（稼ぎ）×ソーシャリズム（務め）」の統合を実現し得る可能性を大いに秘めている。

　もはや，観光地再生を本質的課題の中心として捉えていては，負のブランドイメージを払拭することは半永久的に不可能である。観光客をもてなすという観光地視点の発想から，オンたまがコンセプトとして掲げる地域でがんばる人を応援するという街づくり視点の発想へとビジネス展開のための努力対象の転換が起きてこそ，新たな熱海のブランド価値が創出される可能性が広がる。人と街と自然を有機的につなぐ触媒として温泉街が機能することで，熱海は何度も訪れたくなる場所から，住みたくなる場所へと進化できるポテンシャルを有している。

2）体験交流型イベントをトリガーとしたソーシャルネットワークの構築

　前出の熱海温泉玉手箱（以下オンたま）のガイドブックには，次のような想いが綴られている。

　　「体験交流プログラムを通して，地元で暮らす人，働く人と，この地を訪れた人の交流が生まれ，それが地域の人たちの意欲につながり，時として感動的な場面も生まれます。地域のやる気のある人々が立ち上がり，つながり，それがまちづくりの活動や小さなビジネスへと育っていく，それがオンたまの目指す姿です。熱海ならではの文化を土台にした地域に根付いた産業，人財の育成を目的に活動しています。」（熱海温泉玉手箱オンたまHP, 2012）

　これは，街・海・緑・芸・歴史・美の6つのジャンル別に，熱海の魅力を存分に満喫してもらおうという体験交流型プログラムによって，地域特有のエピソードを創り出す新しい試みである。しかも，そのプログラム内容はとてもバラエティに富んでいる。

　いくつか代表的なプログラムを挙げるならば，『5代目直伝　干物はこう作る！』では，本格的な干物の作り方を老舗の5代目に手取り足取り教えてもらい，完成するまでの時間は5代目と街歩き，帰って完成した干物を食すといっ

た，熱海らしいプログラムである。

『農園散歩と採りたて昼ごはん』では，しんちゃんこと小松伸一が所有するこだわり農園で，野菜や果実をつまみ食いしながら散策し，収穫した野菜で味噌汁を作り，薪でごはんを炊いて参加者全員でお昼ごはんを共にするプログラムである。もともと庭師でもある小松さんのこだわりによって，農園というよりは庭園に近い敷地内を，独特のトークを交えながら農家の1日が体験できることで人気を博している。

さらに，『温泉浪漫と湯けむり談話』というプログラムでは，温泉の深い話やお土産にまつわる話などから熱海の歴史をじっくり学ぶことによって，NPO法人が発行する温泉と観光のエキスパート「温シェルジュ」のベーシック資格を取得できる。

2009年の時点では14のプログラムからスタートしたオンたまも，第6回を迎えた2011年秋には70近いプログラム数にまで拡大している。オンたまの実行委員長であり，NPO法人atamista代表でもある市来広一郎は，「100年後も豊かな暮らしができる街をつくる」という理念を掲げ，オンたまの活動を軸に様々な地域活性化活動を展開している（熱海温泉玉手箱オンたまHP，2012）。市来が社会問題を捉える視点は，熱海という一地域のみに止まらない。地域づくりのカタチや新しいライフスタイルを発信することで，社会変革の担い手になるという崇高な目標を掲げているのである。「atamiata＝熱海を創っていく人たち」という意味とともに，フィンランド語で「atamista＝from熱海」という意味をもつ団体名にその強い意志が表れている。

そもそもが，温泉という強力なコンテンツによって観光を生業とした旅館施設を中心に産業クラスターを形成していた熱海に，オンたまのような活動を通じて，新たなテーマコミュニティが出現し始めている。後述するが，市来を中心とした地域コミュニティ再生活動は，遊休不動産（空き家，空き店舗）を活用したエリア再生など現代版家守事業などにも発展している。まだ狭小な地域ではあるが，まさに本著が主張するビジネスモデルとソーシャルネットワークの統合によるグローバルリンクへの進化の兆しが見え始めている。当初，新たなコミュニティ活動の出現に戸惑いを隠せなかった老舗旅館なども，徐々にではあるが活動に参加し始めている事実に，新たな熱海の可能性を感じとることができる。

3　リゾート×コミュニティの実現

1）コミュニティを問う

　コミュニティとは，本質的に一体どのような特性をもち，過去から現代に至るまで，社会にどのような影響を及ぼしているのか。

　広井（2009）は，現在の日本社会とコミュニティについて「戦後の日本社会とは，一言でいえば『農村から都市への人口大移動』の歴史であったが，都市に移った日本人は，（独立した個人と個人のつながりという意味での）都市的な関係性を築いていくかわりに，『カイシャ』そして『（核）家族』という，いわば『都市の中のムラ社会』ともいうべき閉鎖性の強いコミュニティをつくっていった」(p.9）という見方を示している。

　確かに，経済全体が拡大成長する時代（高度経済成長期）では，社会・カイシャ・家族の利益が相反することなく一致していた。これは，いわば日本という国全体が同じ目的に向う1つのカイシャのようなコミュニティを形成していた時代ともいえる。1970年代，活況を呈していた熱海のような温泉郷も，まさに地域全体がカイシャのようなコミュニティだったに違いない。このことは何も日本に限ったことではない。時間軸を拡大して俯瞰しても，地球上のほとんどの人たちが農的な暮らしをし，作物を収穫していた農地から，工場や都市へと追いやられたのが経済発展のプロセスである。さらに国境を越えて，より安価な労働力を世界中に求めるというグローバル化の時代へと変化していった。このプロセスはコンピュータやコミュニケーション技術や交通のインフラによって支えられている。そして，このインフラを大企業のために整えるのが政府の役割であった。

　しかし，経済および社会が成熟した時代においてはカイシャや家族のあり方が多様化し，個人と社会の関係性が非常に複雑になりつつある。だからこそ，成熟化社会における人と人との関係性において，価値の多様性に対応し得る新たなコミュニティ形成が非常に重要であると考える（図表4-4）。

　自殺やひきこもりといった現代の社会病ともいえる現象に象徴されるように，人と社会との関係の希薄さが生きづらさを醸成している現代だからこそ，前述したatamistaが推進する活動のように，地域がもつ課題を解決するための新たなコミュニティの形成が非常に重要な意味をもつ。

図表 4-4　経済システムの進化とコミュニティ

(市場)経済の規模

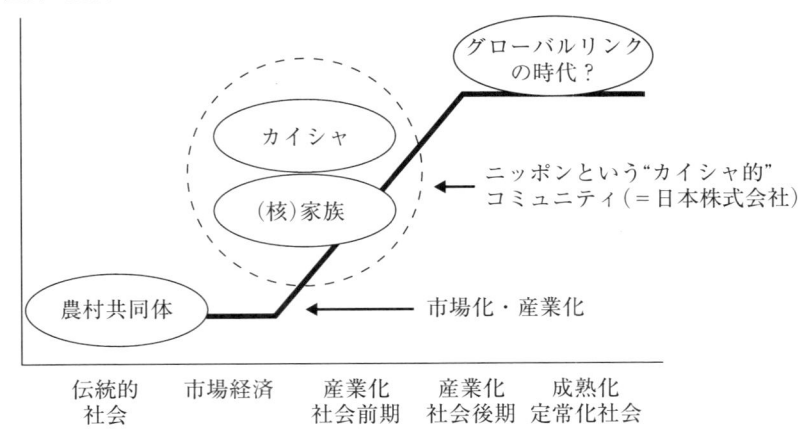

- 農村共同体
- カイシャ
- (核)家族
- グローバルリンクの時代？

← 市場化・産業化
← ニッポンという"カイシャ的"コミュニティ（＝日本株式会社）

伝統的社会　市場経済　産業化社会前期　産業化社会後期　成熟化定常化社会

(出所)　広井（2009），p.13，図1を筆者加筆修正。

2）コミュニティ形成に向けた新たな課題

　熱海には，もう1つの大きな課題がある。1970年代の5万人をピークに人口が減少に転じ，現在は4万人を割り込むまでに落ち込んでいる。かつては，北海道や東北から出稼ぎ労働者を雇用するほど労働集約型産業の集積地として活況を呈していた熱海も，全国平均より速いスピードで少子高齢化が進行している。

　加えて，2000年代以降に起きたリゾートマンションブームにより，熱海にも住人のいない大規模マンションが乱立した。つるやや大月ホテルなど熱海を代表する旅館が林立していた東海岸地区も，今ではリゾートマンションが立ち並ぶ風景に様変わりしたが，未だ荒廃から抜け出したといえるまでには至っていない。市もリゾートマンションの乱立を食い止めるために，別荘等所有税の課税を強化したり，マンション1階部分への商業施設の誘致を推進したりと，賑わいを取り戻すための方策を打ち出してはいるが，それでも目に見える効果を生み出しているとは言い難い。

　行政主導の取り組みに意味がないとまではいわないが，熱海に限らず，これまでの行政主導の画一的なアプローチに限界が見え始めているのも事実である。経済成長の停滞や，人口減少といった21世紀型の社会問題を解決するためには，もはや，行政サービスのみではカバーし切れない領域が拡大している。そういった意味からも，atamistaのようなNPOや地域コミュニティなどの市民組織が，

新たな社会サービスの担い手として注目されている。

3）リゾート・コミュニティへの進化

NPO 法人 atamiata 代表の市来は，著者とのインタビューの中で，新しいコミュニティの可能性を思わせる次のような出来事について語ってくれた。

「最近，リゾートマンションに住む住民の間で，若い夫婦が自分たちの子供を同じマンションに住む老夫婦に預けて外出するようなケースを聞くようになりました。昭和の時代，地域のそこかしこで見受けられた当たり前の光景が，熱海で新たなコミュニティとして再生し始めているのかも知れません。」

(2012 年 3 月 2 日，著者インタビュー)

例えば，東京生まれの孫に田舎を創ってあげたいとマンションを購入し熱海で週末を過ごす夫婦は，小松しんちゃん農園のプログラムに毎回かかさず参加している。オンたまのプログラムでヨガ教室を主宰する女性は，出産を機に家族で熱海に移住し，マンションの大浴場でのコミュニケーションや手づくりの干物をやり取りするなどのつながりの中で，徐々に熱海への愛着を深めている。

このように，古くから住まう人々と新たに住まう人々が創るソーシャルネットワークが，熱海の新しい魅力を伝えるアクターズネットワークとしてその存在感を増していることは間違いない。

さらに，前述した現代版家守（やもり）事業により，遊休不動産（空き家，空き店舗）を活用したエリア再生など街づくりとファシリティマネジメントの役割を担うことで，新たな雇用と活躍の場を創造していこうという次なるステップへと動き出している。すなわち，訪れる場所から住まう場所へと本質的な転換が始まっている。

このような熱海ならではの地域コミュニティの胎動を促進するためにも，主に都市部で増えつつあるコレクティブハウスやコーポラティブハウスといった手法を用いて，ディベロッパーが主導してきた開発型リゾートと決別することも非常に重要である。

コレクティブハウスとは，独立した住居の他に多彩な共用空間を備え，居住者が生活の一部を共用・分担して暮らす住まいのことである。住人それぞれのプライバシーは尊重されつつも，共用スペースを活用して家事や育児など助け合いながら生活する現代版の長屋とでもいうべき新しい生活スタイルである。

もう1つの非常に興味深い取組みはコーポラティブハウスの建設である。これは，住まいは買うものではなく創るものという発想により，土地をみつけてそこに住みたい住人を集め，その人たちでマンションを立てる方法である。ディベロッパーが介在せず，設計者と住人同士が自分たちのライフスタイルに合ったプランを共に創り上げていくプロセスにより，密度の濃いコミュニティが時間をかけて形成されていく。ここにも，社会との共通価値を創出しながら，クリエイティブかつ新しいコミュニティが生まれようとしている。これらの発想と前述した家守事業などの活動が融合し，新たなライフスタイルのあり方を発信する地域へと熱海が生まれ変わっていくことが，温泉という貴重なコンテンツを最大限に生かすことにもつながっていく（熱海温泉玉手箱オンたまHP，2012）。

> **将来像**：訪れる場所から住まう場所へ進化する熱海温泉

　本ケースでは，リゾート・コミュニティの形成をテーマに，温泉地という枠を超えて，訪れる場所から住まう場所へのコンテクスト転換についてソーシャルネットワーク戦略を軸にしながら示してきた。いわば，温泉を1つのコンテンツとして捉え，古くから熱海に住む人々，新たに熱海に住む人々，様々なイベントを通じて熱海に集う人々が，日本全国に向けて新たなライフスタイルを発信していくリゾートコミュニティを形成することを意味している。

　かつては，温泉リゾートや歓楽街の代名詞として隆盛を極め，その後，時代の変化に対応できず没落した経験をもつからこそ，熱海はフラットな視点で未来の地域デザインが実現できるポテンシャルを有している。

　Mintzberg（2009）は，以下のように語っている。

　「1からコミュニティを築くより，コミュニティの名残を生かしたほうが，はるかに容易である。コミュニティ精神を軽んじてきたリーダーたちには見つけられないだろうが，私の経験によれば，コミュニティ精神が失われたように見える企業でも，その名残が必ずどこかで息づいているものだ。（中略）このようなコミュニティの名残は，えてしてミドル・マネジャー層で見つかる。この層には，会社のことを熟知しており，その存続を心から願っている人たちがけっこういる。」(p.65)

　atamistaの市来をはじめとして，未来の熱海を真剣に創り出そうとしている

人々の活動は，熱海に息づく名残を生かして，コミュニティを核とした新しい地域ブランドのあり方を示してくれるに違いない。

【参考文献】

熱海温泉玉手箱オンたま HP（2012）『熱海温泉玉手箱オンたまホームページ』
　〈http://wla.jp/ontama/guidebook2011/top.html〉（2012 年 3 月 26 日閲覧）。
熱海観光協会 HP（2012）『あたみニュース』
　〈http://www.ataminews.gr.jp/〉（2012 年 3 月 26 日閲覧）。
熱海市 HP（2012）『熱海まちづくりビジョン』
　〈http://www.city.atami.shizuoka.jp/www/toppage/0000000000000/APM03000.html〉（2012 年 3 月 26 日閲覧）。
筧裕介（2011）『地域を変えるデザイン　コミュニティが元気になる 30 のアイデア』英治出版。
観光経済新聞社 HP（2011）『にっぽんの温泉 100 選』
　〈http://www.kankokeizai.com/100sen/zen24.html〉（2011 年 12 月 5 日閲覧）。
社団法人日本温泉協会（2011）「温泉地宿泊数推移データ」『日本温泉協会 80 年記念誌』社団法人日本温泉協会。
社団法人日本観光協会（2011）『観光の実態と志向（第 29 回）』社団法人日本観光協会。
武田尚子・文貞實（2010）『温泉リゾート・スタディーズ　箱根・熱海の癒し空間とサービスワーク』青弓社。
日本温泉文化研究会（2011）『温泉をよむ』講談社。
原田保・吉澤靖博（2011）「第 I 部戦略編　第 2 章ブランド価値の創造戦略」原田保・三浦俊彦編著『地域ブランドのコンテクストデザイン』同文舘出版，pp. 21-26。
広井良典（2009）『コミュニティを問いなおすつながり・都市・日本社会の未来』ちくま新書。
ホテル大野家 HP（2012）『ホテル大野屋ホームページ』
　〈http://www.hotel-ohnoya.co.jp/〉（2012 年 3 月 26 日閲覧）。
Mintzberg, H.（2009）"Rebuilding Companies as Communities," *Harvard Business Review*, July, pp. 1-7.（有賀裕子訳（2009）「コミュニティシップ経営論」『ダイヤモンド・ハーバード・ビジネス・レビュー』2009 年 11 月号，ダイヤモンド社。）

（吉澤靖博）

箱根湯本温泉

ケース 3

「"脱Ⅰ"交歓―別天地型」×「超広域グループ」

――《温泉のプロフィール》――

- ▶所在地：神奈川県箱根町湯本および湯本茶屋
- ▶アクセス：
  小田急電鉄，箱根登山鉄道箱根湯本駅下車，小田原・厚木道路，厚木ICから約30分
- ▶旅館＆ホテル数：約50軒
- ▶泉質：単純温泉，アルカリ性単純温泉，ナトリウム―塩化物泉（弱食塩泉）など，23～77度
- ▶温泉旅館：湯本富士屋ホテル，河鹿荘，箱根湯本ホテル，ホテルおかだ，南風荘など
- ▶観光名所：郷土資料館，本間寄木美術館，小田原湯本カントリークラブなど
- ▶イベント：箱根駅伝（1月2日・3日），箱根大名行列（11月3日）など

〈天山の入り口〉

着眼点：地の利はあるが，厳しい競争環境におかれている箱根湯本温泉

箱根湯本温泉の優位性は，何といっても，都心から約90分（新宿駅からは小田急ロマンスカーで80分）という時間で行くことができる地の利である。箱根湯本へのこの利便性の良さが，「関東甲信越／人気温泉地ランキング」で示されるような，箱根温泉郷全体の継続的な人気を下支えしている（じゃらんHP，2011）。しかしながら，箱根湯本を取り巻く競争環境は年々厳しくなっている。他の温泉が，常に箱根湯本を意識しているからである。箱根温泉郷の他の16湯によって，そして箱根近隣の温泉郷によって包囲網が敷かれているような状況である。そこ

で本ケースでは，箱根温泉郷の1つの温泉街としての箱根湯本から，東京圏内の箱根湯本として脱却していくことの必要性をまず示す。つまり超広域グループという観点から位置づけをし直す必要性を示す。さらに，後の湯河原温泉のケースでもみる「ぐるっと箱根」に対抗するために，東京からの日帰り旅行，気分1泊旅行という「ふらっと箱根湯本」を展開していくことの可能性を提起する。"脱Ⅰ"交歓―別天地型に転換して，旧来の温泉・観光ビジネスから脱却していく可能性の提起である。また，"脱Ⅰ"交歓―別天地型へと転換した箱根湯本温泉には，既存の温泉郷との競争だけではなく，例えば「カーブドッチ」といったワイナリーなどのような温泉以外のクラスターとの新たな競争に直面する危険性があることを指摘し，その対抗可能性についても考察していく。

① 箱根温泉郷ではなく東京圏の箱根湯本

1）箱根温泉郷からの脱却

箱根温泉郷は，箱根湯本を含む箱根17湯からなる。箱根湯本は，都内からの他の16の箱根湯への玄関口となっている。箱根湯本は利便性が良いだけでなく，さらに箱根最大の源泉数と宿数も誇っている。しかしこれらのことは，箱根湯本の現在の強みであると同時に，将来のさらなる発展には限界があること，特に物理的な限界を指し示している。広大な土地でないにもかかわらず，箱根最大の宿数を誇っているということは，他の16湯と比較しても，すでに温泉宿がひしめき合っていることを意味するからである。また温泉湯量も毎分2.5万リットルと，別府の8.7万リットルと比較してもかなり少なく，年々減少している傾向がある。東急グループや国土開発グループの乱開発の影響がその原因の1つとして指摘されている（松田，2001）。つまり新たな温泉宿や施設などをいくつも創造することは物理的に難しいこと，さらに東急や国土開発に箱根湯本全体の大規模な再開発や再整備を託すことも（2グループにかつてのような企業体力がなくなっていることもあり）容易でないという現実があるのである。

一方で，箱根の他の16湯には，自然美が豊かなところが少なくなく，温泉以外の観光名所を配備しているところが多い。例えば，仙石原には，大涌谷ならびに仙石原高原という広大な自然美があり，有名な箱根ガラスの森美術館も備えている。また二ノ平には，彫刻の森美術館とともに，ユネッサンという大温泉リゾ

ートを備えている。実は，箱根のよく知られた自然名所や観光名所は箱根湯本以外に位置しているのである。そして箱根湯本からは芦ノ湖はもとより富士山も全く望むことができないのである。したがって箱根湯本には，自然，名所，施設といったハード的な魅力に依存して発展を求めることには限界があり，観光ビジネス型温泉からの脱却が求められていくことが必至となる。実際に，自然や名所を求める顧客は，奥へ奥へ入っていくための単に入り口として利用するだけで，箱根湯本を通り過ぎてしまう傾向にある。例えば「箱根ハイキングマップ」では，自然を満喫できる20を超える様々な難易度のハイキングコースが示されているものの，コース内に箱根湯本を含むものはほとんどない（箱根町観光課，2011）。箱根湯本は，すでに単なる出発点や終着点としていくつか表示されているに過ぎないという現状がある。現在のように，箱根温泉郷の1つして箱根湯本を位置づけたままでは，箱根湯本がますます通過点になっていく危険性が高い。そこで，都心から1時間半という他の温泉が真似することができない圧倒的な地の利に再注目し，東京圏の箱根湯本として位置づけていくことを求めたい。

2）東京圏の箱根湯本への転換

箱根温泉郷の箱根湯本から，東京圏の箱根湯本へと超広域グループへと転換していくためには2つの課題がある。課題の1つは，箱根温泉郷との関係性である。箱根温泉郷の17の湯は，財団法人箱根町観光協会もしくは箱根町観光課によって統括させており，様々な冊子やパンフレットも箱根温泉郷という括りで編集され，箱根湯本はその1つとして位置づけられている（財団法人箱根町観光協会，2011）。しかし，それでは，前述したように他の16湯との比較対象として扱われるだけで終わってしまう危険性がある。もう1つの課題は，東京圏内は，人の動きが基本的に23区内に向かっていること，つまり箱根湯本とは逆方向の中心部に向かっていることである。従来から新宿や渋谷といった繁華街の吸引力は高かったが，近年は六本木，丸の内などの再開発が進んでさらに都心への吸引力が高まっている。さらに東日本大震災後は，緊急時や混乱時に備えて，より都心の高層マンションへと人気が集まっている。しかしながら人の動きを都心ではなく，外向きへと逆行させていかなければならないという課題である。

その数少ない成功例として挙げられるのが，千葉県に位置する東京ディズニーランドとディズニーシーである。しかしながら，箱根湯本が東京ディズニーランドやディズニーシーと連携を取ることは困難である。東京ディズニーランドやデ

ィズニーシーが箱根湯本と連携することは，彼らのブランドイメージを向上させないだけでなく，逆に低下を招いてしまう危険性さえあるからである。ただし東京圏内の外周には，連携することで，互いの魅力を高め合うことが期待できるスポットもある。例えば，横浜の中華街や茅ヶ崎の湘南海岸である。箱根湯本と同じ神奈川県に属しながらも，これまでほとんど連携しあうことがなかったスポットである。さらに横浜や茅ヶ崎だけでなく，鎌倉，厚木，藤沢，横須賀，小田原などの神奈川県の各地には，1つ1つではとても都心の吸引力にはかなわない小粒なスポットであるものの，連携することで東京外周としての魅力や吸引力を総合的に高め合い，そして人の動きを外向きにさせていくこと期待できるスポットが数多くある。またこれらとの積極的な連携によって，1つめの課題である箱根温泉郷と常に一蓮托生的であらねばならないというような過度なしがらみを断ち切れるという可能性も期待できる。

3)「ぐるっと箱根」の脅威

東京圏としての箱根湯本という超広域グループへと脱却したとしても，箱根湯本には他の東京外周地にはない課題がある。箱根温泉郷以外の他の東京近郊の温泉との競争であり，さらに東京都内に近年盛んに展開されている温泉ランドや健康ランドとの競争である。まず前者については，箱根温泉郷以外の他の温泉郷も，箱根湯本に対する包囲網を強めている現状がある。具体的には，後のケース16湯河原温泉で詳述する，国土交通省の肝煎りで推進されている「ぐるっと箱根」と呼ばれる観光プロジェクトがある（国土交通省HP，2011）。箱根を，湯河原，熱海，足柄までの広域でとらえ直して，箱根，特に箱根湯本を足がかりにして観光や温泉旅行を促進させようというプロジェクトである。このプロジェクトでは，箱根湯本が踏み台にされるということであり，これに対する対抗策が求められる。

さらに後者の課題である，東京都内に展開されている温泉ランドや健康ランドとの競争については，地の利によってこれまでの優位性を築き上げてきた箱根湯本にとってより切迫した課題となっている。実際に，今回の執筆のための現地調査に際して，何人かを箱根湯本への同行に誘ったところ，都内の温泉ランドや健康ランドで十分ではないかという返答があった。また本著の執筆者陣の中には，長年東京圏に住まいながらも，箱根湯本には行ったことがないという若い研究者もいた。つまり「ぐるっと箱根」に対抗するためには，必然的に日帰りもしくは

1泊温泉地としての魅力を高めることが箱根湯本には求められているものの，忙しいサラリーマンやOL，そして若い人ほど，より手軽な都内の温泉ランドや健康ランドにその機能を求める傾向があるという現実である。次項では，実際に箱根湯本での現地調査に基づきながら，日帰りもしくは1泊温泉地としての箱根湯本の可能性や問題点について示していくことにする。

② ふらっと箱根湯本を展開する

1) ふらっとできない箱根湯本

国土交通省の肝煎りの「ぐるっと箱根」と対比させて，東京からの箱根湯本への日帰り旅行，気分1泊旅行を「ふらっと箱根湯本」と呼びたい。サラリーマンやOL，そして若者や外国人が，気分でふらっと横浜や鎌倉に仲間と訪れるような感覚で，箱根湯本に足を向けるのが「ふらっと箱根湯本」である。確かに，都心から1時間半で到着してしまうのだから，ちょっとした休日に，あるいは平日の仕事終わりでも，ふらっと足を向けることができる。しかしながら，すぐに足を向けやすいということは，同時に足が遠のきやすいという危険性もはらんでいる。実際に，箱根湯本に降り立ってみると，その危険性を感じる。まずは，駅前の商店街の問題である。よくいえば，熱海をはじめどの温泉でもみかけるような，古く懐かしい典型的な温泉駅前であり，安心感がある。しかしサラリーマン

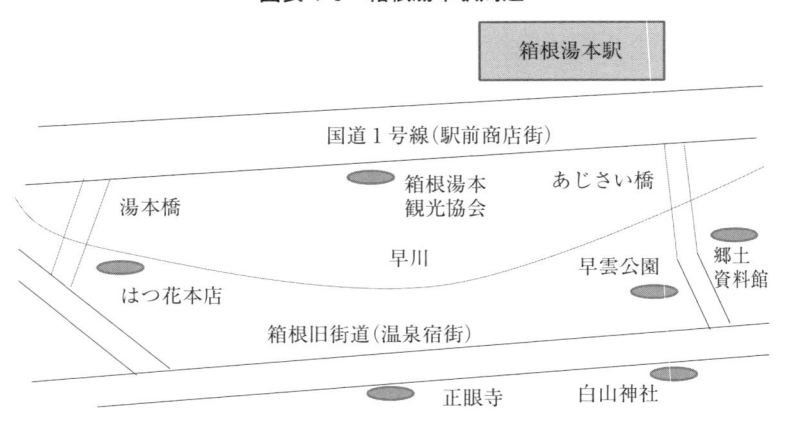

図表 4-5　箱根湯本駅周辺

やOL，特に若者や外国人が，ふらっと箱根湯本を旅しながら，食べたり飲んだりできるものがほとんどない。例えばお土産のキーホルダー，湯飲みや茶碗，温泉まんじゅう，干物，漬物など，東京からの若者はもちろん，東京に住む外国人でさえも物珍しさで購入することがほとんど期待できないような品々が駅前商店街の店先に多く並んでいる（図表4-5）。

ただし，いくつかの店には，比較的若い客で賑わっている店もある。甘味処，炭火焼牛串屋，練りもの屋など，箱根湯本を超えて評判の店であり，同時に箱根湯本でしか食せない店である。駅前通り以外にも，実は「はつ花」のそばや「富士屋ホテル」のフレンチトーストをはじめ，箱根湯本でしか食すことができない味がいくつかある。こうした味を，宝探しのように探し当てるのも楽しいかもしれないが，全く知らずに食さずに通り過ぎてしまう一般客，つまり温泉以外の魅力を体感しないままに箱根湯本温泉から足が遠のいてしまう客が少なくないことも事実であろう。

もう1つの課題は，日帰り温泉施設と温泉旅館との分離である。ふらっと箱根湯本に来る旅行客の多くは，計画性が高くないことが予測される。しかし日帰り温泉施設のほとんどは，無料の大部屋の休憩室だけでなく，時間貸しで有料の部屋を提供しているものの，その部屋に宿泊することはできない。一方の温泉旅館やホテルについては，事前予約が必要であることはもちろん，たとえ露天風呂などの設備がなくとも，近くの日帰り温泉施設に紹介することはほとんどない。中には，宿泊客に対して，近くの日帰り温泉施設の無料券を提供している温泉旅館もある。しかしあくまでも宿泊者に対するサービスである。また，そうして紹介された日帰り温泉施設では，その無料券を配布する温泉旅館に逆に割り引き紹介するといったサービスを提供していない。つまり日帰り温泉施設も宿泊施設も，箱根湯本に来る前に，顧客に事前に選択をすること暗に求めており，ふらっと来ることを容易でなくしているのである。箱根湯本観光協会のホームページによると，箱根湯本の温泉旅館の多くが政府登録ホテル協会，日観連，国観連などに加盟している（箱根湯本観光協会HP，2011）。これらへの加盟が，旧来のホテルビジネスを踏襲して，JTBに代表される大手旅行会社の視点で都合が良い温泉旅館やホテルとなってしまっている一因として挙げられる。しかしながら脱JTB視点からの転換，そしてふらっと箱根湯本に来た顧客の視点に立った転換が求められているのが現状なのである。

2)「温泉が楽しめる箱根湯本」から「温泉も楽しめる箱根湯本」への転換

　箱根湯本の駅からは少し奥まった場所になるが,「天山湯治郷」という施設がある。箱根湯本では,珍しく日帰り温泉施設(「天山」と「一休」)と宿泊施設(「羽衣」),さらにそば屋をはじめとした本格的な飲食店を備えた複合体となっている(図表4-6)。

　天山湯治郷の日帰り温泉施設「天山」や「一休」には,他の日帰り温泉施設のように,年配者や小さな子供連れの家族客がそれほど多くなく,代わりに若者や外国人の姿がみられた。大きな駐車場が整備されているために,若い彼らが車でふらっと来られるようになっている。また「天山」には,畳が敷かれた広々とした無料休憩所とともに,たくさんのマットレスが並べられた無料休憩所もあり,近くの川のせせらぎに耳を傾けながら仮眠を取ることができる。有料の貸し座敷では,その利用客だけが利用できる温泉までも備えられている。まさに,本著が示す,"脱Ⅰ"交歓―別天地型である。

　しかしこの天山湯治郷も,異なる施設をふらっと利用することが容易でない。例えば宿泊施設「羽衣」は,連泊客しか受け入れておらず,そもそも1泊客を受け入れていない。しかも客室数が10にも満たないために,予約することさえ容易でなく,ふらっと日帰り施設に来て,気に入ったからといっても手軽に宿泊することができない。一方の日帰り施設の「天山」については,一切,飲食の持ち込みを認めておらず,施設内の飲食店を利用するしかない。同じ「天山湯治郷」内のそば屋には行くことができるものの,タイムカード管理されているために,駅近くのそば屋「はつ花」まで足を伸ばすことができない。つまり,あくまでも

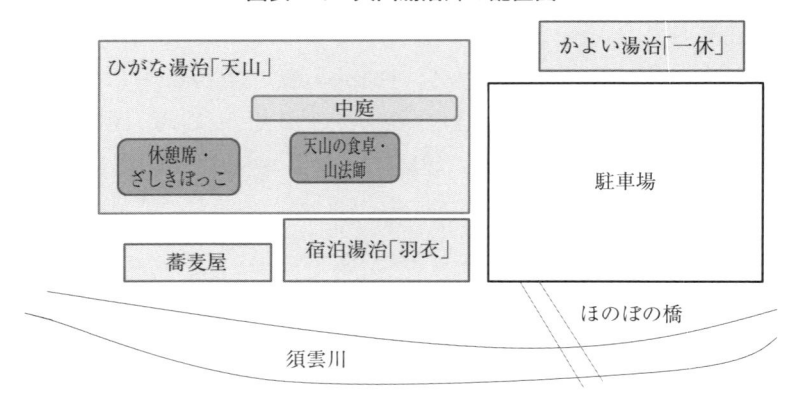

図表4-6　天山湯治郷の配置図

「天山湯治郷」の中で顧客を自己完結させようとするビジネスモデルである。箱根湯本に散在する食べ物を楽しんだり，それぞれの顧客が自分のお気に入りに飲食を持ち込んだりして，日長に箱根湯本を堪能することができないようになっている。箱根湯本全体でなく，天山温泉郷しか堪能できないということは，中長期的には多くのリピーターを取り逃がしてしまう危険性がある。

　実際に，施設内の広大な駐車場には，多くの車が駐車されていたものの，ほとんどが神奈川県内の車両ナンバーでしかなかった。まだ天山温泉郷の歴史が浅いために，東京都内まで広く知られていないことも事実である。しかし神奈川県内の利用者の多くもふらっと訪れて，入浴と休息だけを楽しんで，数時間後には離れてしまっているのも事実である。多くの入浴客や仮眠客がいたのとは裏腹に，飲食店に客数は極端に少なく，結局のところ，この顧客を囲い込む自己完結型が天山温泉郷にとっても限界であることを現実が示していた。特定の施設や特定の温泉宿の自己完結型でなく，箱根湯本全体として"脱Ⅰ"交歓—別天地型のビジネスモデルへと転換する必要性がある。

3）日帰り旅行地としての可能性

　近年の若者は，宿泊旅行でなく，特に日帰り旅行を好む傾向にある。最近，はとバスでは，こうした若者を対象にして，東京からの日帰りが可能な地域での海産物を堪能したり，スイーツの食べ放題をしたり，さらにアウトレットショップで買い物をしたりするような日帰り旅行を数多く企画している。そして外国人の中には，東京都内の上野や浅草めぐりだけでなく，こうした東京圏内のバス旅行を楽しむ客も少なくない。実際に，2005年以降，はとバスの利用者数が急増しており，2009年には年間70万人にも達している（知恵蔵HP，2011）。

　もっとも箱根湯本は道幅が狭く，坂道も多いために，はとバスのような大型バスが何台も行き交うことが容易ではないかもしれない。しかし土地が狭いために，駅から降りて徒歩で行き来することも可能なのが箱根湯本である。旅行会社の都合でなく，自分たちの都合で，自由に時間を使って食べ歩きながら温泉も楽しむことができるのが箱根湯本である。そして仲間と好きなお酒を持ち寄り，気分転換に計画性もなくふらっと訪れては温泉まで楽しむことができるのが箱根湯本である。温泉だけが楽しめる箱根湯本でなく，風景や食や酒とともに温泉も楽しめる箱根湯本へと転換することは，むしろ現代の東京のサラリーマンやOLライフスタイル，そして特に若者や外国人のニーズに合致している。点在する箱根

湯本の隠れた魅力を探し出して，それらを線で結び付けていくことができれば，都内の温泉ランドや健康ランドではとても味わうことができない魅力を特に若い顧客や外国人客に対して提供できるようになる。温泉を核としたクラスターの形成である。しかしながら「温泉だけを楽しむ箱根湯本」ではなく，「温泉も楽しめる箱根湯本」にすることは，既存の他の温泉地や都内の温泉ランド以外の新たな競争相手と対峙することにもなってしまう。温泉以外で，"脱Ⅰ"交歓—別天地型のニーズを満たそうとする競合他社の存在である。以下では，実際に，近年30万人もの顧客を東京中心から呼び集めて，話題となっている新潟のワイナリーに注目して，クラスターとしての箱根湯本の課題や対抗可能性について考察していくことにする。

③ 温泉を核とした箱根湯本クラスターを創る

1）潜在的な競争相手としての「カーブドッチ」

「カーブドッチ」は，落希一郎の株式会社　欧州ぶどう栽培研究所が経営する新潟のワイナリーである。ワイナリーがある新潟市の角田浜は，フランスのボルトー地域のように，海と川に挟まれた砂地であり，ぶどうの栽培に適した地域である。この地に，広大なぶどう畑を作り，そしてそのぶどうを使いワインの製造，販売をしているのが「カーブドッチ」である。現在では，落のワイン作りに共鳴した経営者数名も，この地でぶどう畑を作り，ワインの製造，販売を始めている。ワインは，もともと運搬輸送によって味が変わりやすいこともあり，年間製造量の95％をワイナリー内で直接販売している。さらに品質を保つために，1つのワイナリー当たりの製造本数も6万本を最大としている。つまり東京では飲めない希少なワイン，そして物語性のあるワインを求めて，東京を中心とした首都圏から多くの客が訪れているのである。

欧州ような広大なワイン畑の風景が楽しめる「カーブドッチ」では，ワイン自体をより楽しめるように，欧州仕込みの本格的なソーセージやハムが味わえるレストランがある。レストランには，ソーセージやハムの他にも，ワインと相性の良い肉料理や魚料理が並ぶ。またパン屋やジェラートショップも敷地内にある。さらには宿泊施設まで備えていることはもちろん，広大なワイン畑の風景の中で挙げられる結婚式場まである。日常を忘れて，ワインをじっくりと堪能できる場

とするために，子連れ客の入場を制限するという配慮までされている。まさに「"脱Ⅰ"交歓—別天地型」×「超広域グループ」である。この新潟のワイナリーは，たとえ箱根湯本よりも東京から遠く離れていても，「"脱Ⅰ"交歓—別天地型」×「超広域グループ」が十分に実現できることを証明している。

2) イノベーションの核としての温泉

「カーブドッチ」はワインを核としたクラスターであり，実際にアメリカのナパ・バレーを意識しているという（落，2009）。Porter（1998）がアメリカでのクラスターの成功事例としてシリコンバレーとともにしばしば引用するのが，ナパ・バレーである。箱根湯本は，日本のナパ・バレーを目指すワインを核としたクラスターと対抗していかなければならないのである。箱根温泉郷内，ましてや箱根湯本の施設内の競争に終始している場合ではない。先述したように，まずは点としていくつか存在している箱根湯本の魅力を線で結び付けることによって，温泉を核としたクラスターして箱根湯本全体を形成し直すことが不可欠になる。素通りされる駅前通り，埋もれたままの地域の味，日帰り施設と宿泊施設の分離，一切の持ち込みが不可能な自己完結型の施設，これらの課題をすぐにでも解決，解消しなくてはならない。反対に，これまでのしがらみやこだわりを捨てて，点と点を線で巧みに結ぶことができれば，箱根湯本全体の将来的な可能性を大いに高められるのである。

なぜならワインを核としたクラスターよりも，温泉を核としたクラスターには拡がりがあるからである。ワインに比べて，温泉の方が他の何ものとも相性が良い。山の風景，川の風景，肉料理，魚料理，日本酒，焼酎，ワイン，ビール，さらに落語などの演芸と，温泉とともに楽しめるものは数多い。むしろ温泉と相性の悪いものを指摘するのが困難なほどである。温泉を核とすることで，新たな連鎖や新たな付加価値が生まれてくることも期待できる。これまで地域に埋もれていた財産を再評価してそれらを旧来の名産などと結合したり，あるいは地域外のものと結合したりすることで新たな付加価値が創造されていく可能性である。Schumpeter（1912）が主張するように，イノベーションとは組み合わせの新しさである。温泉が接着剤となって，様々なイノベーションが起こる可能性が秘められているのである。もちろん温泉とは，箱根湯本から移転することが不可能な資源であり，箱根湯本ならではのイノベーションの核となる戦略的資源なのである。

3）世界の食と酒が味わえる温泉地

　温泉は何ものとも親和性が良く，様々なものと組み合わせられる可能性がある。しかしながら，本ケースの冒頭で示したとおり，箱根湯本には新しい施設をいくつも建設したり，大規模な再開発をしたりする余裕がないという現状がある。こうした状況下で，物理的な大きな変更をそれほど伴わずに展開できるのが，食との組み合わせである。温泉まんじゅう店や土産物屋が立ち並んでいる駅前商店街の現在の状態は，ほとんど素通りされてしまっているだけの状態であり，箱根湯本全体にとってあまりにも大きな機会損失でしかない。

　まずは，駅前の商店街に箱根湯本ならではの名産品や名物料理がすべて取り揃えられているだけでなく，箱根湯本に来れば神奈川県の名産品がすべて取り揃えられているような状態に展開することを求めたい。加えて，横浜中華街の名店のいくつかにも分店を構えてもらう。もちろん中華料理だけに限定してしまう必要性は全くない。東京都内ならびに神奈川県下には，欧米だけでなく，アジア，中東，アフリカ，ロシアなど世界各国の料理店が数多く存在している。それら名店のいくつかに箱根湯本駅前通りに分店を構えてもらうことで世界各地の食が味わえる地へと展開ができる。また東京圏内の有名ラーメン店にも分店を構えてもらいラーメン横丁を備えれば，東京駅の地下街のように，若いサラリーマンやOL，そして外国人を東京圏全体から吸引することも期待できる。評判の店は，時間の経過とともに，東京圏全体から客だけなく，さらなる評判の店も呼び込むという好循環さえ期待できる。日本ならびに世界の美味を一同に味会うことができる駅前通り商店街へと展開していくのである。

　日本や世界の名酒を集積させるのはもっと容易である。東京都内や神奈川県下には，店主自らが蔵元を訪ね歩き，おいしい日本酒や焼酎を取り揃える酒屋が少なくない。また品揃えに工夫を重ねるワインショップが東京都内や神奈川県下には数多くある。そうした酒屋やワインショップに分店を構えてもらうのである。鍵は，変な自前意識を捨てることである。箱根湯本だから箱根湯本と箱根のものだけというこだわりを捨てて，顧客の視点から，特に東京圏内の若いサラリーマンやOLそして外国人が好むような日本ならびに世界各地の食や酒を取り揃えることである。彼らが，ふらっと箱根湯本駅に降り立ち，世界各地の食や酒の中から，コンビニ感覚でその日の気分に合わせて取捨選択するような買い物をした後で，日帰り温泉施設や宿泊施設に仲間と向かうのである。家飲み傾向が強い，近年の若い彼らの嗜好にも合致する。したがって世界の食と酒が味わえる温泉地へ

と今後展開することを求めたい。

> **将来像**：東京からふらっと足を向ける箱根湯本温泉

　本ケースでは，本著の概念枠組みに基づいて，箱根湯本の可能性と課題について示してきた。そして，現地調査も踏まえた結果として，箱根湯本は「超広域グループ」という観点からの位置づけをし直す必要性があること，またビジネスモデルとしては「"脱Ⅰ"交歓─別天地型」へと転換していくことの必要性を示してきた。

　具体的には，箱根温泉郷の1つとしての箱根湯本の位置づけから，東京圏の箱根湯本という「超広域グループ」として位置づけをし直すことの必要性を示した。また旧来の観光協会やホテル組合，旅行業者を中心とする視点ではなく，東京からの顧客を中心とする視点から，特に若い顧客や外国人顧客がふらっと来て，日長に楽しむことができるように箱根湯本全体を転換していく必要性を示した。この後者についてが，ライフスタイルのスタイル特性が「交歓─別天地系」であり，ビジネスモデルの転換次元が「脱Ⅰ類」であるということを意味している。

　箱根湯本は，温泉そのものでは，他の温泉地に対して競争優位を維持し続けることは容易でない。また自然美，町並み，施設，特産品のそれぞれの単独で，圧倒的に秀でたものもない。何か単体で持続的競争優位を実現することは困難であるが，地の利という強力な武器を活かしながら，温泉を核にして，点在する地域に放置された魅力を線でつなぎ，さらに新しい組み合わせを創造することで，箱根湯本の長期的な競争優位性が可能になることを示してきた。いかなるものとも相性の良い温泉を核とするクラスターを箱根湯本全体で形成して，そして気分でふらっと訪れるような感覚で仲間と一緒に何度も足を向けてもらう「ふらっと箱根湯本」の成功が鍵となることを結論として提示する。そして特に東京圏内の若いサラリーマンやOL，さらに外国人が好むような世界の食と酒が味わえる温泉地へと展開することで，温泉が楽しめる箱根湯本から温泉も食も酒も楽しめる箱根湯本へと転換していくことを今後の展開として提示する。

　以上の成功のための課題や障害になってくるのが，旧来のしがらみやこだわりである。箱根町や箱根観光協会という行政枠組みのしがらみ，ホテル協会や旅行業者とのしがらみ，自分の温泉宿や施設の中だけで顧客を囲い込みたいというこ

だわりである。その結果が，何度も足を向けようとも思わない箱根湯本，神奈川県民中心の日帰り客の箱根湯本，ふらっとできない箱根湯本という現実である。箱根湯本の地の利というのは，あくまでも東京を中心とした地の利である。関西をはじめ，その他の経済圏から箱根湯本への地の利はない。したがって本ケースで示してきたように，関東圏の中でも，東京圏からの若い顧客や外国人顧客をリピーターとして確保できるかが生命線となる。旧来のしがらみやこだわりに基づいた視点でなく，彼ら顧客の視点からビジネスモデルを再構築することが急務である。反対に，温泉を核にして，小粒だが箱根湯本に散在する点（自然美，町並み，特産品）と点（世界の食と酒）を，新しい線で結ぶことができるようになった箱根湯本に対抗することは容易でなく，持続的競争優位の実現も可能になる。

【参考文献】

落希一郎（2009）『僕がワイナリーをつくった理由』ダイヤモンド社。
国土交通省 HP（2011）『箱根・湯河原・熱海・あしがら観光圏整備計画』
〈http://www.mlit.go.jp/common/000143089.pdf/〉（2011 年 11 月 18 日閲覧）。
財団法人箱根町観光協会（2011）『箱根通行手形　2011』財団法人箱根町観光協会。
じゃらん HP（2011）『関東甲信越/人気温泉地ランキング』
〈http://www.jalam.net/jalan/doc/etc/onsenranking/onsenranking_kanto.html/〉（2011 年 10 月 31 日閲覧）。
知恵蔵 HP（2011）『はとバス』
〈http://kotobank.jp/dictionary/chiezo/〉（2011 年 12 月 30 日閲覧）。
箱根町観光課（2011）『箱根ハイキングマップ』箱根町観光課。
箱根湯本観光協会 HP（2011）『箱根湯本温泉の旅館・ホテル』
〈http://www.hakoneyumoto.com/01yumo.html〉（2011 年 12 月 30 日閲覧）。
松田忠徳（2001）『温泉教授の温泉ゼミナール』光文社。
Porter, M.E.（1998）"Clusters and the New Economics of Competition," *Harvard Business Review*, November-December, pp. 77-90.（沢崎冬日訳（1999）「クラスターが生むグローバル時代の競争優位」『DIAMOND ハーバード・ビジネス』1999 年 3 月号，pp. 28-45。）
Schumpeter, J.A.（1912）*Theorie der Wirtschaftlichen Entwicklung*, Leipzig, Verlag von Dunkel & Humbolt.（塩野谷祐一・中山伊知郎・東畑精一訳（1977）『経済発展の理論──企業者利潤・資本・信用・利子および景気の回転に関する一研究〈上〉』岩波書店。）

（大森　信）

郷や街の枠を超えたグローバル化戦略とテーマ温泉化戦略

ケース4 星野温泉
「"超"交歓―別天地型」×「減集積グループ」

《温泉のプロフィール》

- 所在地：長野県軽井沢町星野
- アクセス：
  JR長野新幹線軽井沢駅下車シャトルバスで約15分，上信越道碓氷・軽井沢ICより約20分
- 旅館＆ホテル数：2軒
- 泉質：ナトリウム-炭酸水素塩・塩化物泉（低張性弱アルカリ性高温泉），42度
- 温泉旅館：星のや　軽井沢

〈星のや　軽井沢〉

> **着眼点**：星のやがグローバル化し軽井沢を超えた星野温泉

　星野温泉の開湯は1914年（大正3年）に遡るものの，他の温泉地にみられるような温泉街としての実態はなく，宿泊施設も「星のや　軽井沢」「ホテルブレストンコート」の2施設のみである。しかし，このエリアは「株式会社星野リゾート[1]」（以下，星野リゾートと略す）の運営による様々な施設により，「星野エリア（地元では星野地区と呼ばれる）」と名付けられ，あたかも1つの街のように機能する。中軽井沢エリアには，他にも塩壺温泉，千ヶ滝温泉などがあるが，全国レベルでの顧客誘引が行われているのは，この星野温泉のみである。

　上述のように星野エリアの運営主体は星野リゾートであるが，今ではリゾート施設を多数運営する事業会社として著名な企業となり，グローバルな顧客誘引を視野においた活動を展開している。まさに地域としての軽井沢，その中の星野温泉という枠を超えて，星野リゾートとしてブランドやアイデンティティを確立することを指向する減集積広域化戦略の典型である。その証拠に，星野エリアの発

展が，軽井沢町[2]のエリア構造を大きく変えた1つの要因ともなっている。

そこで以下では，現在の軽井沢町のポジションやその中での星野温泉の位置づけを考察し，さらに星野リゾートの戦略を読み解くことで減集積指向の広域化戦略への理解を深めると共に，今後の課題についての指摘を行う。

１　交通網の整備が軽井沢を膨張させる

1）東京から新幹線で1時間の軽井沢

1998年に長野新幹線が開業し，また上信越道が延伸したことで，首都圏から軽井沢までの時間的距離は劇的に短くなった。新幹線では東京から1時間，上信越道では練馬ICから150キロの距離である。軽井沢駅もリゾートに相応しく様変わりしており，まさに「東京の軽井沢」という感覚で駅を設えている。

さらに，軽井沢駅から旧軽井沢の中心といえるロータリーに至るエリアが新軽井沢として発展し新たな街となり，駅南口には巨大なアウトレットモール「軽井沢プリンスショッピングプラザ」が開業している。いまでは，このアウトレットモールを目的に軽井沢を訪れる人も多く，軽井沢はかつての非日常空間から日常空間に転換したともいえる。

かつての軽井沢は，7～9月の間の別荘地や避暑地としてのみ賑わいをみせ，主に別荘に住まう人と，別荘地としての雰囲気を味わいたい人が訪れる地であったが，いまでは新幹線を使えば東京から1時間で行けるようになったことから，東京へ通勤する現役世代が居住したり，ショッピングを楽しむ人が日帰りで訪れるような地へと変化している。いまだ不十分な点は残っているものの，軽井沢は夏シーズンのみの避暑地ビジネスから，通年型ビジネスの場へと転換している。

このような軽井沢において，星野温泉は旧軽井沢エリアの西に位置する中軽井沢エリアにある。軽井沢には意外と温泉が少ないのだが，中軽井沢エリアには星野，塩壷，千ヶ滝という3つの温泉がある。この中で，全国区で集客できているのは星野温泉だけである。その意味では，星野温泉は軽井沢が変化した大きな要因の1つといえるだろう。

2）草津温泉も含まれる広域軽井沢圏

かつては群馬を経由して訪れる地であった草津温泉や万座温泉も，いまでは軽

井沢を拠点として訪れる人が少なくない。鉄道にしても自動車にしても，群馬を経由するよりも，時間的距離が短くなったためである。また，佐久や小諸，上田といった地域，さらには長野新幹線や上信越道の先にある長野や小布施までもが広域軽井沢圏に組み込まれると考えることもできる（図表4-7）。

このように，軽井沢を広域軽井沢圏と捉えると，草津や万座をはじめとした多くの温泉が軽井沢圏に含まれることになる。また，このエリアはワイナリーが多い地域でもあり，エッセイストである玉村豊男が東御（とうみ）に開いたヴィラデスト・ガーデンファーム・アンド・ワイナリーのような都会的なセンスのあるレストランや多彩な施設が点在している。さらには山に囲まれた地域でもあり，ハイキングやトレッキング，ウィンタースポーツといった魅力もある。つまり，一大リゾート地域の核として軽井沢を位置づけることが可能になっている。

このように広域軽井沢圏は，東京圏からのアクセスが容易な大東京圏におけるリゾート地域と捉えることができるが，それに伴い箱根が競合地域としてクローズアップされる。箱根も東京からのアクセスがよく，温泉郷を抱え，レジャー施設や自然リゾートが豊富なエリアである。また，箱根は軽井沢が抱える冬季のハンデがないという強みをもつ。

それでは，箱根にはない軽井沢の強みとは何だろうか。それは，外国人や著名

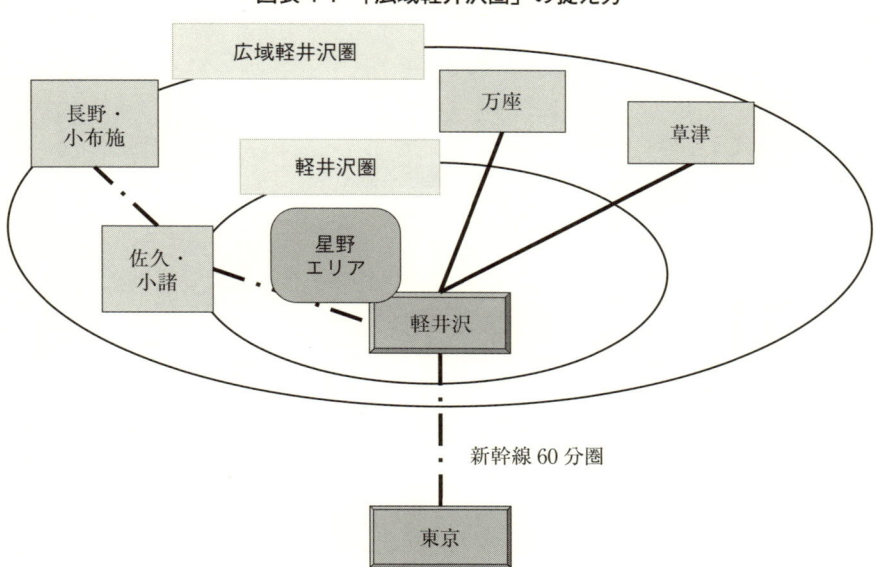

図表4-7 「広域軽井沢圏」の捉え方

人の別荘地として発展した長い歴史にあると思われる。そこに表れる文化的な色彩や，自然との共生を重視した環境などが，軽井沢の守るべき資源である。実際，軽井沢のショップやホテルをみると，他のエリアとは異なり，ナチュラルモダンともいえるような特徴を有している。

3）変化する軽井沢の中心地

軽井沢は，いくつかのエリアにわけることができるが，時代とともに中心地が変遷してきた。軽井沢を構成するエリアは，最初に別荘地として開拓された旧軽井沢，浅間山へと続く北軽井沢，旧軽井沢の西に拡張した別荘地であり星野温泉がある中軽井沢，軽井沢駅周辺と旧軽井沢を結ぶ新たな街としての新軽井沢，そして駅の南に広がる南軽井沢である（図表4-8）。

かつては，軽井沢といえば旧軽井沢をさしていた。開拓初期からの別荘地であり，万平ホテルや旧三笠ホテル，旧軽銀座など，軽井沢の歴史を感じることのできる施設やショップが立ち並ぶ。しかし，このエリアは別荘地の雰囲気を味わうことを目的とした観光客が多いエリアでもある。いまでも夏は多くの観光客で賑

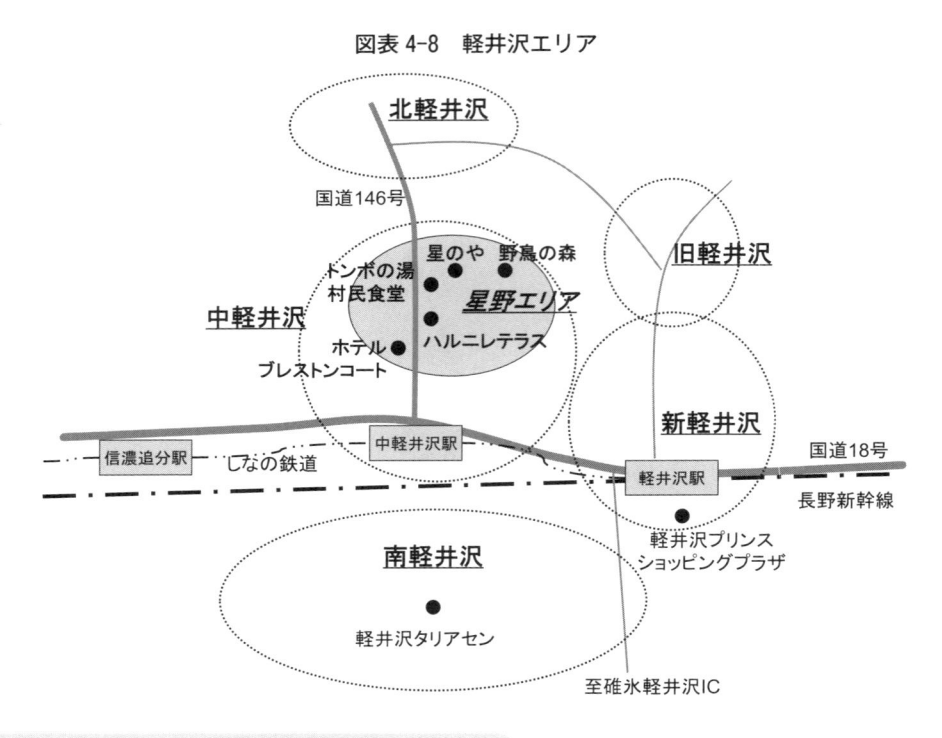

図表4-8　軽井沢エリア

わうが，冬になると人通りが少なくなるのは否めない。また，観光地としての宿命でもあるが，何度も訪れる必要がないエリアだともいえる。

　旧軽井沢に替わって近年賑わいをみせているのが，軽井沢駅を中心とした新軽井沢である。ここには，シティ感覚の新しいショップやレストラン，カフェが並び，東京の延長のような感覚で街歩きを楽しむことができる。そして，西武グループが軽井沢駅の南に隣接して開業した巨大アウトレットモールである「軽井沢プリンスショッピングプラザ」が，いまでは多くの人を誘引している。是非はともかくとして，ここだけを目的に軽井沢を訪れる人も少なくない。いわば，ミニ東京的な日常感覚で楽しめるエリアとして支持されているといえる。

　さらに，最近注目を集めているのが，軽井沢タリアセンを中心とした南軽井沢である。このエリアは，旧来の軽井沢がもつ文化的な色合いを大切にし，様々な博物館や美術館，建築物を楽しめるエリアである。また，森の中のカフェやレストランも人気があり，都会人の癒しのスポットになっている。

　そして，星野温泉のある中軽井沢である。ここも古くから開発されているエリアであるが，星野温泉が星野エリアとして進化したことと相まって，いまでは新軽井沢と並ぶ軽井沢の中心的エリアとなっている。ただし，新軽井沢とは異なり，軽井沢の良さを残した開発を行っているのが，このエリアの特徴といえる。東に広がる国立野鳥の森という自然を活かしながら，そこに調和した宿泊施設「星のや　軽井沢」，地元住民も集うことのできる「トンボの湯」「村民食堂」，地元ショップで構成されたショッピング＆グルメスポットである「ハルニレテラス」，さらにはレストランの名店が入る「ホテルブレストンコート」などが立地し，これら星野リゾートによる運営が功を奏して，多くの人が年間を通じて訪れるエリアへと変貌している。

② 星野リゾートの重点拠点として軽井沢を捉える

1）星野エリアは星野リゾート発祥の地

　いまの星野リゾートにとって，軽井沢星野エリアは単なる一拠点にすぎない。言い換えれば，「軽井沢にある星野リゾート」ではなく，「軽井沢にもある星野リゾート」である。とはいえ，やはり星野リゾートにとって軽井沢は発祥の地であり，シンボルとしての地位は今後も続くと思われる。

それは,「星野温泉」を「星野エリア」へ転換する際のスタンスと,その実現方法が特殊だからである。その根底にあったのは,恵まれた自然環境に寄り添い楽しむ過ごし方であり,別荘地の住人も観光客も関係なく自然や文化を愛する人が集う現代のコミュニティを構築することであった（星野リゾートHP，2012a）。
　1992年に設立されたエコツーリズムの拠点となる「ピッキオ」，2002年に作られた温泉施設「トンボの湯」とレストラン「村民食堂」，さらに2009年にオープンした商業施設「ハルニレテラス」，これら星野エリアを構成する施設は,いずれもこのようなスタンスを具現化すべく構築されている。例えば,「ハルニレテラス」は東京的な商業集積施設とみられそうであるが,地元軽井沢のショップで構成されていること,ウッディなオープンモールであることやトンボの湯や村民食堂からの遊歩道が周囲との連動性や自然との一体感を感じさせることなど,自然,コミュニティといったコンセプトが十分に活かされたつくりになっている。
　また,環境への取組みも長い期間に渡って行われたものであり,単に最近のエコブームに乗ったものではない。立地環境の制約もあり,前身の星野温泉ホテルの頃から水力発電に取り組み,いまでは水力発電と地熱利用システムを合わせた自然エネルギーの自給率は74%にまで達している。さらに,2000年からゼロエミッション計画も推進しており,全廃棄物の76%の再資源化も達成している（月刊ホテル旅館，2007）。
　星野リゾートにとって,星野エリアは彼らのコンセプトを具現化した最初の地であり,また星野エリアこそが彼らのシンボルである。そして,この星野エリアのコンセプトと形が,彼らにとっての温泉街なのである。心の交流とエコ運営を目指したコミュニティとスロースタイルが彼らの基本にあり,まさにスタイル特性としての「交歓―別天地系」,コンテクスト次元としての「超類」を指向しているといえる。

2)「星のや　軽井沢」が星野エリアのコア

　このようなコンセプトで構築された星野エリアのコアになるのが,宿泊施設としての星のや軽井沢であり,そのコンセプトが「谷の集落」である。このコンセプトは,前身である星野温泉ホテルの良さを引き継いだものである。星野温泉ホテルがもっていた外界と隔絶した別世界の環境を活かして,可能な限りの非日常感を創り上げた。そこで具現化されているのは,日本が近代化の過程で忘れてきた日本の良さであり,軽井沢の自然と共生して創り上げた「もうひとつの日本」,

モダン和でもある（中藤，2005）。

コテージ風の客室が地形を活かして並ぶ姿は，まさに集落を思わせるものである。敷地を流れる湯川を活用した水の使い方や，自然とマッチさせた客室外観の風合いや色使いもコンセプトとマッチしたものとなっている。またレストランなどのある「集いの館」も川床をイメージした設計となっており，くつろぎのスペースに置かれているオリジナルに設計されたローソファ，棚田状の庭に沿って配置されているレストラン客席など，いずれもコンセプトに合わせ緻密に設計されていることが感じられる。さらに，自然探索ツアーやスパメニューなども，日常から抜け出し，癒しを得るメニューとして工夫されている。

特に，非日常感の演出に趣向がこらされている。客室の敷地内には一般の自動車は入ることができない。顧客は，チェックイン専用のレセプションルームから専用の自動車に乗り，客室へと導かれてくる。たった数分の道のりではあるが，森の中を抜けることで日常からの隔絶をイメージさせる。また，客室にテレビがないことも日常からの離脱にとって重要な要素となっている。

以上のことから，星のや軽井沢は，スタイル特性としての「充電―隠れ家系」としてデザインされているように思える。しかし，これは前項で整理した星野エリアが「交歓―別天地系」であることと矛盾が生じている。次項では，この点について考察する。

3）非日常としては不完全な集落

星のや 軽井沢は，前述のように非日常空間を目指して構築されている。しかし一方で，泊食分離の考え方により集落外の食事，例えば「村民食堂」や「ホテルブレストンコート」内のレストランでの食事も推奨される。また，星のや軽井沢の入浴施設は，「湯が部屋中に満たされた空間で光と闇が個別に意識されることを意図している」（東・長谷川，2005，p.138）という，まさに非日常的な感覚に包まれる挑戦的なメディテーションバスになっている。これも，一般的な温泉としての入浴を希望する客には，「トンボの湯」があることによる設計であると思われる。

チェックイン時に，わざわざ専用の自動車で日常感からの隔絶を演出するということは，軽井沢のふつうの景観は日常であるということを意味するはずである。このこだわりと，日常的空間である旅館外部との連動には若干の矛盾を感じる。食事は，外出ついでの行為としてみればまだ許容範囲であるかもしれない

が，入浴については浴場へ向かう際の服装や気分，トンボの湯までの道程を考えると，非日常感はかなり損なわれる。きわめてコンサバティブであるが，宿泊施設内にメディテーションバスとは別に，のんびりとくつろぐことのできる入浴施設があってもよかったのではないだろうか。

確かに，部屋，集いの館，入浴施設，いずれの建築物もモダン和というコンセプトで統一されており，そのコンセプト通りに演出されている。そして，自然との共生も本来の地形を活かしたランドスケープデザインにより，メッセージ性を感じることができる。しかし，コンセプトとしてのモダン和ではなく，むしろ実際に構築されたモダン和と自然との共生のバランスに課題が残る。

おそらく，自然の中にモダンな演出を行うことで非日常空間を演出する意図もあったのである。しかし現状では，自然のランドスケープが全面に主張されており，その中で従来の考え方から完全に脱却できていないモダンさが，また別の主張をしてしまう。例えば，部屋の内装や音楽にみられるモダン仕様や，メディテーションバスの尖がったモダンさは，軽井沢というエリアとの相性は必ずしもよいとは感じられない。

全面に推しだした自然のナチュラルさ，日常空間にはないモダンさ，これらはいずれにおいても非日常空間の演出が可能であるが，多くの人々にとってはいずれか一方での演出が望ましい。ここでは，自然とモダンさがお互いに調和することなく主張されることによる混乱を客が感じる可能性がある。コンセプトは良いが，「もうひとつの日本」の構築に欲張りすぎてしまい，不完全な非日常性，つまり，いまひとつ落ち着かない非日常性に留まっているといえそうである。星野エリアと星のや軽井沢の目指す方向性にギャップがあるにもかかわらず，そのギャップを埋めることができないままで温泉街として機能させようとする強引さが，特に強い個性を持っている顧客には不完全な非日常性となって表れているともとれる。

③ リゾート戦略でグローバル化を目指す

1）リゾート産業のリーダー

現在の星野リゾートは，軽井沢の旅館業という事業領域を脱し，「リゾート運営の達人」を目指している。実際に多くの事業再生案件をこなし，日本では他に

類をみないリゾート運営事業会社として，すでに全国に名を知られた存在となっている。星野リゾート自体は，軽井沢事業の運営会社でしかなく，いくつかの別会社で個別の事業を運営しているが，ここではすべての事業会社を含めて「星野リゾート」と置き換えて話を進めていく。

星野リゾートは，2012年6月現在で開業予定も含め26の宿泊施設と3つのスキー場を運営している（星野リゾートHP, 2012b）。ただし，多くの施設は運営を担っているのみであり，所有というリスクを回避しつつ事業拡大を行えるビジネスモデルでの事業展開である。

現在の星野リゾートは，星のや軽井沢を開業する以前の2002年にリゾナーレ小淵沢（山梨県）を所有・運営したことから始まる。翌年の2003年には，アルツ磐梯リゾート（福島県）に資本参加・運営開始，さらに2004年にはアルファリゾートトマム（北海道）を取得・運営開始している。これら3件の事業再生と運営が注目され，2005年にゴールドマン・サックスとの温泉旅館再生事業に着手することになる。

星野リゾートの目指すところは，インバウンドの集客も視野に入れたグローバル展開であり，競争相手とみるのはコンラッドやハイアットなどの海外の高級ホテルチェーンである（星野, 2009）。星野リゾート社長である星野佳路は事業拡大のメリットとして，外資との競争に勝つためのスケールメリットの高まりと旅行会社に対するバイイングパワーをあげており（日経消費ウオッチャー編集部, 2009），まさにグローバル化を視野に入れた事業展開である。グローバル戦略の象徴の1つが，星のや京都であり，世界標準の宿泊施設や接客サービスを目指したものとなっている。

2) グローバル展開のためのブランド戦略と課題

グローバル戦略の一環として，2010年に星野リゾートはブランド戦略に着手した。20を超える施設を個別に訴求していくことの非効率さを回避するためであり，知る人ぞ知るブランドとして成長した「星野リゾート」の価値を活用するためである。ただし，ブランドを構成するカテゴリーは，海外のホテルにみられるようなグレードの違いによる階層型のものではなく，施設の個性を示すものとして捉えている。また，これによってグループ内の施設を次々と利用するリピーターの育成と獲得を目指している（中沢, 2010）。

例えば，以下のような利用形態を想定することができる。もうひとつの日本で

ある「星のや」を利用した顧客が，次には地元ならではの温泉旅館である「界」やご当地の魅力が詰まった「ツーリズムホテル」を利用する。夏には大自然のリゾートブランドホテルである「リゾナーレ」を，そして冬には進化型スキー場としての「スノーフィールド」を，ときには食にこだわった「オーベルジュ」を利用するという形態である。

このような星野リゾート流ブランド戦略に対しては，3つの課題が指摘できる。1つめは，それぞれのカテゴリーのテーマ性を明確にしなければならない，ということである。単なる温泉旅館ではなく，それぞれのカテゴリーに特徴をもたせたテーマ性，価値をもった施設とする必要がある。2つめは，個別施設のブランドへの適合性が問われるようになる，ということである。今後運営受託する施設の選定にあたっては，星野リゾートのブランド基準をクリアできる水準にあることが必須条件となり，これまでのような拡大は難しくなる可能性がある。3つめは，すべての施設で星野らしさを提供しなければならず，ある程度のチェーンオペレーションが必要になるが，このチェーンオペレーションは宿泊施設としての個性を失わせる可能性をもはらむ，ということである。

3）チェーンオペレーションと個性的サービスの両立が減集積指向の広域化戦略の課題

星野リゾートは，ビジネススクール流の経営を温泉旅館という産業に取り入れることで成功した。しかし，今後は先にみたブランドの個性とチェーンオペレーションによる没個性という大きな課題に直面する。特に，温泉旅館という特殊なビジネスでは，この課題は難易度が高い。また，ホテルの場合には，すべての施設で全く同様のサービスが提供されることこそが価値になるが，旅館はそれとは異なる。星野リゾートの目指すものは，地域や施設の個性を活かしたテーマ性の強いカテゴリー構成をベースに，それぞれの特徴あるサービスを享受させることで感動を与えるというものである以上，ホテルとは全く異なる顧客価値の提供が不可欠である。

ある地域に留まり，その地域ブランドを拠り所として経営を行う温泉旅館とは異なり，企業ブランドを核としてグローバルなアイデンティティの確立を指向する減集積指向の広域化戦略では，星野リゾートに限らず，このように大きな課題を内包していることを自覚しておく必要がある。

星野リゾートの場合は，これまでも各施設に合ったコンセプトをスタッフの総意によって構築し，それぞれの個性を明確にし，大切にしてきた。一方で，予約

のコールセンターへの集中や食材の集中購買など運営面での効率化にも注力してきた。顧客満足度と経常利益率の数値目標を同時にクリアするという目標こそが，すでにチェーンオペレーションと個性的なサービスとの両立を指向していることを表わしている。従来の買収はブランド戦略という制約がさほどない状態での目標であったが，今後は一段階困難なステージに踏み出すことになる。

> **将来像**：地域を越えた経営と地域に根ざした事業を指向する星野温泉

　本ケースでは，星野エリアの主体である星野リゾートが，企業ブランドによってグローバルなアイデンティティの確立を指向する「減集積グループ」に属しており，さらに星野エリア自体は「"超"交歓―別天地型」を実現することで成功し，軽井沢の広域化に寄与していることが明らかになった。

　しかし，今後の星野リゾートには，施設数の増大とともにブランド戦略の段階へステップアップすることが期待されている。それゆえ，テーマ温泉でありながら地域対応であり，個性的なサービスを提供する必要がありながらチェーンオペレーションによる星野ブランドらしさの提供をも求められるという，困難な課題への挑戦が要請される。これは，ホテルのような画一的サービスの提供による安心感をベースにしたブランド構築ではなく，またディズニーランドのように一箇所でのリピートをベースにしたブランド価値構築でもない。星野リゾートのブランド戦略が成功すれば，様々な価値をもつ複数拠点を回遊しながらリピート利用してもらえるという，他者に対する競争優位なポジションを確立できるだろう。

　そのためには，地域性への配慮と，各拠点での個別性の維持が重要になる。これまでの星野リゾートも，これらを考慮した運営を行ってはいるが，そこにはブランドという制約はなかった。今後は，ブランドという制約の下で，地域性，個別性のバランスを保つことが求められる。

　星野リゾートの成功は，真の意味での「減集積グループ」としての広域化戦略を確立できるかどうかにかかっている。一方で，各地域拠点は，星野のブランドを活用しつつも，地域に必要な権限を保持しながら，できるだけ地域の味を出して，さらに地域を活性化させるような事業活動を展開することが大事になる。つまり，軽井沢を捉えていうならば，星野が軽井沢の魅力を高め，また軽井沢の発展が星野のブランド価値に還元されるようなビジネスモデルの構築が不可欠になる。

【注】

（1） 株式会社星野リゾート：1904年に軽井沢の開発に着手，1914年星野温泉旅館を開業，1951年に株式会社星野温泉として改組。その後，1995年に現在の「株式会社星野リゾート」に改称し，リゾート運営や温泉再生事業にも携わる。株式会社星野リゾートは星野エリアの事業を主に手掛ける事業会社であり，他に別会社で各リゾートや旅館の運営を手掛けている。

（2） 軽井沢町：軽井沢が避暑地として注目されたのは，1886年（明治19年）にアレキサンダー・クロフト・ショーに見出されてからといわれている。その後，旧軽井沢に多くの別荘が建てられ，別荘地，リゾート地として発展する（軽井沢観光協会HP, 2012）。

【参考文献】

軽井沢観光協会HP（2012）『軽井沢観光協会/軽井沢の歴史/避暑地軽井沢の誕生』
　〈http://karuizawa-kankokyokai.jp/tourism/history/birth/〉（2012年6月26日閲覧）。

月刊ホテル旅館編集部（2007）「星野リゾート収益性を重視した環境対策を徹底し，環境保全とコスト削減に成功」『月刊ホテル旅館2007年11月号』通巻526号，pp. 91-95。

中沢康彦（2010）「連載：星野リゾート　ブランドを作り，育てる第1回「我が社らしさ」を追求し集客力を高める」『日経トップリーダー2010年12月号』通巻315号，pp. 62-67。

中藤保則（2005）「星のや軽井沢　星野リゾートによる新たなる挑戦　温泉旅館としての本来の道を極める」『月刊レジャー産業資料2005年8月号』第38巻第8号，pp. 114-117。

日経消費ウオッチャー編集部（2009）「仕掛け人インタビュー星野佳路氏　日本の温泉街や旅館の良さを再生，富裕層のリゾート需要掘り起こす」『日経消費ウオッチャー2009年7月号』通巻7号，pp. 44-46。

東利恵・長谷川浩己（2005）「星のや軽井沢　風景をつくる」『新建築2005年9月号』第80巻第10号，pp. 128-139。

星野佳路（2009）「星野リゾート」首藤明敏編著『ぶれない経営』ダイヤモンド社，pp. 49-72。

星野リゾートHP（2012a）『星野エリア/星野エリアについて』
　〈http://www.hoshino-area.jp/about/〉（2012年6月26日閲覧）。

星野リゾートHP（2012b）『星野リゾート/トップページ』
　〈http://hoshinoresort.com/#/top〉（2012年6月26日閲覧）。

（原田　保・鈴木敦詞）

第5章　錬磨―合宿所系

〈総括〉

　本章では、「錬磨―合宿所系」の観点から4つのケース（蔵王，川湯，岳，湯郷）を取り上げる。「錬磨―合宿所系」とは、ある種の合宿所を舞台にしたスロースタイル系である。エピソードメイク主体が「グループ・集団」であり、ヘルシーライフ対象軸が「体」であるスタイル特性の系である。この系では、サッカー等のスポーツチームがまさに切磋琢磨による競技水準の向上を指向して長期間滞在するような温泉があげられる。当然ながら、そこにある温泉旅館の近くにはグランドや体育館等の練習場があることが前提条件となる。

　具体的には、蔵王温泉（山形県）では「アクティブリゾート戦略」、川湯温泉（北海道）では「滞在型アウトドアスポーツ地への転換戦略」、岳温泉（福島県）では「地域密着活動によるエコ＋健康保養地戦略」、湯郷温泉では（岡山県）「グローバルスポーツビジネスのブランド活用による街の再生戦略」のそれぞれが事例分析を踏まえた戦略提言として示される。また事例分析から、岳温泉および湯郷温泉においては温泉街と温泉旅館が主体となる「進伝統グループ」、そして蔵王温泉および川湯温泉においてはマルチプレイヤーが主体となる「超広域グループ」であることも示される。

コンテクスト次元としての類

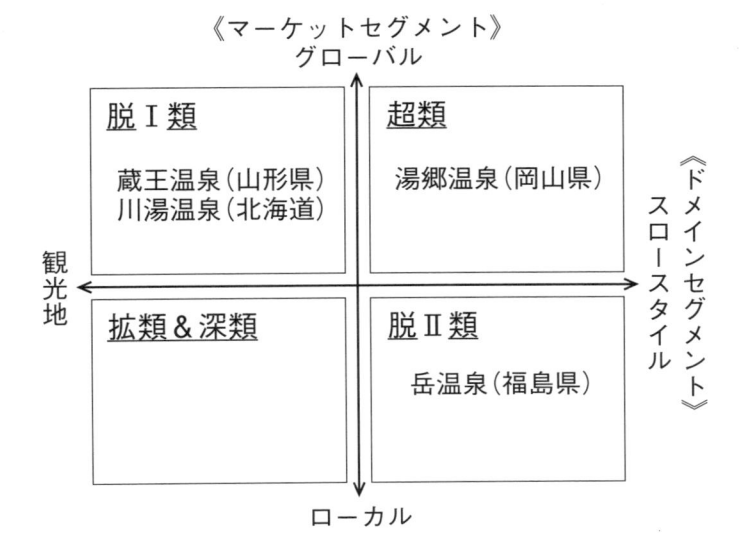

《マーケットセグメント》
グローバル

脱Ⅰ類	超類
蔵王温泉（山形県） 川湯温泉（北海道）	湯郷温泉（岡山県）

拡類＆深類	脱Ⅱ類
	岳温泉（福島県）

観光地 ←　　　　　　　　→ 《ドメインセグメント》スロースタイル

ローカル

ケース5 蔵王温泉
「"脱Ⅰ"練磨―合宿所型」×「超広域グループ」

《温泉のプロフィール》

- ▶所在地：山形県山形市蔵王温泉
- ▶アクセス：
  JR山形新幹線山形駅よりバスで約40分，山形自動車道・山形蔵王ICより約30分
- ▶旅館＆ホテル数：約110軒
  （民宿，ペンション含む）
- ▶泉質：酸性・含硫黄―アルミニウム―硫酸塩・塩化物温泉，45〜66度
- ▶温泉旅館：深山荘高見屋，おおみや旅館など
- ▶観光名所：樹氷，大露天風呂など
- ▶イベント：蔵王樹氷祭り（2月），蔵王夏山開き（6月）など

〈高湯通りの上湯共同浴場〉

着眼点：観光ブランド蔵王，スノーリゾート蔵王へ依存している蔵王温泉

　蔵王温泉は，以前は「最上高湯」と呼ばれていたが，戦後に蔵王が観光ブランドとして名を馳せるに従い，「蔵王温泉」と名を改めた経緯がある。このように，蔵王温泉は観光ブランドとしての蔵王あってのものであり，中でも近年は，スキーや樹氷に代表されるスノーリゾートとしての蔵王へ依存しながら成長してきた。しかし，過度ともいえるスノーリゾート蔵王への依存が，このところの客数減少の大きな要因となっている。

　さらに，蔵王温泉の近隣には多くの著名な温泉地がある。そもそも山形県は日本有数の温泉地域であるが，すぐ近くには，かみのやま温泉，銀山温泉などがある。さらに蔵王東麓である宮城県に目を向けると，同じく蔵王ブランドを強みと

する遠刈田温泉などがある。このような競合温泉地に囲まれた中で，いかにポジショニングするかも，蔵王温泉の重要な課題になる。

そこで以下では，スノーリゾート依存からの脱却と近隣温泉地との差別化を視野に，蔵王温泉のビジネスモデル構築についての検討を行う。方向性の核となるのは，通年リゾート化である。具体的には，身体からの健康をめざすライフスタイルを軸に据えた，広域での「アクティブリゾートZAO」の打ち出しと，そのゲートウェイ，拠点としての蔵王温泉というポジショニングについての考察である。

① 観光ブランド蔵王は蔵王温泉の重要な資源である

1) 観光ブランド蔵王の核としての蔵王温泉

蔵王温泉は，元来「最上高湯」と呼ばれていたが，1950年に実施された「日本観光地百選」山岳の部で圧倒的な1位を獲得したことを機に，「蔵王温泉」へと改名したという歴史がある（蔵王温泉観光協会HP，2012）。蔵王連峰自体は山形県と宮城県にまたがるものの，このような経緯もあり観光ブランドとしての蔵王と蔵王温泉は，ほぼイコールとして認知されているといっても過言ではない[1]。蔵王温泉が標高約800メートルという高地に立地し，山々に囲まれているという景観も，蔵王と蔵王温泉を同一視する1つの要因となっている。

標高約800メートルに位置するといいながらも，山形市中心部からバスで40分という近郊に位置するアクセスの良さも蔵王温泉の特徴である。徐々に市街地から離れ，山を登って温泉に辿り着くという道程は，日常感からの隔絶された非日常感をもたらす。実際に高地に立地することもあり，観光地としてのみでなく，避暑地や高地保養所という性格も併せ持った地として位置づけることもできる。

このように，蔵王温泉は観光ブランド蔵王とともにあり，蔵王温泉は蔵王の知名度をそのまま活用できるし，蔵王の核として蔵王温泉があるという位置づけを打ち出すこともできる。このポジションは蔵王温泉にとっての重要な資源であり，ビジネスモデル構築にあたっても，最大限に活かされなければならない。しかし一方で，観光ブランドとしての蔵王というと，お釜やエコーラインなどの観光道路を回る通過型観光地としての印象が強くなり，高地にある温泉街としての

リゾート性が阻害されることにもなりかねない。観光とリゾートのバランスを図ることも，蔵王温泉のビジネスモデルを検討する上で，重要なポイントとなる。

2）スキー客への過度の依存から低迷へ

　観光ブランド蔵王とともに，蔵王がもつもう1つの側面が，スキーと樹氷に代表されるスノーリゾート蔵王である。蔵王温泉でのスキーの歴史は，始まりが大正期に遡るほど古いものではあるが，高橋（1974）による蔵王温泉の四季別利用客数割合推移をみると，1957年には7〜9月期が41%と最も多かったものが，1963年は1〜3月期が54%と最多となり，1972年では1〜3月期が59%とさらに冬季への集中度が高まっている。つまり，蔵王温泉が現在のようなスキー依存になったのは，ここ50年くらいのことである。

　このようなスキー顧客への対応が蔵王温泉の客数増加をもたらしてきたが，このスキー顧客への過度の依存が，現在の蔵王温泉の低迷をもたらしているともいえる。布山（2011）は，1999年から2009年の入込客数の分析を通じ，蔵王温泉と蔵王スキー場の客数がほぼ同じ傾向で減少していることから，「温泉客の入込減はスキー客の減少と大部分がリンクしていると考えられる」（布山，2011，p.8）と指摘している。

　一方で，スキー顧客の減少に対する対応も行われている。例えば日本経済新聞2001年2月1日（夕刊）によると，1999年に「Mt.6（マウントシックス）」として，野沢温泉，志賀高原，白馬八方尾根（以上，長野県），妙高高原（新潟県），草津（群馬県）とともに，歴史のあるスキー場をもつ温泉街としての組織化が行われている。また，日本経済新聞2005年8月3日（地方経済面）では，2003年度から韓国で蔵王温泉スキー場のプロモーションを展開し，実際に韓国からのスキー客が急増していることが報じられている。

　しかし，ここで考えるべきは，スキー顧客の減少に歯止めをかけるための対策であろうか。たしかに，現在の主要な集客手段となっているスキー顧客への対応は必要な施策ではあるが，現状のような冬季集中の集客では，人材面や施設面で有効な投資を行うことは難しい。通年で安定した集客があることが人材面や施設面での投資へと結びつき，それが蔵王温泉の発展へと繋がるのではないか。蔵王温泉の再活性化には，これまでのスキー顧客依存による冬季集中の集客から，通年型の集客へとシフトすることが不可欠であると考えられる。

3）宮城蔵王や周辺温泉との明確な差別化が求められる

　山形は日本でも有数の温泉所在地であるが，その中でも蔵王温泉は約100万人であり，県内トップの観光客数を誇っている（山形県商工観光部，2011）。しかし蔵王温泉周辺には，かみのやま温泉（72万人），天童温泉（67万人），赤湯温泉（52万人），東根温泉（45万人），銀山温泉（28万人）などの有力な温泉が並び，さらには蔵王東麓にある宮城県遠刈田温泉も競合相手になっている。

　すなわち，蔵王温泉はこれらの温泉街との差別化をはかり，独自のビジネスモデルを構築することで，そのポジションを確立しなければならない。中でも，蔵王山麓に位置し蔵王温泉の至近距離に位置するかみのやま温泉と，歴史的建造物の街並みで知名度の高い銀山温泉との差別化がポイントになる。

　ケース13でみるかみのやま温泉は上山城下に広がる温泉郷であり，共同浴場や足湯による湯めぐりや名旅館でのくつろぎを楽しむことができる。銀山温泉は大正末期から昭和初期の歴史的建造物や街並みに特徴があり，街歩きの楽しみがある。一方で蔵王温泉にも，古くからの温泉街はあるものの，かみのやま温泉や銀山温泉と比べるといささか見劣りするのは否めない。宿も蔵王温泉開湯当時からの古い旅館はあるが，銀山温泉でみられるほどの風情やノスタルジーを味わうことはできないし，かみのやま温泉ほどの洗練さも見出せない。

　第2章でみた系でみれば，かみのやま温泉や銀山温泉は「心」を主としたライフスタイル指向と合致している。一方で蔵王温泉がこれら2つの温泉との差別化を図るとすれば，「心」の対極にある「体」を軸とするライフスタイルを指向することが考えられる。そこで以下では，蔵王温泉において「体」を軸としたライフスタイル指向による活性化が可能かについての検討を進めていくことにする。

❷　蔵王温泉はアクティブリゾートとしての可能性をもつ

1）スキー場の拡張とともに拡大した蔵王温泉

　蔵王温泉を見渡すと，大きくは3つのエリアに分けることができる（図表5-1）。狭義で蔵王温泉を捉えると，高湯通りを中心とするエリアとなる。ここは，酢川温泉神社の参道として発展した通りであり，緩やかに曲線を描く石畳の両側に古くからの旅館や店が軒を連ねている。また，源泉からの温泉が流れる酢川があり，そこからの湯気と硫黄臭により温泉情緒を感じることができる。さらに，

上湯，下湯，川原湯といった共同浴場や隣接する足湯もあり，湯めぐりで温泉自体を楽しむことができるエリアである。

しかし，広い意味での蔵王温泉は，スキー場の拡張に伴ってそのエリアを広げてきた。ゲレンデの核となるロープウェイの架設年は，蔵王スカイケーブルが1956年，蔵王ロープウェイが1962年，蔵王中央ロープウェイが1973年である。一方で宿泊施設数の増加をみると，1955年の29軒が1974年には109軒となっており，実際の宿泊施設の開設分布も，ロープウェイの架設に沿って広がっていることが見て取れる（高橋，1974）。

まず，最初のロープウェイである蔵王スカイケーブルに沿って広がる上の台ゲレンデ前のエリアがあり，ここにはいかにもスキー宿といった風情の民宿やペンションとスキースクールが比較的狭い地域に並んでいる。ついで，新たに架けられた2本のロープウェイの麓，山形市とエコーラインを結ぶ幹線道路（樹氷通り）沿いに，新しいエリアができている。ここには，ホテルやペンション，民宿などの宿泊施設の他に，飲食店や土産物屋，コンビニがあり，さらにはスキーセンター，スクール，レンタル店などのスキー関連施設や，日帰りの温泉施設が並ぶ。

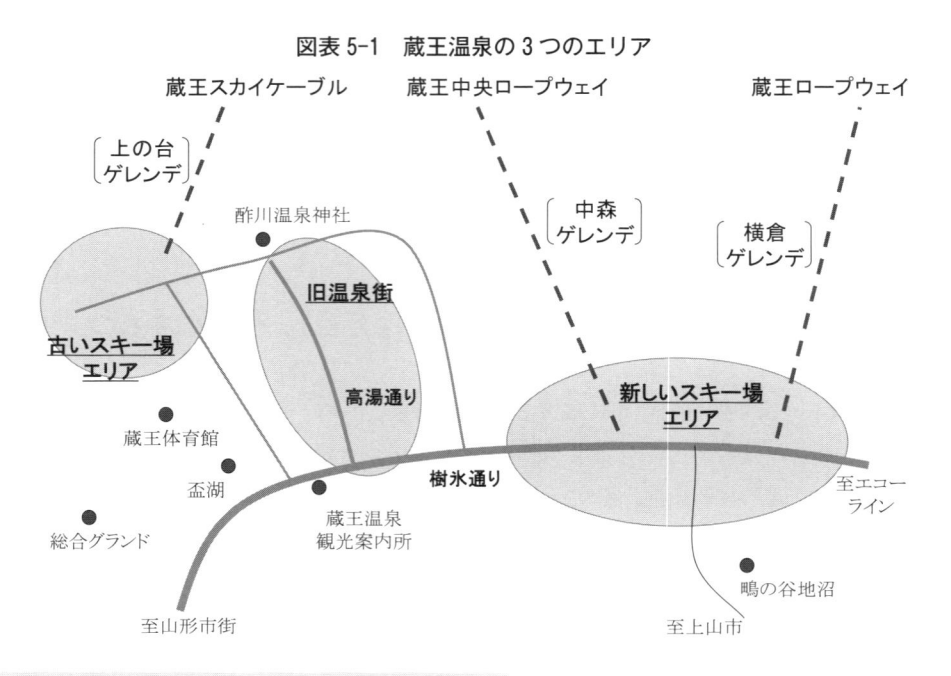

図表5-1　蔵王温泉の3つのエリア

このように蔵王温泉は，スキー場の拡張と共に温泉街が拡張してきたため，旅館やホテルの数に比べてペンションや民宿が多く，飲食店やスキー関連の施設が立ち並ぶなど，他の温泉街とは趣を異にする発展をとげている。古くからの温泉街で温泉自体を楽しむ以外にも，比較的低料金で宿泊できる施設が多く，コンビニや飲食店など街としての機能もある程度整っていることから，長期滞在に向くリゾートとしての性格も併せ持っている。

2）アクティブリゾートとしての資源が豊富な蔵王

蔵王温泉は，その泉質から元々は傷の治癒や疲労回復などの湯治の湯として使われていた温泉であり，「子供が丈夫に育つ湯」ともいわれていた。スキー場として冬季に客がシフトする以前は，「どちらかというと湯治客は高齢層よりも幼児から小学生などの児童を連れた家族が多かった。また，林間学校なども盛んに行われ，児童の健康増進や体質改善などに利用された」（岡崎，2007，p.53）というように，体の健康に効果のある温泉として注目されていた温泉街である。

アクティビティのための資源が周辺に多いのも蔵王温泉の特徴である。蔵王はスノーリゾートとして注目され発展してきたが，登山やトレッキングの拠点にもなり得る名山でもある。連峰を構成する山々は標高1,400メートルから1,800メートルに及び，高原植物や湖沼などを観賞することができる。さらに四季によって，水芭蕉，山桜，新緑，紅葉，樹氷と様々な景観も楽しめる。

例えばロープウェイを使うことで，誰でもある程度の標高まで登ることができ，初心者からベテランまで，山間部のトレッキングや散策が可能である。また，元々800メートルという高地に温泉街があるため，高地保養所としての身体的効果を期待できるし，周辺の散策でも日常とは異なる風景にめぐりあえる。例えば，盃湖，鳴の谷地沼といった湖沼周辺のジョギングコースで汗を流し体力強化を図ることもできれば，遊歩道での散策により自然景観を楽しむことができる。さらには，体育館やグラウンドなどの施設もあるので，合宿地にもなり得る。

蔵王温泉が本来もつ治癒効果や疲労回復効果，健康増進効果と，蔵王温泉周辺の豊かな自然資源や，ロープウェイ，体育館，ジョギングロード，遊歩道などの既存施設を考え合わせると，「体」を軸とした身体の健康を担うリゾート地としての可能性を秘めている。それゆえ，蔵王温泉はまさに系としての「練磨─合宿所」に相応しい温泉街といえる。

3）手頃な価格の宿泊施設が多い蔵王温泉

　蔵王温泉の宿泊施設は，主に高湯通りに立地する古くからの温泉旅館と，スキー場周辺に立ち並ぶペンションや民宿といったスキー宿，小型ホテルが主流である。一般的な大温泉街にみられるような，他を威圧するような巨大ホテル旅館は見当たらず，一方で他の有名温泉街にみられるような高級旅館もほとんどみられない。良い意味でも，悪い意味でも，ここは大規模な開発から取り残された温泉街であったといえる。

　しかし，ペンションや民宿を含めた宿泊施設数が100軒を超えており，他の温泉街と比べ施設数が多いことは，蔵王温泉の特徴であり強みともなる。また，スキーやトレッキングというアクティブな活動を楽しむことや，健康増進を目的とした滞在を考えると，連泊による長期滞在が多くなると考えられるが，ペンションや民宿といった手頃で連泊に適した宿泊施設が多い点は，長期滞在型のリゾートを目指す際にも，1つの強みとなる。

　一方で，リゾート地には，それなりの広さや内装を備えた宿泊施設を望む客層もいる。近年までの蔵王温泉には，このようなニーズに応える宿泊施設はほとんどなく，湯治を楽しむ客やスキーを楽しむ客以外にとっては，好みの宿を選ぶのが難しい温泉街だった。しかし，ここ10年くらいの間に，タカミヤホテルグループと蔵王カンパニーという2つのグループが，競うように施設の改装や新たな施設への取組みを行うことで，多様な顧客のニーズに対応する姿勢をみせている。

　まず，タカミヤホテルグループでは，江戸時代創業の老舗旅館である「深山荘高見屋」のリニューアルで高単価少人数向けの部屋を設置したり，2006年オープンの「たかみや瑠璃倶楽リゾート」では著名なデザイナーである奥山清行[2]との共同で，山形の伝統工芸をベースとした調度品を配している（月刊ホテル旅館，2006）。蔵王カンパニーでも，老舗旅館である「おおみや旅館」のリニューアルや既存施設の改装を通じて，同一価格帯で異なる特徴を打ち出した3つの施設を運営している（月刊ホテル旅館，2010）。これらタカミヤホテルグループや蔵王カンパニーの動きは，顧客の選択肢を広げ，蔵王温泉の魅力向上に寄与している。

3 通年型アクティブリゾートとして拡蔵王戦略を展開する

1) アクティブリゾートとしての蔵王の再構成

これまで，蔵王温泉を中心に蔵王をみてきたが，蔵王は蔵王温泉を中心とした狭いエリアに限定されない，「拡蔵王」を視野に入れるべきと考える。この意味で，"超広域マルチプレイヤー"グループと捉えたい。概念的に図示すれば，図表5-2のようになる。

ここで留意しておきたいのは，ここでの提言は日本経済新聞1989年7月28日（地方経済面）で報じられた総合保養地域整備法（いわゆるリゾート法）に基づいて構想された「蔵王・月山地域リゾート構想」とは異なる，という点である。この構想は，スキー場やゴルフ場，ホテルなどのハード面での整備を中心としながら，単に面としての広域ゾーンを設定したリゾート構想といえる。一方で，本ケースで提言しているのは，蔵王や周辺エリアにある自然資源と蔵王温泉のもつ効能のマッチングに着目し，それをアクティビティというコンテクストの元に統合させるビジネスモデルであり，アクティブリゾートという視点からの蔵王の再

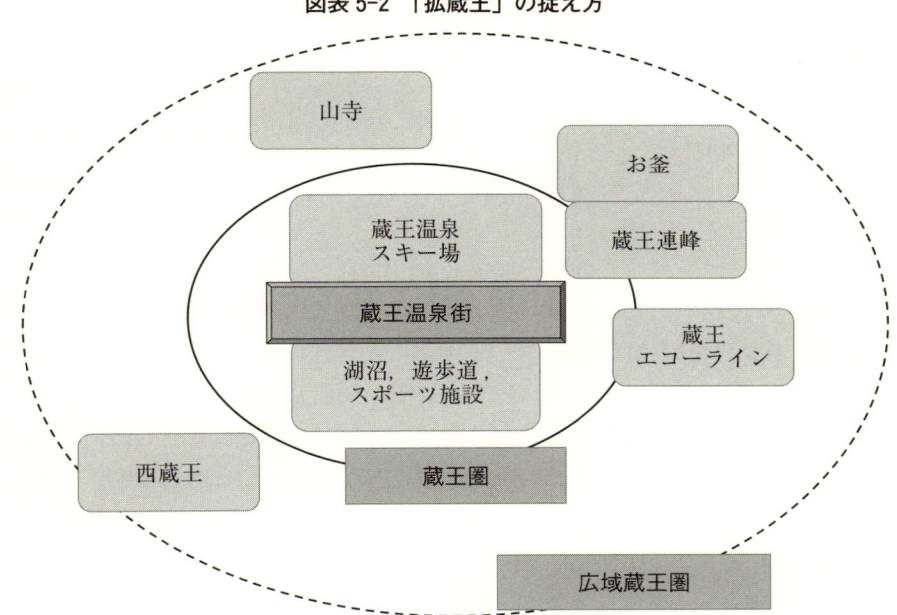

図表5-2 「拡蔵王」の捉え方

構成である。

　つまり，「体」を軸としたライフスタイル指向に適応するものであり，アクティビティの視点からコンテンツを選択するのである。例えば，お釜であり，1,015段の参道を登らなくてはならない山寺（立石寺）であり，宮城蔵王まで含めた蔵王連峰であり，ドライブコースとしてのエコーラインなどの観光道路である。近隣では，西蔵王と呼ばれるエリアであり，三本木沼での釣りや古竜湖でのキャンプ，西蔵王公園でのレクリエーションなどが含まれる。

　以上の視点で再構成された蔵王を，仮に「アクティブリゾートZAO」と呼ぶことにする。ここには，単に地域として近いからという理由で山形市や上山市，天童市を含むことはない。さらには，観光地としてのパワーがあるからという理由で仙台周辺の観光施設までをコンテンツに含めることもない。それは，蔵王のもつアクティビティという特徴が拡散してしまい，特にかみのやま温泉郷との差別性を失ってしまうことになるからである。

2）「アクティブリゾートZAO」のゲートウェイとしての蔵王温泉

　このようなコンテクストの元で，「アクティブリゾートZAO」を構想した場合，蔵王温泉はどのような位置づけになるのか。それは，アクティブリゾートZAOへのゲートウェイであり，活動拠点である。すなわちアクティブな活動の前後での活動準備やエネルギー補給，疲労回復，心身の癒しのための拠点として，蔵王温泉は位置づけられる。これはまさに，スノーリゾートとしての変貌を遂げる以前の蔵王温泉の役割に近いもので，温泉にとってのある種の原点回帰ともいえる。そして，このような位置づけは，通年での集客や，連泊による長期滞在にも繋がることになる。

　ここで，蔵王温泉をアクティブリゾート蔵王のゲートウェイと位置づける妥当性はあるのか，他の蔵王周辺の温泉地もゲートウェイになるのではないのか，という点について検討を加えておく。先に検討したように，一般には蔵王と蔵王温泉の区別はつきにくく，蔵王温泉の知名度は高い。特に宮城蔵王の主要温泉街である遠刈田温泉との知名度の差は大きい[3]。また，宿泊施設数の多さや，温泉街から蔵王連峰山頂へのアクセスのよさをみても，蔵王温泉は周辺の他温泉街に比べて優位性が高い。

　また蔵王温泉は，山形県内からばかりでなく県外からの集客ができる温泉街であり，2010年のデータでも県内より県外からの観光者数の方が多い（山形県商工

観光部，2011）。さらに，すでに観光協会や個別旅館において取組みが行われているように，仙台空港からのアクセスを活かした，韓国や台湾を中心とした海外顧客の誘引によるグローバル化への対応も進めている。

　これらを考え合わせると，「アクティブリゾートZAO」のゲートウェイ，活動拠点として蔵王温泉が位置づけられることの妥当性が理解できる。さらに，上記の議論を踏まえるならば，蔵王温泉はローカルな周辺地域からの集客に依存することなく，県外やアジアをも視野にグローバル化を指向する，「脱Ⅰ類」のポジションを目指すことになる。

3）蔵王の再構成とゲートウェイとしての蔵王温泉へむけて

　これまで論じてきたように，蔵王温泉が目指すべきは，「アクティブリゾートZAO」として蔵王を再構成することであり，そのゲートウェイ，活動拠点としてのポジションを確立することである。「アクティブリゾートZAO」は，健康増進や体力向上，心身鍛錬を目的とし，アクティブライフを積極的に楽しめ，同時に心身の疲労回復も行うことができる場所である。しかしそのためには，いくつかの対応も求められる。

　まずは，スノーリゾートからアクティブリゾートへのイメージ転換が必要になる。そのためには，プロをはじめとしたスポーツチームの合宿を誘致することも考えていきたい。かつての蔵王温泉スキー場が，国際級のスキー大会が開かれることでスキー場としての名声を得ていったことを，スキー以外にも応用するのである。「ラグビーの菅平」や「プロ野球キャンプ地の宮崎」，「なでしこジャパンの湯郷」といったようなスポーツとの関連イメージが，集客の大きなフックとなることは少なくない。幸い，山形や宮城には，プロ野球の東北楽天イーグルスをはじめとしたプロスポーツチームが存在するので，これらのチームとの連携を図りたい。

　また，以前のように，児童や学生の林間学校の誘致も検討に値する。これは，スキー修学旅行誘致の夏季版と位置づけられる。体を軸にしたライフスタイルはスポーツに限らない。当然ながら，心身鍛錬や体質改善のための活動も含まれる。自然に囲まれた高地という保養要素のある地で，当然ながら，心身鍛錬や体質改善に繋がる活動を行うという提案も，まさにアクティブリゾートに見合ったものとなる。

　これに加えて，ハード面，ソフト面での拡充，特に冬季以外の対応が必要にな

る。例えば，現在は冬季に限定されている仙台駅や仙台空港と蔵王温泉を結ぶ高速バスの通年運行であり，やはり冬季に限定されているクリニックの通年営業がある。たしかに現状では需要が少ないために，夏季の交通網整備やクリニック営業は採算が取れないかもしれない。しかし，通年リゾートとしての蔵王を目指すのであれば，これらの整備は不可欠となる。また，スキーのレンタル店やスクールが充実しているように，夏季向けのアクティビティ，例えばトレッキングやサイクリングなどのための器具のレンタル，あるいはスクール，そこでのインストラクターの拡充も望まれる。

> **将来像**：通年型アクティブリゾートのゲートウェイとしての蔵王温泉

　これまで検討してきたように，蔵王温泉のビジネスモデルの方向性は，アクティブリゾートとしてのグローバル化を目指す「脱Ⅰ類」であり，家族や友人，あるいはチームというグループでの体をメインとしたヘルシーライフを指向する「練磨―合宿所系」である。そして，狭義での蔵王温泉に留まることなく，アクティビティを軸として周辺コンテンツを統合する「超広域グループ」という観点からの戦略構築を目指すべきであることが主張されてきた。

　蔵王という優良コンテンツを背景にもつ蔵王温泉のポジションを踏まえるならば，以上の方向性は十分納得できるものであろう。ただし，これまでのようにスノーリゾートという蔵王のもつ1つの側面に過度に依存したものではなく，もっと広く「体」を軸としたアクティビティを視野に，周辺に存在する様々なコンテンツを磨き，組合せ，顧客に提示していくことが求められている。それは，スノーリゾートを放棄することではない。蔵王とその周辺にある豊かな資源と蔵王温泉自体がもつ資源をさらに活かし，ともに成長していくためには，スキーも含めたアクティビティという視点から，すべての資源を見直し，再構成していこうという提言である。

　特に，かみのやま温泉郷や銀山温泉といった競合相手を近隣に抱える蔵王温泉にとっては，アクティビティというコンテクストこそが差別性の源泉になる。当然これは，近くの観光地である仙台との差別化にもなる。さらには，宮城蔵王と比べても，蔵王とのイメージの結びつきの強さや，有する資源の豊富さから，強みを発揮できる。まさに，蔵王温泉こそが，「アクティブリゾートZAO」のゲートウェイとしてのポジションを確立できる資源を有しているといえるのであり，

このポジションこそが近隣エリアに対する最大の差別要因となる。

　結論とするならば，アクティビティをコンテクストとした拡蔵王の再構成と，その中でのゲートウェイとしてのポジションを確立することなしには，蔵王温泉の再活性化はおぼつかない。つまり，今のような冬季への集中からの脱却，スノーリゾート依存からの脱却による通年リゾート化が必須の条件となる。そのためには，蔵王とその周辺，そして蔵王温泉自身がもつ豊かな資源をもう一度見直し，何度もブラッシュアップしながら再構成することで，「超広域グループ」による「練磨―合宿所」としてのアクティブリゾートを実現していくことが大いに望まれる。

【注】

（1）　宮城県側の蔵王は宮城県蔵王町となるが，例えば「みやぎ蔵王えぼしスキー場」「宮城蔵王カントリークラブ」のように，「みやぎ蔵王」という呼称を使う例がみられる（蔵王町観光協会HP，2012）。

（2）　山形県生まれの工業デザイナーで，GM社，ポルシェ社，ピニンファリーナ社などを歴任。現在は個人事務所でのデザイン活動と共に，山形の伝統工芸をコンセプトとした「山形工房」を立ち上げ活動を行う。

（3）　例えば，じゃらんHP（2012）による「東北/人気温泉地ランキング」では，山形蔵王は2位にあげられている。

【参考文献】

岡崎傳三郎（2007）「シンポジウム蔵王温泉の活性化　基調講演：蔵王の自然と温泉」『温泉地域研究　第9号』通巻9号，pp. 53-54。

月刊ホテル旅館編集部（2006）「特集：多様化VS絞込みの新経営　業態の異なる6施設でリスク分散とイメージ多様化を実現　タカミヤホテルグループ」『月刊ホテル旅館　2006年12月号』通巻515号，pp. 40-43。

月刊ホテル旅館編集部（2010）「特集：市場創造型旅館の商品開発と集客作戦　団塊世代を全方位に集客　蔵王カンパニー蔵王温泉で展開する3旅館の個性化を図り年配客の旅行需要の囲い込みを実現」『月刊ホテル旅館　2010年9月号』通巻560号，pp. 44-49。

蔵王町観光協会HP（2012）『蔵王町観光協会/観光・遊ぶ/アウトドア・スポーツ・登山』
　〈http://www.zao-machi.com/category/sightseeing/5-spot〉（2012年1月28日閲覧）。

蔵王温泉観光協会HP（2012）『山形県蔵王温泉/蔵王温泉の歴史/日本観光地百選　山岳の部第一位』
　〈http://www.zao-spa.or.jp/1900/vol8〉（2012年1月28日閲覧）。

じゃらん HP（2012）『じゃらん net/東北/人気温泉地ランキング』
〈http://www.jalan.net/jalan/doc/etc/onsenranking/onsenranking_tohoku.html〉（2012 年 1 月 28 日閲覧）。

高橋通昌（1974）「リゾート都市の形成について～蔵王温泉街の形成を顧みて」『新都市 1974 年 8 月号』28 巻 8 号，pp. 55-56。

布山裕一（2011）「蔵王温泉の観光と地域づくりへの取り組み」『温泉』2011 年 9 月号通巻 844 号，pp. 6-9。

山形県商工観光部観光経済交流局（2011）『平成 22 年度山形県観光者数調査』
〈http://www.pref.yamagata.jp/ou/shokokanko/110011/kankotokei/h22kankousyasu.pdf〉（2012 年 1 月 28 日閲覧）。

（鈴木敦詞・大森　信）

摩周湖温泉郷としての再構築ならびに滞在型アウトドアスポーツ地への転換戦略

ケース6 川湯温泉
「"脱Ⅰ"練磨―合宿所型」×「超広域グループ」

《温泉のプロフィール》

- ▶所在地：北海道川上郡弟子屈町
- ▶アクセス：
  JR釧網本線摩周駅5分，川湯温泉駅10分
- ▶旅館＆ホテル数：約30軒
  （民宿，ペンション含む）
- ▶泉質：弱食塩泉，酸性硫化水素泉，35～36.5度
- ▶温泉旅館：御園ホテル，湯の閣，ホテル摩周，川湯第一ホテル忍冬，川湯観光ホテルなど
- ▶イベント：ダイヤモンドダストパーティーツアー（1～2月），源泉まつり（8月），摩周湖星紀行（冬期11月～）など

〈川湯温泉駅周辺〉

着眼点：単独の温泉地，観光地としては発展が見込めない川湯温泉

　川湯温泉は，道東の名湯として知られており，さらにそのロケーションの良さから，昔から北海道内よりも，関東，関西を中心とした本州の観光旅行客に愛されてきた温泉である。ピーク時には，年間100万人を超えて集客していたが（弟子屈町HP，2011），日本人の海外旅行嗜好，国内旅行離れ等の影響も受けて，かつての集客にはとても及ばないのが現状である。そこで本ケースでは，まず隣接する摩周温泉等と連携して，摩周湖温泉郷として位置づけし直すことを求める。また，超広域グループとして摩周湖温泉郷が展開していくためには，国内客だけでなく，海外客も含めてターゲットにする滞在型アウトドアスポーツならびにリゾート地へと転換していく必要もある。つまり"脱Ⅰ"練磨―合宿所型への転換

である。ただし転換をした際には，周辺地との新たな競争に対峙してしまう危険性がある。そこで，その競争への対抗策ならびに対抗可能性についても考察する。

① 弟子屈の川湯温泉から摩周湖温泉郷の川湯温泉へ

1）道内よりも，本州客に人気がある道東の名湯

　道東の名湯として知られる川湯温泉は，観光地として全国的に著名な摩周湖と屈斜路湖の近くに位置する。さらに北海道最古の温泉と知られる摩周温泉も近くに存在する。ロケーションの良さと観光の合間に手軽に入れる温泉地ということで半日バスツアーの人気スポットとなってきた。

　確かに，世界有数の透明度を誇る摩周湖と日本最大のカルデラ湖である屈斜路湖，そしてこの神秘的で美しい2つの湖だけでなく，あちこちから噴煙が吹き上がる硫黄山や独特な動植物生態系をもつ和琴半島，湖畔の砂を掘るとでてくる砂湯などは，本州ではとても堪能することのできない風光明媚さであり，観光地としてのセールスポイントは非常に高い（摩周湖観光協会HP，2012）。そしてこれらの観光地は，互いが距離的に少し離れていることから，大型バスで観光地を周遊し，夜には宿泊施設にチェックイン，早朝に再びバスに乗車して次の観光地に向かうバスツアーが主流となっていた。川湯温泉はそれら観光地のほぼ真ん中に位置しており，アクセスの良さから一時滞在型そして通過型温泉地として賑やかな温泉地となっていた。

　このように，川湯温泉は，北海道道東バスツアーの人気スポットの1つとして，特に本州からの一時滞在型客の人気温泉地として繁栄してきた。実際に，佐藤（2008）は，阿寒湖温泉ならびに川湯温泉が本州からの特に人気の高い温泉街であることを示している。例えば，阿寒湖温泉を訪れる観光客の居住地で最も多いのは東京以外の関東圏と東京であり，両方を合わせると60％，さらに本州全体からの観光客は90％近くにまでに達している。阿寒湖温泉には及ばないものの，川湯温泉についても本州からの観光客が約64％を占めていることが示されており，両温泉街にはともに本州から来訪する観光客が多いことがわかる。

2) バスツアーの人気スポットとしての川湯温泉からの脱却

しかしながら，周辺の風光明媚な観光地という他人のふんどしを使って相撲を取り続けることはすでに限界に達している。つまり一時滞在型そして通過型の温泉地としての限界である。

上述したように，川湯温泉がもともと道内よりは道外旅行者から評価が高かった理由としては，北辺の広大な緑と湖，透明感のある氷雪，活火山と温泉などの北海道らしい風情が背景にあった。川湯温泉と同様にして，北海道の他の温泉街においても，その多くが山間地や湖川の挟間地といった日常生活と切り離された空間に，観光客の集団を招き入れることで発展してきた。しかしながら，北海道内のそうした温泉地に対しては，本州客から不満や不便の声が少なくない。

佐藤（2008）の調査では，気軽に食事をできる場所が少ない，食事をしようとしても選択肢が乏しい，銀行 ATM が近くにない，病院が近くにない，喫茶店やカフェなど気軽に休憩，時間をつぶす場所が少ない，日常生活的な当たり前のことに不便を感じる場合が多いといった問題点を感じる道東温泉地が多いことが指摘されている。実際に，本ケースの著者の一人が 2012 年 3 月に行った現地在住経験者へのヒアリングによると，川湯温泉は街として最低限の機能を備えているようである。しかし，その川湯温泉であっても長期間の滞在型はもとより，一時滞在型そして通過型の温泉地として，便利すぎる生活に慣れ親しんだ本州客には不便や不満を感じてしまうというのである。近年の海外旅行嗜好というトレンドだけに，川湯温泉に訪れる客が，また北海道道東バスツアー客が減少していく原因を帰しているだけでは，今後さらに衰退していく運命から免れ得ないであろう。

3) 川湯温泉を核とした摩周湖温泉郷である必要性

以上のような現状を踏まえて，特に川湯温泉を核として，ゾーンデザインを再設定していくことを求めたい。阿寒湖温泉に対抗するためも，近接する摩周温泉，摩周湖，屈斜路湖，そして川湯温泉のそれぞれを切売りするのではなく，全体を摩周湖温泉郷として新たにゾーンデザインし直すことを求めたい。川湯温泉と摩周温泉については，以前から弟子屈として一括りにして整理されることがあった（摩周湖観光協会，2011）。しかし特に本州，さらに海外の顧客に対しては，摩周湖温泉郷とする方が確実にブランド価値が高い。摩周湖温泉郷として設定し直すことによって，弟子屈や川湯温泉よりも知名度の高いこと，そして印象の良

図表 5-3　摩周湖温泉郷としての新たなゾーンデザイン

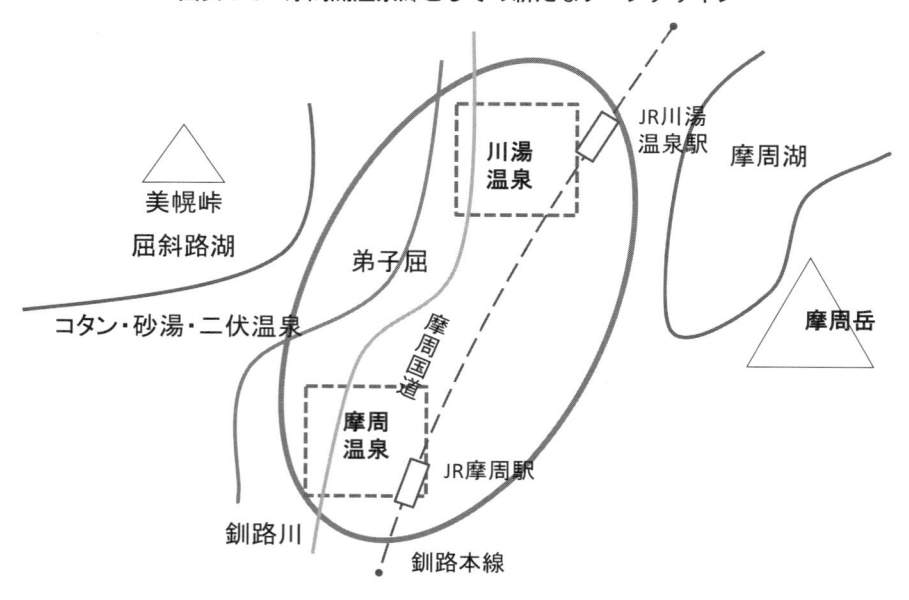

(図中)
美幌峠
屈斜路湖
コタン・砂湯・二伏温泉
弟子屈
川湯温泉
JR川湯温泉駅
摩周湖
摩周国道
摩周温泉
JR摩周駅
釧路川
釧路本線
摩周岳

いことを格段に活かせるというメリットがある（図表5-3）。

　実は，摩周湖温泉郷として位置づけし直すことは，従来のバスツアー会社中心の視点からではなく，顧客視点からの，そして川湯温泉主導での位置づけでもあることも意味する。バスツアー会社の視点では，川湯温泉が通過点であることに何ら問題はない。むしろ川湯温泉など特定の地に集中して依存していない方が好ましいくらいである。これは，温泉地側に主導権を握られないからである。しかし顧客視点では，必要最低限の街機能を備えた川湯温泉が核になっていることには意味がある。川湯温泉をベースにしながら，摩周湖，屈斜路湖をはじめとする道東の風光明媚さをゆったりと楽しみながら，さらに近接する温泉へも足を向けることができるからである。川湯温泉が温泉地としてだけでなく，最低限の生活機能地であることが，特に長期滞在客にとっての安心感を下支えしているということである。

　実際に，川湯温泉には，他の北海道内の温泉地と比べて，札幌をはじめとする道内から訪れる客が多い。街としての最低限の機能を有していることもあり，特にリピート客が多いという現実がすでにある。先に示した佐藤（2008）において，特に川湯温泉については「札幌市内」からの観光客が少なくないことが示さ

れている。さらに「札幌以外の道央圏」からも 6%,「道東圏」からも 17% と, 本州から来訪する客と比べれば少ないものの, 阿寒湖温泉と比較すると地元・道内からの観光客が多く, さらにリピーターが多いのが特徴として提示されている。したがって, 最低限の街機能を備えた川湯温泉を核として, 摩周温泉だけではなく, 摩周湖, 屈斜路湖も含めて, 摩周湖温泉郷として位置づけし直すことを求めたい。

② 通年型アウトドアリゾートの拠点としての川湯温泉

1) 本州だけでなく, 中国人客にとっても魅力的な道東の地

　北海道は, 本州に住む日本人だけでなく, アジアの人々にとっても心惹かれる地である。2009 年 2 月 3 日付けの北京週報日本語版 HP によれば, 馮小剛監督の映画「非誠勿擾 (フェイチェンウーラオ)」が上映されてから, 映画の後半部に現れた北海道の壮大な景観や美しい風景に多くの中国人が魅了されているという。中国人にとって北海道の自然や街の風景は, 東日本大震災の後, 若干の陰りがあるものの, まだまだ魅力の溢れるものであり, 大きな潜在的可能性を秘めた土地なのである。この映画で描かれていた道東への旅に対する憧れ, それに加えて加藤 (2008) が指摘するような彼らのネオフェリア的 (新しい体験への衝動) 旅情は, 摩周湖温泉郷の 1 つとして位置づけし直すことが川湯温泉にとって中国大陸から新たな顧客を呼び込むための追い風となってくれる可能性が高い。

　中国大陸の人々が憧れる道東の雰囲気, 特にその北辺の自然のもつ透明感, 湖や川の静寂感に加えて, 雪や寒さを知らない台湾, 香港など人々にとっても真冬の道東は実は憧れの地である (吉田・上田, 2011)。そうした道東の自然美というコンテンツの魅力を改めて再確認していくためには, 川湯温泉という狭い視点ではなく, 摩周湖温泉郷として位置づけし直して, 広い視点からその魅力を再確認することが必要となる。つまり, 摩周湖温泉郷として位置づけし直すことは, 道内や本州はもちろんのこと, 東アジアの顧客という視点から再構成することを意味しており, 超広域グループとして転換していく必要性を意味している。

2) 摩周湖温泉郷周辺地の高い魅力度

　実際に, 摩周湖温泉郷の川湯温泉として位置づけし直してみると, 郷内に含ま

れる摩周湖，屈斜路湖だけではなく，阿寒国立公園や，世界自然遺産の知床国立公園，ラムサール条約登録湿地の釧路湿原国立公園なども魅力ある隣接地して浮かび上がってくる。実際，阿寒，釧路湿原，知床，オホーツクまでは，車で1時間程度の時間距離でしかない（摩周湖観光協会，2011）。川湯温泉は，阿寒，釧路湿原，知床などの真ん中に位置しており，日本人客に加えて，さらに道東に魅力を感じている中国をはじめとするアジア客にとっての旅行の中核となりうる要素があり，北海道の世界自然遺産と温泉がある道東の拠点となりうる可能性を大いに秘めている（北海道宝島旅行社HP，2011）。すなわち川湯温泉が，広く東アジア全体の顧客にとって，手つかずの自然が残されたナチュラリストたちのベースキャンプとなりうる可能性である。

ただし，道東の自然と温泉だけでは，特に隣接する阿寒湖温泉ならびに阿寒湖との差別化が困難である。また従前から，道東のベストシーズンは夏季という印象があり，特に本州の人たちにとっては避暑地的な印象が強かった。そして冬季については，道南に比べてスキー場が近くにないという状況に置かれている。つまり自然と温泉以外で，隣接地ならびに他の北海道の温泉地との明確な差別化ポイントが要求されているのである。

3）隣接する阿寒湖温泉との差別化

近年，釧路湿原やオホーツクは，道東の夏季のリゾート地として脚光を浴びつつある。例えば，原始の川や湿原に迷いこむ本格的なカヌートリップに人気が集まっている。しかし，昼間にアウトドアスポーツならびにリゾートが楽しめるのは，釧路湿原やオホーツクだけではない。摩周湖温泉郷内やその周辺は，夏季にはアカエゾの森散策，そして冬季にはスノートレイルが楽しめるというアウトドアリゾートのコンテンツが豊富にある場所である。摩周湖などの外輪を巡るハイキングも昔から比較的知られたコースとなっている（摩周湖観光協会HP，2012）。したがって，昼間にアウトドアスポーツやリゾートを楽しみ，そして夜に温泉を楽しむという"脱Ⅰ"練磨―合宿所型へと転換することによって，隣接温泉地に対する差別化が可能になる。近年利用客の落ち込みが激しいスキーに依存した拠点として発展するのではなく，むしろ冬季にも夏季にも様々なアウトドアリゾートやスポーツを楽しむための拠点として発展する方が将来可能性も高いとさえいえる（白井，2008）。

以上のことは，従来の一時滞在型あるいは通過型でなく，長期滞在型もしくは

図表 5-4　摩周湖温泉郷と周辺地との関係

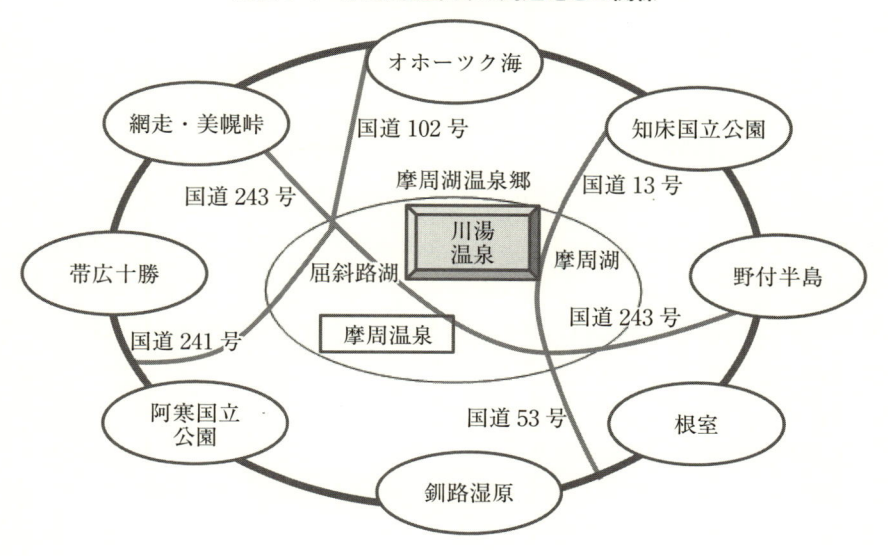

（図：中央に「摩周湖温泉郷」、その核として「川湯温泉」。周辺に「屈斜路湖」「摩周湖」「摩周温泉」。外側に「オホーツク海」「網走・美幌峠」「知床国立公園」「帯広十勝」「野付半島」「阿寒国立公園」「根室」「釧路湿原」。接続する道路として「国道102号」「国道243号」「国道13号」「国道241号」「国道243号」「国道53号」）

通年滞在型温泉地として転換していくことを意味している。つまり摩周湖温泉郷の核としての川湯温泉には，通年型アウトドアリゾートのための拠点，そして川湯温泉を起点として1～2時間程度の範囲に道東の国立公園や世界自然遺産を巡り廻れるというロケーションの良さを最大限に活かしたナチュラリストの拠点，さらにこの地に憧れすら感じているアジアの人たちに向けて，これらのアウトドアリゾート，自然美，そして温泉をじっくりと時間をかけて堪能するためのセカンドハウス的，アジト的な拠点へと展開できる可能性がある。

３　川湯温泉が核となる必然性を考える

1）迂回される危険性のある川湯温泉

　川湯温泉を核にして摩周湖温泉郷へと位置づけし直し，本州だけでなく，中国をはじめとするアジア各国からの集客を目指した超広域グループへと転換すること，そして特に彼らを対象とした通年滞在型アウトドアリゾートへと転換することは，新たな競合相手と対峙することも意味している。具体的には，摩周湖温泉郷の核である川湯温泉は，知床，根室，阿寒湖，オホーツクといった周辺地と対

峙してしまう恐れがある。顧客が，地理的に真ん中に位置する川湯温泉を回避して，むしろ周辺地だけを渡り巡ってしまう危険性である。

　川湯温泉としては，より長期に滞在する顧客ほど，川湯温泉を核として滞在することの必然性を提供することが求められる。必然性の1つは，前述した川湯温泉は最低限の街機能を保持していることである。長期滞在をする顧客ほど，衣，食，住のいずれについても日常生活と同レベルの街機能を求める。特に，快適，便利な街生活に馴染んだ現代人ほど，そして本州や海外からの顧客ほど同レベルの機能を求める。渡り巡る周辺地すべてに，川湯温泉と同じレベルの街機能を整備することは現実的ではない。長期滞在を求める客ほど，川湯温泉を生活の拠点としながら，周辺地でのアウトドアリゾートをすることが期待できるのである。

2) 温泉療養地としての吸引力

　川湯温泉を核として長期滞在をするもう1つの必然性が，近接する摩周温泉の存在である。川湯温泉と摩周温泉は隣接しており，前半でも示した通り，弟子屈として一括りにされることも少なくない。しかし，これらは両者で7つの泉質の異なる温泉湯が楽しめるという恵まれた状況にある（摩周湖観光協会HP，2012）。長期滞在を求める顧客ほど，泉質の異なる温泉湯を求めるであろう。そして長期滞在をする過程で，7つの中で特に自分に合う泉質を探し求めていくであろう。自分に合う泉質の温泉湯を探し求めた顧客は，さらに弟子屈に長期滞在をすることになるという好循環である。

　道東の名勝の川湯温泉と，北海道最古の温泉である摩周温泉の互いの魅力を存分に活かした連携であり，他の周辺温泉地には真似することが容易ではない。特にアウトドアスポーツで訪れる客には，温泉療養も目的とする客が少なくないことが予想できる。"脱Ⅰ"練磨——合宿所型への転換を目指す温泉地ほど，弟子屈のような多様な泉質の温泉湯を備えていることが求められるはずである。

3) ウィンター・レイクスポーツの合宿所

　川湯温泉近辺には，有名なスキー場は存在していない。代わりに，摩周湖温泉郷の摩周湖と屈斜路湖とには，それぞれでしか堪能することが難しいウィンタースポーツが存在しており，近年若者の人気を集めている。具体的には，摩周湖近辺ではスノーシュー（トレッキング）と呼ばれるスポーツが楽しまれており，屈斜路湖ではウィンターカヌーと呼ばれるスポーツが楽しまれている（小川，

2004）。スノーシューとは，簡単にいえば，スキーのポールを持って歩くスポーツのことである。特に，カルデラになっている摩周湖を眼下に眺めながらのスノーシューは，ここでしか味わうことができないものとなっている。一方のウィンターカヌーは，水の中を漕ぎ進む通常のカヌーではなく，湖の氷を割り進めるという，これもまた冬に湖に氷が張ってしまう道東の屈斜路湖だからこそ可能になるウィンタースポーツである。同じ北海道であっても，日本海側は冬期の天候が不安定であるために，天候が比較的安定しているこの道東の地は 2 つのウィンター・レイクスポーツを楽しむのに適した地となっている（北海道宝島旅行社 HP，2011）。つまり，摩周湖温泉郷は，この地に来なければなかなかできないウィンター・レイクスポーツが 2 つも楽しむことができる温泉郷なのである。

この 2 つのウィンター・レイクスポーツを楽しむのは，いずれについても若者が圧倒的に多い。彼らは，観光ホテルが中心となって立ち並ぶ阿寒湖周辺の宿泊は敬遠する。むしろ気楽で安価なユースホステル型の温泉宿がいくつも存在している川湯温泉のような地を選んで連泊をする傾向にある。川湯温泉には，スノーシューとウィンターカヌーとの 2 つのウィンター・レイクスポーツをするための合宿所として機能するような宿泊施設がすでに備わっているのである（摩周湖観光協会 HP，2012）。

さらに中標津空港，女満別空港，釧路空港の 3 つの空港からのアクセスが比較的良い川湯温泉は，日本国内だけでなく，東アジア全体のウィンター・レイクスポーツのメッカとして若者を引き寄せられる可能性がある（摩周湖観光協会，2011）。加えて，近年は温泉付きの別荘地も売り出され，中国を中心とする東アジアの富裕層をも引き寄せ始めている。飛行機を使い，彼ら富裕層が夏冬関係なくスポーツを楽しむことができる避暑地，別荘地ともなる可能性さえ大いに秘めているのである。

将来像：若者と海外客が引き寄せられる長期滞在型合宿拠点としての川湯温泉

本ケースでは，現地調査も踏まえた結果として，川湯温泉の可能性と課題について示してきた。そして川湯温泉は，まず「超広域グループ」という観点から摩周湖温泉郷として位置づけし直す必要性があること，さらにビジネスモデルとしては「"脱Ⅰ"練磨─合宿所型」へと転換していくことの必要性を示してきた。

具体的には，バスツアーの通過点の 1 つとしての川湯温泉という位置づけか

ら，東アジア各国から広く顧客を吸引することを目指す摩周湖温泉郷の核として川湯温泉を位置づけし直す（「超広域グループ」）ことである。またバスツアー会社を中心とする視点ではなく，長期滞在型の顧客を中心とする視点から，特にアウトドアスポーツやリゾートを楽しむ顧客の視点から川湯温泉ならびに摩周湖温泉郷全体を転換していくことが必要である。後者が，ライフスタイルの「スタイル特性」が「練磨―合宿所型」であり，ビジネスモデルの転換次元が「脱Ⅰ類」であるということを意味している。

　川湯温泉は，温泉地ならびに観光地そのものの単体では，他の温泉地に対して競争優位を維持し続けることが容易でない。しかしながら，川湯温泉が核となり，近隣の温泉地，観光地，そして自然地などをつなぎ合わせていくことで，海外客もターゲットとした長期滞在型アウトドアスポーツならびにリゾート地への転換が可能になる。具体的には，川湯温泉を核とする摩周湖温泉郷が，多様なアウトドアスポーツのための拠点になることに加えて，摩周湖温泉郷を起点として1～2時間程度の範囲に道東の国立公園や世界自然遺産を巡り廻れるというロケーションの良さを最大限に活かしたナチュラリストの拠点，この地に憧れすら感じているアジアの人たちが自然美，アウトドアスポーツ，そして温泉のそれぞれをじっくりと時間をかけて堪能するためのセカンドハウス的，アジト的な拠点へと転換していくことが成功の鍵となる。

　また，便利，快適に慣れ親しんだ現代顧客の視点から，街としての必要最低限の機能が備わった川湯温泉が特に中心核として存在し，また多種な泉質が楽しめる川湯温泉が「"脱Ⅰ"練磨―合宿所型」の温泉療養地の核として存在することが重要である。加えて冬期においては，ここでしか楽しめないウィンター・レイクスポーツのメッカとなり，練磨―合宿所型としてさらなる飛躍を遂げられる可能性もある。さらに，3つの空港からのアクセスの良さという利点を活用することで，特にアジア圏の各国からの富裕層にとっての通年型の温泉避暑地，別荘地として今後展開していくことができるだろう。

【参考文献】

小川隆章（2004）「北海道東部の積雪期のハイキングコース調査（Ⅱ）」『釧路論集　北海道教育大学釧路校紀要』第36号，pp.85-93。

加藤祥子（2008）「消費者の「新しいもの」への欲求と相互依存的選好」『商経論集』第95号，pp.1-12。

佐藤郁夫（2008）「北海道主要温泉地のイメージ調査」『産研論集』第 36 号，pp. 57-70。
白井冬彦（2008）「スポーツ，ツーリズム，文化の 3 要素の新結合による地域活性化戦略」
　　『観光創造研究 = Advance Tourism Studies』通巻 3 号，pp. 1-21。
弟子屈町 HP（2011）『弟子屈町 GAP 調査』
　　〈http://www.town.teshikaga.hokkaido.jp/〉（2011 年 12 月 28 日閲覧）。
北京週報日本語版 HP（2009）「映画『非誠勿擾』のブームで北海道が中国人観光客から注
　　目」『北京週報社』〈http://japanese.beijingreview.com.cn/〉（2012 年 1 月 14 日閲覧）。
北海道宝島旅行社 HP（2011）『北海道体験.com』
　　〈http://blog.h-takarajima.com/〉（2011 年 12 月 28 日閲覧）。
摩周湖観光協会（2011）『てしかが観光パンフレット　弟子屈』摩周湖観光協会。
摩周湖観光協会 HP（2012）『弟子屈町観光ポータルサイト　弟子屈なび』
　　〈http://www.masyuko.or.jp/〉（2012 年 1 月 14 日閲覧）。
吉田恵介・上田裕文（2011）「北海道の景観資源整備にむけた風景イメージの研究」『開発こ
　　うほう』通巻 571 号，pp. 28-32。

（岩瀧敏昭・大森　信）

復興のDNAと地域密着活動によるエコ＋健康保養地温泉戦略

ケース7　岳温泉

「"脱Ⅱ"練磨―合宿所型」×「進伝統グループ」

《温泉のプロフィール》

- ▶所在地：福島県二本松市岳温泉
- ▶アクセス：
  JR東北新幹線郡山駅よりバスで約1時間，東北自動車道二本松ICより約10km（東京から約3時間）
- ▶旅館＆ホテル数：18軒
  　　　　　　　（ペンション，民宿含む）
- ▶泉質：単純酸性温泉，56.7度
- ▶温泉旅館：あだたらの宿 扇や，陽日の郷 あづま館など
- ▶観光名所：安達太良山など
- ▶イベント：岳温泉桜まつり（4～5月），あだたら高原夏祭り（8月）など

〈ヒマラヤ大通り〉

着眼点：復興のDNAによる地域密着温泉としての岳温泉

　福島県は東日本大震災と原子力発電所事故[1]により大きな被害を受けた。福島県二本松市にある岳温泉は，県内陸部に位置するとはいえこれらの影響を免れず，いくつかの旅館が廃業や休業に至っている。震災以前より客数は漸減傾向にあったものの，このような苦境を乗り越えるための戦略が是非とも必要な温泉街である。

　ここで岳温泉を取り上げたのは，その復興のDNAに期待したからである。岳温泉は，平安時代より歴史書に名を記し，江戸時代の温泉番付では東北筆頭の温泉として取り上げられながらも，幾度もの災害に見舞われ，その都度復興をとげたという歴史をもつ。この苦難を乗り越えてきたという歴史こそが岳温泉のDNAであり，このDNAの力をいまに活かすことで，現在の苦境脱却の先陣を

きり，被災地にある他の温泉街の希望となってほしいと願う。

　近年の岳温泉は観光志向から健康志向の温泉へと大きく舵をきり，ウォーキングを前面に事業展開を行い，また循環型農業をはじめエコへの取組み活動も展開している。まさに，ローカルに立脚したスロースタイルを指向する脱Ⅱ類へ向けての活動である。では，この活動を真に実りあるものにするためには，他の戦略軸をどのように組み合わせていけばよいのか。本ケースでは，この点に焦点をあわせ考察を行っていく。

1　岳温泉のDNAは幾度もの苦境を乗り越えてきた

1）3度の移転再興の歴史をもつ岳温泉

　岳温泉の歴史をみると，開湯は坂上田村麻呂の東征にまで遡り，平安時代より歴史書に名が記される温泉街であった。さらに江戸時代になると温泉街として整備され，遠くは水戸からの来湯客で賑い，温泉番付では東北地方1位にあたる東前頭2枚目に位置づけられる著名な温泉街であったという（岳温泉観光協会HP，2012a）。

　しかし，いま岳温泉を訪ねると，そのような歴史の重みを感じることはできない。後で詳述するが，近隣の雰囲気にいまひとつ調和していない，いかにも人工的な街という感じのする温泉街であり，温泉情緒に乏しいのである。背景には，幾度もの災害に見舞われ，場所を移して再興をとげてきたという歴史がある。

　最初の苦難は1824年，大雨と台風による山津波（土砂流）によって温泉街が埋没したことにはじまる。ついで戊辰戦争（1868年）の際に敵軍の拠点となることを恐れた二本松藩士によって焼き払われ，さらに1903年には旅館の失火により温泉街が全滅している。これらの苦難を経て，1906年に源泉から8キロの距離を引き湯した，いまの地に岳温泉として再興，現在に至っているのである。このように，災害のたびにその場所を移し，温泉名も「湯日(ゆひ)温泉」「十文字岳温泉」「深堀温泉」と変えながら，いまに続く岳温泉が引き継がれてきた。

　ホームページには，次のように記されている。「今日の岳温泉繁栄の陰には，三度の大災害に遭遇したものの，その都度，温泉にたずさわる先人たちの温泉に対する並々ならない情熱と不屈の精神があった。私達岳温泉で暮らす者たちは，その精神を受け継ぎ，未来に継承していかなければならない…」（岳温泉観光協会

HP, 2012a)。これこそが, 岳温泉の DNA と呼べるものであり, この精神こそが, いま苦境にある被災地の温泉再興に欠かすことのできないものである。

2) 観光による発展の中心となった「ニコニコ共和国」

現在地に温泉街を移した後も, 岳温泉は様々な活動を展開している。1929年には早々にスキー場を開設し, 1954年に仙台陸運局第1号として東北初のリフトを架設, 1955年には国民保養温泉地としての指定を受けている。その後も, 地域ぐるみのイベントを展開したり, 環境整備を続けることで温泉街の魅力向上に努めている。しかし, 1982年に開通する東北新幹線が最寄り駅の二本松市駅を通過することになり, 新たな課題に直面する。このときに打ち出したのが,「ニコニコ共和国」である。

当初は, 新幹線通過対策への一時的なキャンペーンとして計画されていたようだが, 井上ひさしの小説に由来する「吉里吉里国」ブームにも乗り, 全国的な認知を獲得し大きな成果をあげ, 2006年に独立解消を宣言するまでの25年間も続くことになる。この間に, いまのクーポンにあたるようなパスポートの発行, その後にブームとなる地域通貨の発行や地域商品の開発, 継続的なイベントの展開, 温泉街の環境整備など, 先進的な取組みが行われている。結果, 1997年には日本観光協会主催の「優秀観光地づくり賞」を受賞するに至る（岳温泉観光協会 HP, 2012b)。ここでも, 苦難の中で一致団結して事を成すという, 岳温泉の DNA が活きているといえる。

岳温泉観光協会は, ニコニコ共和国の成功要因について, "ユカタ" "ゲタ" "団体" "酔っぱらい" といったそれまでの温泉のイメージを,「ニコニコ共和国独立宣言」と言う地域の新商品で, 明るくユートピア的なイメージに変化させたことではないかとしている (岳温泉観光協会, 1982)。しかし, これは成功要因というより, ニコニコ共和国の活動結果とみなす方が妥当であろう。その活動とは, 旧来の温泉イメージからの脱却であり, 団体客から個人客への転換であり, 一方で「観光地づくり賞」に象徴されるような岳温泉の観光地化である。

3) 観光地化によって引き起こされる課題の顕在化

岳温泉の観光地化は, 集客という面では確かにプラスの効果をもたらした。しかし, 一方でいくつかの課題を残すことになる。

他の観光地化した温泉と同様に, 岳温泉でも1995年をピークに客数は漸減傾

向に陥る。この背景として，オンシーズンとオフシーズンの格差，低い連泊率やリピート率があげられており，この期間に廃業した旅館が3軒，経営者が交代した旅館が3軒という結果をもたらしている（鈴木，2005）。様々な創意工夫を展開してきた岳温泉といえども，観光地化を進めたがゆえに，観光産業の構造変化の影響を受けることになった。

さらに，客数減少の要因とも結果とも取れるのだが，岳温泉の課題として次のような指摘もなされている。すなわち，観光事業者においてはイベント疲れが起きており，一方で観光関係者とそれ以外の住民との価値観が異なり無関心や連携の無さという状態が起きていたという指摘である（諸井・松田・佐々木，2003）。観光関係者以外の者にとっては，観光地化して客が通過していくだけのイベントには協力，参加する理由が見出せないのである。

このように，観光地化を進めてきたがゆえの歪みが，近年になって顕在化してきたといえる。ただし岳温泉では，すでにこれらの課題への取組みを進め，滞在型の健康保養地温泉への転換を図ろうとしている。1つは全国に先駆けて始められている生ゴミの堆肥化による循環型農業への取組みであり，もう1つはウォーキングを中心とした健康保養地温泉化への取組みである。まさに，ローカルを軸にスロースタイルを指向した脱Ⅱ類のコンセプトに合致する取組みであり，戦略転換であるといえる。

そこで以下では，いまの岳温泉の位置づけや状況と，いままさに行われている取組みについての詳細を検討することで，ローカル・スロースタイルを真に意味のあるものにするためのビジネスモデルの検討を行う。

② 豊かな自然の中にあるが魅力は乏しい

1）蔵王温泉と一見似ているが，実は異なる岳温泉

岳温泉は，安達太良山麓の標高600m付近にあり，高原リゾートとして自然環境に恵まれ，日本温泉協会アンケートで「自然環境日本一」に選ばれている（岳温泉観光協会HP，2012b）。泉質は酸性泉で皮膚病や筋肉痛，疲労回復に効果があることから，林間学校や郊外学校にも利用されており，独立行政法人国際協力機構（JICA）の訓練所や自治体による自然の家などが立地している。このようにみてくると，ケース5でみた蔵王温泉との類似性がきわめて高いことがみて

とれる。

　では，岳温泉も蔵王温泉と同様の超広域でのゲートウェイ戦略を取るべきかと問われると，それには否といわざるを得ない。先にみたように，自然環境面での岳温泉と蔵王温泉の類似性は高いものの，一方で相違点も少なくないからである。まず，岳温泉と全国レベルで名が知られている蔵王との比較では，そのブランド力に大きな差があるといわざるを得ない。さらに，後背の自然の大きさや，他の観光資源の数と吸引力，温泉地の広さなどにおいても岳は蔵王に及ばず，山系へのアクセスの良さ，宿泊施設の数，商業施設の充実度などの面においても然りである。

　つまり，安達太良高原はゲートウェイを必要とするほどの広大さはないし，あったとしても岳温泉がゲートウェイというポジションを取り得るブランド力がなく，後に検討するように客を誘引する施設にも乏しい。さらに，超広域戦略を取れるほど周辺エリアに魅力的な資源があるわけでもない。むしろ復興のDNAを資源として，地域一丸で岳温泉自体の魅力度を高めるという「進伝統」の方向性が妥当なのではないかと考える。

　しかし一方で，高地にあるという自然環境や泉質の類似性からは，蔵王温泉で適用したグループでの体の健康を目指す「練磨―合宿所系」というスタイル特性での戦略軸については，岳温泉においても適用できると考えることは妥当であろう。

2）周囲との連携に乏しく孤立感のある中心温泉街

　岳温泉は，宿泊施設数が18（うち，旅館は12）に過ぎないコンパクトな温泉だが，いくつかのエリアに分割することができ，かつそれぞれのエリアの連動性がいまひとつであるという課題を抱える（図表5-5）。

　まず，岳温泉の中心となる温泉街がある。ここはヒマラヤ大通りと呼ばれる通りをメインに，両サイドに旅館や土産物屋などが並ぶエリアである。元々，通りの延長が300mほどの狭いエリアであり，商店数も多くないということもあるが，人工的な佇まいを感じてしまい温泉情緒に乏しいといわざるを得ない空気感がある。その歴史に思いを致せば，歴史を蓄積できなかったという点を考慮すべきであるが，過去に活況を呈した時期もあることを考えると，現状は厳しい。

　ついで，ヒマラヤ大通りの南側に，桜坂を経て鏡が池公園に至るエリアがある。公園入り口付近には大型旅館が立地し，大型バスの駐車場もある。ここをみ

図表 5-5　岳温泉のエリア

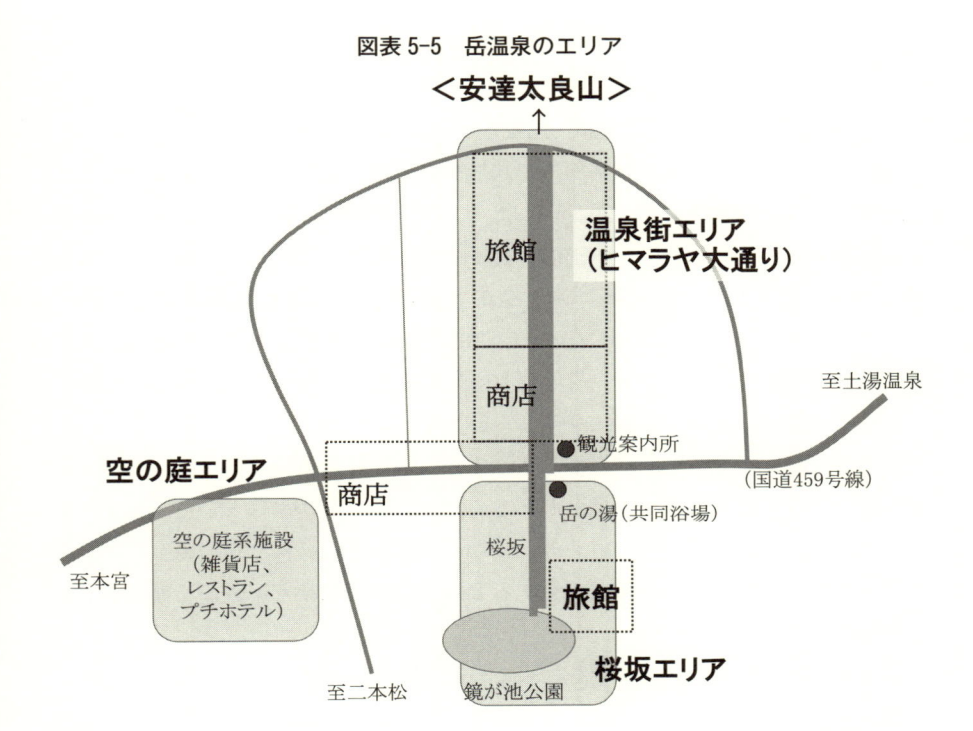

＜安達太良山＞

温泉街エリア
（ヒマラヤ大通り）

旅館

商店

至土湯温泉

空の庭エリア

観光案内所

（国道459号線）

商店

岳の湯（共同浴場）

空の庭系施設
（雑貨店、
レストラン、
プチホテル）

至本宮

桜坂

旅館

至二本松

鏡が池公園

桜坂エリア

ていると，いかにも団体客や林間学校生，修学旅行生が宿泊しそうな観光温泉という感じが強くする。桜坂は，桜の季節にさぞかし美しい情景を見せてくれるだろうと想像できるのだが，総延長がそれほどあるわけではなく，そぞろ歩くという感じでもない。

　さらに比較的新しいエリアとして，空の庭エリアとでも呼ぶべきエリアがある。ここには，雑貨を扱う店やリゾートウェディングができる自然食レストラン，プチホテルなど，高原リゾートにありそうな，また軽井沢に並んでいるような雰囲気の建物が並ぶ。このエリアの施設は，二本松市に本社を置く会社が一手に運営していることもあり，統一感のあるコンセプトで，軽井沢における星野エリアに近い感じを受ける。ただし，岳温泉の他のエリアとのギャップが大きく，ここだけが異質な空間として存在している感も否めない。

　このように，岳温泉は大きく3つのエリアとすることができるのだが，単にそれぞれのエリアの性格づけが異なるばかりでなく，エリア間の連動性がよくない。エリアを結ぶ道路が，交通量が多い割に整備が行き届いておらず，沿線に並ぶ店舗も古びた感じのする建物が多く，散歩をしながらエリア間を行き来したく

なるという環境にないことにも一因がある。

3) 観光整備はなされてきたが，温泉地としては乏しい施設

過去に岳温泉は，ニコニコ共和国を起爆剤として客数が増加し，観光地としての整備も図られた。中でも 1992 年には，二本松市によるニコニコリゾート整備事業が始まり，「公園の中にある温泉地」のコンセプトの元で，街路，湯の森公園，排湯処理施設，大和溜池，鏡が池の整備が行われたとされている（山口，2006）。しかし，これらはインフラとしての最低限の整備であり，あるいは観光地としての整備であるといえ，客が温泉を楽しむという視点での整備はなされてこなかったのではないかと指摘せざるを得ない。

例えば，温泉地で街をそぞろ歩く楽しみの1つとなる足湯や外湯が，岳温泉では貧弱である。桜坂の途中に足湯があるのだが，手入れがされているとは言い難く，ただそこにあるだけともいえる。また，桜坂入り口には「岳の湯」という共同浴場があるのだが，こちらも一見すると銭湯のような趣で，外湯を楽しもうという気持ちにはなりにくい。

しかし，散歩やウォーキングを勧めているのなら，せめて途中で気楽に浸かることができる足湯を充実させることは必要ではないかと思われる。また，ウォーキングの後に入れる気持ちの良い外湯があれば，その泉質の良さを実感し，次回は宿泊をしてみようという気持ちになるかもしれない。宿泊施設で日帰り入浴に対応しているものの，時間の制約や気軽さの面で課題は残ってしまう。

さらに，先にも記したように，3つのエリアを結ぶ国道 459 号線沿線の整備状況の悪さがある。散歩やウォーキングコースの一部ともなっているのだが，交通量が多いばかりでなく，歩道の整備状況もよくないため，のんびりと歩くという環境にはない。また沿線の商業施設も一部を除いては，古びた建物で魅力に欠けるものが多いなど，散歩の途中で立寄りたくなるという状況にはない。

前回の整備事業から 20 年を経ていることに加え，震災の影響もあるのだが，岳温泉のこのような現状が，観光関係者，観光関係以外の地域住民，そして客という三者の関係を希薄化させ，温泉としての一体感，魅力を欠くことになる一因となっているとも考えられる。例えば，外湯が貧弱であるということは，他の温泉でみられるような，地元住民が共同浴場に入りに来るという状況もほとんどないのではないかと推察される。また，飲食店や商店の魅力に欠けることで客と店の接点が希薄になり，店にとっての商売のうまみに欠ける，結果さらに店の魅力

が落ちるというような悪循環に陥っているように思われるからである。

③ 地域密着活動をベースとしたエコ＋健康温泉へ

1）観光からの脱却と地域密着活動

　これまで岳温泉の環境面や施設面での検討を行ってきた。そこでは，岳温泉は蔵王温泉と自然環境面での類似性が高いものの，その規模や周辺資源の有無，ブランド力などの面から，広域での魅力向上を検討するのではなく，温泉自体の魅力を高めることが必要であると主張された。しかし一方で，施設面からの検討においては，エリアの連動性に欠け，魅力に乏しい施設という弱みを指摘した。以上の整理を通じ，ハード面への大規模な投資を行うことなく岳温泉の魅力を高めるには，具体的な施策，ソフト面での魅力度向上が求められる，ということに行き着く。そこで以下では，現在取組みが行われている施策，ソフト面についての検討を行う。

　岳温泉での取組みは，2000年前後を境に，観光を視野においたハード的な整備事業やイベント開発から，ウォーキングを軸にした健康志向でのプログラム開発やエコを軸とした地域密着活動といったソフト面での施策を指向するようになっている。

　ウォーキングを軸とした健康志向の顧客にむけては，2005年に「Well Health Walking」構想として事業化を行い（鈴木，2005），「歩く岳（だけ）で健康」をコンセプトとして様々なプログラム開発に取り組んでいる。一般客には岳温泉の周辺を30分から1時間くらいで歩くことができる散歩コースを紹介し，一方で本格的にウォーキングを楽しみたい方には，講習をふまえた上で，本格的なウォーキングやトレッキングが可能なプログラムも提供されており，会員組織化も図られている。まさに，練磨―合宿所系のコンセプトに沿う活動である。

　エコを軸とした地域密着活動としては，2000年に全国に先駆けて始められた生ゴミ肥料化への共同作業がある。旅館から出される生ゴミを農場にて有機肥料として熟成，その肥料を農家で使い有機野菜を栽培，できあがった野菜を旅館に出荷し料理に出すという循環型農業であり，「一旬一品運動」として取り組まれている（岳温泉観光協会HP，2012c）。この活動のメリットは，エコ活動として訴求できることはもちろんであるが，地域が共同で取り組むことができることにあ

る。これまで，観光のメリットを享受できずに，観光関係者から断絶していた地域住民と共同活動を行うことで，彼らの関与を高めることになるからである。

2）戦略実行に際して残る課題

しかし，これらウォーキングを軸とした健康保養地温泉化事業とエコを軸とした循環型農業を進める上で，いくつかの課題があげられる。1つめはウォーキングによる健康と循環型農業による食の健康が一体のコンセプトで訴求できているかということである。2つめに，ブランド力の小さい温泉ゆえに，これらのプログラムが利用客や利用予備軍に届いているかということが懸念される。そして3つめとして，これらのプログラムが連泊や滞在という目標に結びついているかということがあげられる。これらの課題を視点において，現在行われている取組みについて検討していく。

現状では，ウォーキングと循環型農業はそれぞれ個別に訴求されているように思われる。しかし，雄大な自然と大地の中を歩くことによって得られる健康，循環型農業による地球の健康，さらに有機肥料使用による地の採れたて野菜を使っての食事による健康，これらはいずれも大地からの恵および健康という視点での共通性がみられる。この「大地の恵による健康」という大きなコンテクストの中で，いま行われている取組みを訴求することで，より力強いメッセージとすることが可能になる。そして，ウォーキングに強い興味がある層ばかりでなく，より広い層への訴求が可能になる。

またウォーキングについて注目しても，いくつか課題がある。1つは，ウォーキングを目的に岳温泉に来た人が宿泊しているのか，という問題である。具体的な数字がないので検証はできないが，ウォーキングを楽しんだのみで日帰りしてしまう人もいるのではないだろうか。そうだとしたら大きな機会損失であり，ウォーキング＋宿泊というメニューを準備し訴求する必要がある。また，岳温泉に来て初めて，様々な散歩コースがあることを知る人もいるだろうが，周辺の短い散歩コースは，実はあまり魅力的ではない。すでに触れたように，道路整備状況が悪く，コースが遊歩道として整備されているわけではないので，歩きにくさがある。また，都会では触れることのできない自然や，岳温泉に伝わる歴史や文化の痕跡を楽しむというコース設定も大切だが，途中で立寄る足湯や，ちょっとしたお茶，掘り出し物の雑貨を楽しむなどの方が，初心者にとっては散歩の魅力であるかもしれない。最初の印象で，散歩やウォーキングがおもしろいと思っても

らうことが，次のリピートに繋がるのだから，特に初心者の楽しさをカバーするような工夫は検討したい。

3）土湯温泉，高湯温泉との差別化と連携

最後に，岳温泉と地理的距離が近く，直接の競合相手となるであろう土湯温泉[(2)]（福島市）と高湯温泉（福島市）との関係についても検討しておかなければならない（図表5-6）。

最初に福島県内の温泉地での観光客数（いずれも2010年の数字）について確認すると，岳温泉は40万人で県内6位，土湯温泉は42万人で5位，高湯温泉は21万人で9位となっている。福島県内で最も集客できているのは，飯坂温泉（福島市）で81万人，ついで磐梯熱海温泉（郡山市）の73万人，いわき湯元温泉（いわき市）の59万人，東山温泉（会津若松）の53万人となる（福島県商

図表5-6　福島県の主要温泉

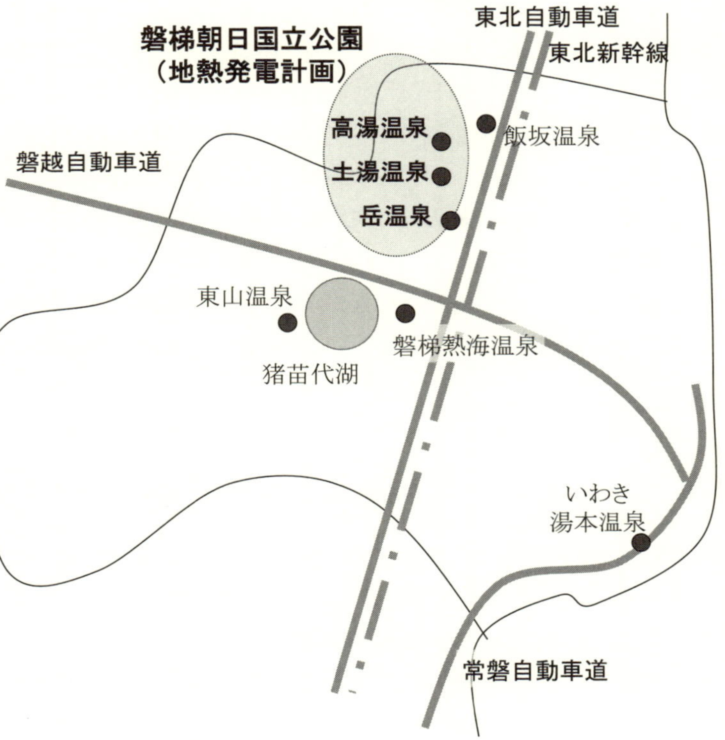

工労働部，2011）[3]。岳，土湯，高湯の三湯は，その規模に比べると善戦しているともいえるし，三湯を1つのエリアとみなせば，合計で100万人を超える集客を誇ることになる。

　差別化についてみれば，岳温泉と土湯温泉，高湯温泉では，そのポジションは明確に異なる。土湯温泉と高湯温泉は共に，歴史を感じさせる温泉街であり，清流を中心にした自然に溶け込む温泉街という性格をもち，観光化を避けてきた秘湯という趣がある。災害による移転復興で，その歴史を蓄積することができず，観光温泉化に向かった岳温泉とは，この点で大きな違いがある。すなわち，土湯温泉と高湯温泉は，グループよりも個人，体よりも心を軸としたライフスタイルを目指す戦略ポジションを取るべき温泉街であるといえ，この点で岳温泉と対極にある。

　一方で，先の集客数にもみられるように岳，土湯，高湯の三湯をあわせると，大きな集客力をもつ可能性がある。近隣では，飯坂温泉や磐梯熱海温泉が競合相手となるが，いずれも観光地化した巨大温泉であり，時代の趨勢としては静かでコンパクトな温泉へのニーズの高まりがあること，さらにコストの点を考えても，単独で行うよりは三湯で共同プロモーションを行うメリットは大きい。

　さらに，2011年4月3日の朝日新聞朝刊で報じられているように，岳，土湯，高湯が立地する磐梯朝日国立公園のエリアには，地熱発電所開発が計画されている。エコ，そして「大地の恵」を1つの軸に据える岳温泉にとっては，脱原発のシンボルともなりうるし，地熱という電源を活用することになれば，いまより一層のエコ活動を訴求することができるようになる。実際，土湯温泉では2013年の実用化を目指し，国の補助金を受けながら温泉水で発電する方式での地熱発電計画が進んでいると報じられており[4]，地熱発電の実現可能性は高いと思われる。

> **将来像**：エコ＋健康，すなわち「大地の恵による健康」温泉としての岳温泉

　岳温泉のビジネスモデルは，歴史によって培われた復興のDNAをベースにして，岳温泉自体の魅力度アップのために，ローカルでのスロースタイルを指向し，グループで体を軸にした健康を目指す練磨—合宿所としてのライフスタイル特性を実現することにある。そして，すでに岳温泉で展開されている取組みであるウォーキングを軸にした健康保養地温泉化とエコを軸にした循環型農業の実現

は，この方向性に合致するものであり，「大地の恵による健康」というコンテクストの元で2つの方向性を統合していきたい。これらの取組みは観光温泉地で課題となっていた観光関係者とその他の地元住民の隔絶を解消し，地域の一体化をもたらす。

ただし，課題も少なくない。これまでのハード面の整備が，インフラと観光資源を主としたものとなっており，温泉地としての魅力に結びつく環境整備が，やや貧弱であるといえる。中でも，ウォーキングというコンセプトを考えるならば，足湯という施設は欠かせないコンテンツであるし，日帰り客との兼ね合いも考慮しなければならないが，外湯の整備も望ましい。また，3つの異なるエリアが分断しているようにみえる状況を少しでも解消するためにも，各エリアを結ぶ道路と，沿線にある商業施設の見直しも必要である。さらにエコという視点に立てば，地熱発電の可能性も検討に値すると思われる。

観光温泉から健康保養地温泉へというコンテクスト転換の元に，これまで培ってきた様々な施策を実効たらしめるような検討を重ね，そのポジションを確固たるものにしていくことが必要である。そして，復興のDNAによる温泉再興への取組みが，震災と原発事故という災厄に見舞われている多くの温泉街にとって，範となり，希望となることを期待したい。

【注】
（1） 2011年3月11日に発生した東日本大震災と，それにより引き起こされた福島第一原子力発電所事故による放射性物質の拡散を指す。
（2） 土湯温泉の近くには，いくつかの一旅館一温泉で構成される土湯峠温泉郷があるが，ここでは土湯温泉としてみる。
（3） 福島県の資料では，温泉の1位はスパリゾートハワイアンズ（180万人）となっているが，他の温泉街とは性格が異なるため，ここでは除いて順位を表記している。
（4） 朝日新聞2012年1月29日朝刊。

【参考文献】
鈴木安一（2005）「特集論文：民間の創意工夫とまちづくり　岳温泉の再生」『新都市』第59巻10号，pp.61-68。
岳温泉観光協会（1982）『ニコニコ共和国　建国記』
　　〈http://www.dakeonsen.or.jp/pdf/kenkokuki.pdf〉（2012年4月6日閲覧）。

岳温泉観光協会 HP（2012a）『岳温泉観光協会/岳温泉の歴史と伝説』
　　〈http://www.dakeonsen.or.jp/history.stm〉（2012 年 6 月 30 日閲覧）。
岳温泉観光協会 HP（2012b）『岳温泉観光協会/岳温泉の源泉・泉質・効能』
　　〈http://www.dakeonsen.or.jp/onsen.stm〉（2012 年 6 月 30 日閲覧）。
岳温泉観光協会 HP（2012c）『岳温泉観光協会/岳温泉と地元農家による循環型農業』
　　〈http://www.dakeonsen.or.jp/calendar.stm〉（2012 年 6 月 30 日閲覧）。
福島県商工労働部観光交流局観光交流課（2011）『福島県観光客入込状況　平成 22 年分』
　　〈http://www.pref.fukushima.jp/kanko/stat/22irikomi.pdf〉（2012 年 4 月 6 日閲覧）。
諸井雅樹・松田英明・佐々木宏臣（2003）「岳温泉地区における地域資源の活用―連携を創
　　り出すまちづくり」『政策研究ふくしま』第 8 巻，pp. 1-16。
山口真一郎（2006）「ニコニコリゾート整備事業とその後」岳温泉復興 100 周年記念事業実
　　行委員会編『天翔ける風の光に　岳温泉復興 100 周年記念誌』，pp. 100-112。

　　　　　　　　　　　　　　　　　　　　　　　　　　　　　　　　　（鈴木敦詞）

グローバルスポーツビジネスのブランド活用による街の再生戦略

ケース8 湯郷温泉
「"超"練磨―合宿所型」×「進伝統グループ」

《温泉のプロフィール》

- ▶所在地：岡山県美作市湯郷
- ▶アクセス：
  JR姫新線林野駅からバス7分，中国自動車道美作ICから6km
- ▶旅館＆ホテル数：約20軒
- ▶足湯：2カ所
- ▶泉質：ナトリウム・カルシウム塩化物泉，40.2度
- ▶温泉旅館：かつらぎ，季譜の里，やさしさの宿竹亭，花の宿にしき園，湯郷グランドホテルなど
- ▶観光名所：現代玩具博物館・オルゴール夢館，昭和館，ゆ～らぎ橋（噴水），おかやまファーマーズ・マーケット・ノースヴィレッジなど
- ▶イベント：雛巡り（3月～4月初旬），湯郷丑湯まつり（7月土用の丑の日）など

〈湯郷鷺温泉館（元湯）〉

着眼点：「なでしこ」のグローバルブランド化に乗る湯郷温泉

　1200年もの歴史がある温泉にもかかわらずほとんど忘れ去られた温泉街であった湯郷温泉に，幸運の女神が降り立った。自らの力のみでは街の再生が不可能であった温泉街に，2001年女子サッカーチームである「岡山湯郷Belle[(1)]」が官民一体の町おこしプロジェクトによって誕生することになったのである（岡山湯郷ベル公式サイトHP，2012）。それも，温泉があるから本拠地に選ばれたのではなく，たまたま本拠地が温泉街の近くであったと考えられる。しかし，街の温泉旅館の経営者たちは，この幸運を見逃すことなく捕まえることに注力している。

温泉街のプロモーションにスポーツイベントや著名選手を活用することはよくあることだが，この湯郷温泉はグローバルに浸透しているスポーツとの多様な連携の構築によって街の繁栄を目指すというある種の奇抜な戦略を展開している，街再生の好事例である。ここでは，温泉があるから女子サッカーチームが生まれたのではなく，女子サッカーチームが生まれた近隣にたまたま温泉街があったことを捉えた，まさに逆張りの戦略が展開されている。

　それでも，昔から美人湯として著名であった湯郷温泉がサポートする女子サッカーチームがいわゆるなでしこリーグの主力チームの1つであるということは両者の間に何らかの因縁があったと感じざるを得ない。しかし，その関係が意味をもつには，「岡山湯郷 Belle」がそれなりに強いチームであり，またチームが強烈なブランド価値を保持していることが不可欠である。その意味では，初代監督であった本田美登里が「岡山湯郷 Belle」を「なでしこジャパン」を支える中核的選手を輩出するほどの強いチームに育成したことに，その成功の多くを依拠している。

　それゆえ，湯郷温泉が今後において温泉街としてさらなる発展を実現するためには，「岡山湯郷 Belle」を「INAC 神戸レオネッサ」に匹敵するような強いチームに，また「宮間あや」を「澤穂希」に匹敵するほどの著名な選手に育成することが急務の課題である。そのためには，岡山県や周辺地域のさらなる支援と全県あげての対兵庫県競争戦略の展開，つまり湯郷温泉を核にした湯郷地域のブランド戦略を隣接する倉敷と並び立つ，まさに岡山県のブランド戦略の中核に据えた展開が必要になる。

１　自身では再生ができない街に幸運の女神が降り立った

1) 湯原温泉の後塵を浴びる湯郷温泉

　湯郷温泉は，湯原温泉や奥津温泉と共に美作⁽²⁾三湯を構成する知る人ぞ知る鄙びた歴史ある温泉街である。その歴史は古く，およそ1200年前（平安時代初期）に白鷺が足の傷を癒しているところを比叡山延暦寺の円仁法師が発見したのが起源とされている⁽³⁾。2010年度の湯郷温泉の観光客数は 895,000 人と前年比 1.1% 減少したものの，湯原温泉（641,000 人）や奥津温泉（193,000 人）と比べて多くなっている（岡山県産業労働部観光課，2011）。

美作三湯とはいうものの，3つの温泉街は互いにかなり離れていることもあって，美作三湯の範囲においても岡山県全域としても統合した戦略的な活動はほとんど行われてこなかった。また，温泉街としての顧客からの評判については，温泉街の構造や街を構成する温泉旅館に若干の見劣りがあったためか，湯郷温泉は長い間イメージ面で湯原温泉の後塵を拝していた（図表5-7）。実際，「じゃらん中国・四国版人気温泉地ランキング2012」では，湯原温泉郷が5位（前年比2ランクアップ）であるのに対して，湯郷温泉は9位（前年比1ランクダウン）となっている。ちなみに，奥津温泉は10位（前年比5ランクアップ）である（リクルート，2012）。

　湯郷温泉では，片田舎の小さな温泉街としては珍しいほど，温泉街やその周辺に多彩な観光施設が見出せる。しかし，問題は，とりわけ多大な公費を投入しながら建設された大規模スポーツ関連施設において，それらの計画の背景にある種の統合的なコンセプトが全く感じ取れないということである。なお，湯郷の周辺にある著名なハードとしては，湯郷温泉の北に位置する「岡山湯郷 Belle」の本拠地でもある「岡山県美作ラグビー・サッカー場」，かつてはF1が2度開催された湯郷近隣の「岡山国際サーキット」があげられる。また，2011年に湯郷温

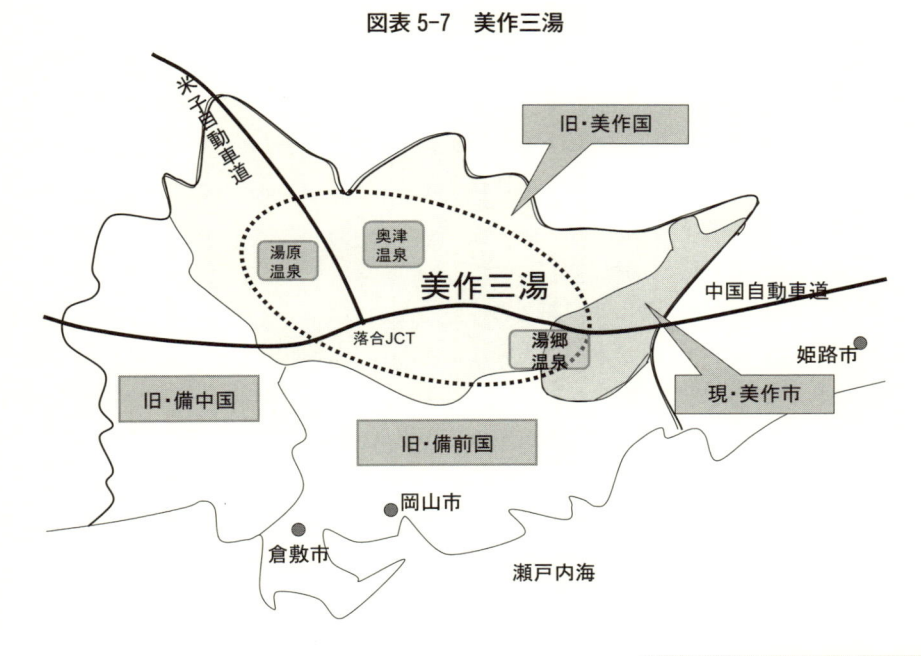

図表5-7　美作三湯

泉は温泉街として「おもちゃの街宣言」を行っており，温泉街の中央にこぢんまりとしたからくり時計をはじめ，プレイルームや工作室，オルゴールもある「現代玩具博物館・オルゴール夢館」，鉄道模型で再現した巨大ジオラマがある「てつどう模型館＆レトロおもちゃ館」，懐かしい昭和のおもちゃ2000点が展示されている「あの日のおもちゃ　昭和館」がある[4]（JAKEN編集部，2012）。

しかし，これらを含めた諸施設は，その時々にいわば行き当たりばったりで構築されたためか何ら統合的な戦略は見出されず，それらの施設の相乗効果もほとんど現出していない。また，例えば1980年代のバブル崩壊後にはかつてわが意を集めたモーターサイクル関連のビジネスが全国的に衰退してしまったために，温泉街から少し離れたところにある「岡山国際サーキット」においても過去の栄光が失われている。そして，今では全国的に著名になった温泉街のすぐそばにある「岡山県美作ラグビー・サッカー場」も，「岡山湯郷Belle」が本拠地に設定するまでは単なるローカルなアマチュアのための競技場でしかなかった。これらはどちらかといえば主に男性をターゲットとした施設設計であったために，女性や家族を引きつける要素に欠けていたといわざるを得ない。

このように，湯郷温泉では，温泉街とその周辺にある多彩な施設を市町村の活性化に結びつけるための努力が欠落しているように感じられる。このような体たらくが長く続いたために，美作市をはじめとする旧美作国の市町村の多くの地域が低迷を続けている。当然ながら，湯郷温泉においても長期にわたる停滞状況から脱却できていない。このようなまさに壊滅的な状況からの脱却を可能にしたのが前述した「岡山湯郷Belle」の存在であり，これを温泉街の再生に活用しようと立ち上がった地元湯郷温泉街の女性たちであった。

2）歓楽温泉から健康温泉へのコンテクスト転換

美作三湯は，中国自動車道の開通に伴い，湯治対応から歓楽対応のホテル旅館化が進展したが，バブル崩壊後は大幅な顧客離れを経験した。特に，湯郷温泉だけが三湯の中で国民保養温泉地に認定されなかったこともあり，大変な苦境を味わうことになった。しかし，この苦境こそが湯郷温泉の再生に向けてのイノベーショントリガー（innovation trigger）になったのである。それは，湯郷温泉においては，この苦境があったからこそ，旧来型の歓楽温泉街から新型の健康温泉街へのコンテクスト転換を現出させることができたと考えられるからである。

この湯郷温泉がまず行ったのは，ジョギングロードの整備であった。これに続

けて，スポーツプラザ，サッカー・ラグビー場，テニスコート等に代表される健康レジャー指向の施設が次々と開設されていった。こうして，湯郷温泉では次第に温泉とスポーツのレジャー産業としての統合が可能になり，「スポーツといで湯の街」としての温泉街作りが行われるようになった。

その後，全国的に女子サッカーブームが巻き起こったが，このブームを捉えて湯郷は 2001 年に幸運にも「岡山湯郷 Belle」の本拠地となり，これを契機に女性の健康スポーツのためのメッカへと転進する糸口が見出せるようになった。今では，湯郷温泉と「岡山湯郷 Belle」とは相互に密接に連携し合う関係が確立している。実際に，「岡山湯郷 Belle」に所属する多くの選手が温泉街のいろいろな企業で働くことで収入を得るなど，多くの温泉旅館や温泉街周辺の企業と彼女たちとの多様なコラボレーションが実現している。

それゆえ，湯郷温泉は「なでしこジャパン」の一翼を担う強いチームと深い関わりのある新たなタイプの温泉街，つまりある種の「練磨―合宿所型」の健康スポーツを楽しむ人々が集まる温泉街へと進化しつつあると思われる。すなわち，湯郷温泉はどこにでもある単なる温泉街ではなく，著名な女子サッカーチームがあってかつ歴史のある温泉が存在する，ある種のスポーツオリエンティッドな健康温泉リゾートへと，次第にその温泉街としての姿を大きく転換させている。

このように，地域再生のためのコンセプトは比較的明確になってきたものの，これに併せて既存の温泉旅館をすべて再構築することはほとんど不可能である。また，温泉街の事業者構成を一挙に健康温泉街に相応しくするにはかなりの時間が必要であろう。それでも，歓楽型から健康型へというコンテクスト転換の必要性が温泉街全体の事業者に共有されてきたために，湯郷温泉では，近い将来には街として景観に統一感をもたせることは十分可能であると思われる。少なくとも，湯郷温泉は美作三湯の中においては最も傑出した存在になると予見できる。

3）ヘルシー＆ビューティの練磨ブランディング

元来，湯郷温泉が美人湯として著名であったことを踏まえれば，本来的には女性に愛されるべき温泉であったと考えられる。しかし，以前はどちらかというと男性のためのラグビー，サッカーあるいはモータースポーツに注力してきた。このような状況下で，なでしこブームに乗りながら女性のためのスポーツ関連ビジネスによってブランディングを行おうとした湯郷温泉の決断はきわめて革新的なものであったといえる。

現在の女性にとっては，スポーツは健康のために不可欠な手段であると共に，美しくなるための手段にもなっている。すなわち，湯郷温泉における「岡山湯郷Belle」の登場は，スポーツはどちらかというと汗臭く不衛生なものであるという認識から体の内側から湧き上がってくるような健康的な美しさを現出させるものであるという認識への転換を促すことになった。

　このようなコンテクスト転換を現出させたなでしこたちが生き生きと働き，そして1人の人間として生活し，さらには競技場で精一杯にプレーする場が，まさに湯郷温泉の景観を支えている。そして，そこには，従来の湯治場としての温泉や歓楽場としての温泉を大きく超えた新たな時空間が現出するのである。それゆえ，この空間こそが，美と健康を追求するための女性が集まる健康レジャー拠点であるというブランディングが可能になった。こうして，湯郷温泉は従来とは全く異なる新たな次元において，いわば「練磨─合宿所」ともいうべき健康と美の時空間の可能性を切り開いていく。

　また，このことはわが国における美人の概念を転換させることにも結びついている。これはすなわち，やまとなでしこ[5]からなでしこジャパンへのコンテクスト転換を意味している。著者は，この湯郷温泉にはこのようないわばグローバルに理解される新たななでしこが多く集まってくるメッカとしての地位を獲得することが多いに期待できると考える。その意味において，湯郷温泉の新たな試みは，温泉ビジネスのみならず，社会全体の価値観を大きく転換するための大きなムーブメントに巧みに乗った挑戦的な試みであると感じられる。

② スポーツ愛好者が集まる滞在型メッカを創る

1)「なでしこ」が暮らす温泉街

　湯郷温泉は，吉野川とそれに沿うように走る国道374号線沿いの20軒ほどの温泉旅館がある小規模な温泉街である。しかし，この湯郷温泉の個別の温泉旅館やホテル旅館の中には，高質で個性的なところも何軒か見出せる。前述のように，温泉街には湯郷温泉を発見した円仁法師の像があるが，この辺りにはモダンな雰囲気を醸し出す老舗旅館「かつらぎ」，癒しと健康をテーマとしスパコーナーやアロマテラピーサロンのある「ポピースプリングス　リゾート＆スパ」がある。最近では，自然に囲まれた少しばかり非日常生活を求める顧客が増大してい

ることもあってか，全館畳敷きで素足で歩け，趣のある露天風呂が併設されている高級温泉旅館「季譜の里」では次第にリピーターが増大している。

また，前述したようにスポーツを売り物にしていたこともあって，元来男性のためのスポーツ施設が数多あることで著名であった湯郷温泉の北隣には，現在でも数多の伝統的なスポーツ施設がそれなりに集積している。湯郷温泉の北側には前述したサッカー・ラグビー場以外にも，野球場，武道館，テニスコート，バレーボールなどができる美作アリーナ（体育館）も用意されている。少し足を伸ばせば，前述した岡山国際サーキットにも手軽に訪れることができる。それ以外にも，吹きガラス体験や土ひねり体験（備前焼）ができる施設やおもちゃに関する施設も存在する。

このように，湯郷温泉では，温泉旅館，おもちゃ関連の施設，手作り体験の施設およびスポーツ施設などがあり，温泉街やその周辺のハードについてはかなり充実しているように感じられる。それゆえ，著者には，湯郷温泉においては温泉街ゾーンのみならず，スポーツゾーンと手作り体験ゾーンがもっと一体となった

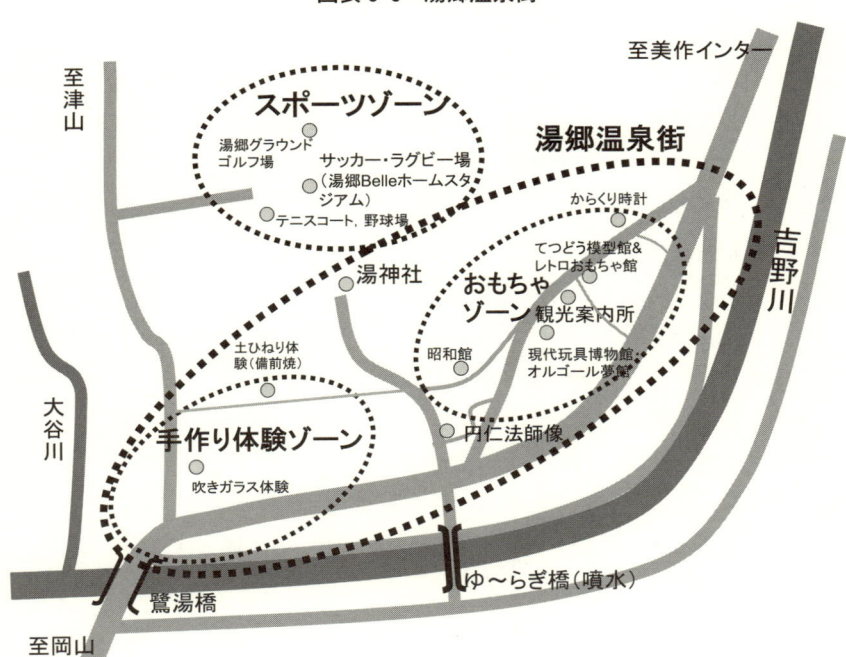

図表5-8　湯郷温泉街

統合運営を行うべきであり，これらのいわば三位一体となった街づくりが湯郷温泉を訪れる顧客価値の増大を可能にすると感じられる（図表5-8）。

さらに，湯郷温泉の温泉旅館やスーパーマーケットなどの企業では多くの「岡山湯郷 Belle」の女性アスリートが働いている。それゆえ，湯郷温泉はいとも簡単になでしこに出会えるという非日常的なエピソードメイクが可能な場になっている。このようなメリットを十分に認識し，活用することが求められる。

2）スポーツレジャーが楽しめるカジュアルリゾート

以上のように，湯郷温泉は，現在では幸いにも多様なニーズに支えられている。しかし，そのブランディングを強力に推進するためには，戦略面のフォーカスが不可欠になる。そのためには，従来のスポーツレジャー関連ビジネスに見出される常識からの脱却，つまりスポーツを行うにはひたすら根性不可欠であるという伝統的な認識からの脱却や，スポーツは美しい心と体を創る，ある種のお洒落なライフスタイル指向のスポーツレジャーであるという考え方の導入が必要になる。

そのためには，美しいアスリートが全国から集まる湯郷というブランディングが欠かせない。近年のスポーツ選手には，女性のみならず男性においてもファッションモデルとして十分に通用するような，高い運動能力のみならずハイセンスな選手が増えてきている。いま行うべきは，このようなハイセンスでファッショナブルな女性アスリートやその多くの予備軍が全国から集まるライフスタイル指向のカジュアルなスポーツリゾート地域への転換である。つまり，湯郷温泉は「岡山湯郷 Belle」のホームタウンであることをトリガーとしてコンテクスト転換を図るべきなのである。

このように，戦略的にコンテクスト転換を行えば，後は今ある多彩なコンテンツをこのコンテクストで読み替えたり，必要に応じて少しずつ時間をかけて既存のコンテンツを作り変えていけばよい。また，湯郷が「スポーツといで湯の街」というコンセプトをより前面に押し出せば，スポーツレジャーをライフスタイル対応のヘルシー＆ビューティと関係づけた新しい時代をリードする女性をメインターゲットとするマーケティングも可能になってくる。例えば，温泉街の旅館，ホテルを中心に湯郷全体で身も心も美しくなるビューティ＆ヘルシーラリーを展開することも十分可能であるし，すでに導入されている湯めぐりコースター[6]にさらなるブランド価値を付与するという観点から再構築することもできるだろ

う。これらに加えて，温泉街の周辺にあるスポーツ施設についても特に女性のグループ顧客を中心にしたプロモーションを充実させるべきであると考える。例えば，ヨガレッスンを体験することができる「DOT YOGA」，心身の悩みを抱えている人にお勧めのランチなどを提供している「DOT CAFE」といった既存の施設や旅館におけるエステサロンを中心に女性対応の諸施設を上手に連携させることができれば，湯郷温泉をそれこそヘルシー＆ビューティ温泉としてのブランドに高めていくことも十分に可能であると思われる。

3) 美を作るという美作の原点を重視した戦略展開

さて，湯郷温泉は古く昔から美人湯として著名であったが，同じ美作三湯の奥津温泉もまた古くから美人湯として大いに知られている。このように，元来，美作周辺はその名のとおり美に深く関わる地域であった。その名の由来は定かではないが，美作の国はまさに美を作る国というような解釈を行うことができるため，この美作のブランディングを行うにあたって，例えば美の国美作というイメージを前面に打ち出すということはきわめて有意義な手法であるとも思われる。したがって，美作三湯は迷うことなく，美を強調した"女子力"，特に"美力"アップをコンセプトとしたブランディングを行うべきであると考える。

このように美作に読み取れる美のコンテクストを活用すると，湯郷温泉の将来にはきわめて多大な可能性があることが理解できる。それは，美と健康を１つのコンテクストとして結びつけることができるのは，美作三湯の中では「岡山湯郷Belle」がある湯郷のみだからである。しかも，岡山県内には，ジーンズで著名な児島（倉敷市）等の繊維産業が盛んな地域がある。それゆえ，ファッションを重ねることによって，まさにビューティ，ファッション，ヘルスが統合された新たなライフスタイルの提案を強力に全国発信することができる。

それには，「岡山湯郷Belle」をいかに戦略的に育成していくかが大きな課題になる。こう考えると，湯郷温泉街が「岡山湯郷Belle」をサポートするだけではいささか不十分である。それこそ，岡山県が県をあげての強力なサポート体制を確立することによって初めてわが国を代表する女子サッカークラブチームを構築することができる。これに成功するならば，湯郷は単なる日本の湯郷ではなく，よりグローバルに認知される，いわば世界の湯郷になることも決して夢ではないと思われる。

しかし，そのためには，まずもって「岡山湯郷Belle」がなでしこリーグで優

勝することが要請されるし，またなでしこジャパンのキャプテンとしてロンドンオリンピックに出場した宮間に続いてワールドカップやオリンピックへ今より多くのアスリートを送り出すことが必要である。その意味では，今後はスポーツマネジメントの実践とこれをリードする卓説したプロデューサーの登場が強く期待される。いずれにしても，著者においては，確かに湯郷には潜在的な可能性が感じられるものの，実際にはその道のりは思った以上に困難なものになるかもしれない。

③　グローバル化に向けていかなる対応が必要か

1）ローカルの湯郷温泉からグローバルな湯郷に

確かに，現時点では湯郷は日本を代表するナショナルブランドにすらなっていないが，サッカーがグローバルスポーツであることを考えれば，ナショナルブランドではなくグローバルブランドを指向すべきである。もし世界の舞台に湯郷のアスリートが数多く登場するようになれば，湯郷の知名度は一挙に世界に響き渡るはずである。これはすなわち，湯郷という地域ブランドはグローバルブランドになりうる可能性をもっているということである。

そのためには，ワールドカップやオリンピックで活躍するだけでなく可能な限り早期に，できるだけ多くの「岡山湯郷 Belle」の選手を本場ヨーロッパのチームに送り出すことである。そうすれば，湯郷は一挙に世界の湯郷になり，街全体がグローバルシティとして活況を獲得する可能性もでてくる。これはまさに夢のように感じるかもしれないが，グローバル化とは通常では予測できないところに突如現出するものである。それは，例えば高尾山や浅草が日本人よりは外国人により愛されていることをみれば実に明快である。

著者には，湯郷には，例えば高尾山や浅草と並ぶほどのグローバルブランドとしての潜在的可能性があると思えてならない。しかし，当然ながら，それにはそれなりの手を打つ必要があることは自明である。そこで，一体いかにすれば湯郷がグローバルなアイデンティティを形成できるかを真剣に考えることが不可欠になる。そこで，次に湯郷をグローバルブランドにするための方策を述べてみる。

2) グローバルスポーツのメッカとしての湯郷

　湯郷をグローバル化するための主な装置は，前述のように「岡山湯郷Belle」の本拠地である岡山県美作ラグビー・サッカー場である。しかし，現時点の活用は主にスポーツ大会をイベントプログラムとしてはめ込んでいるだけであり，湯郷を戦略的にブランディングするために有効な活用は行われていない。ここに，まさに脱ローカル指向の全世界から顧客を呼べるグローバルイベントや多くのハイインテリジェンスな女性が一同に集まるプロモーションを投入することが大いに期待される。

　そのためには，温泉街北に位置するスポーツゾーンにある多くの合宿所のコンテクスト転換が不可欠になる。ある意味では，これらの合宿所が再開発も含めて生まれ変わることが湯郷をグローバルな地域へ転換させるための決め手になる。しかし，現状では大規模な大会の開催や著名な世界のアスリートたちが練習するのに相応しい場所の確保，それらのアスリートが宿泊するに相応しい温泉施設などが少ないことが難点である。その意味では，ハードルである宿泊施設や練習施設のレベルアップも大事であり，これを可能にする資金の捻出が喫緊の課題である。また，学生が利用する合宿所も，ハイインテリジェンスな女性をメインターゲットにするならばそれなりの施設の改装や女性専用の合宿所の設置も考慮する必要がある。現状のままでは，ハイインテリジェンスな大人の女性の予備軍である最近のお洒落でかわいい多くの女子学生が合宿できるような施設が十分にあるとは思えない。

　さらに，地域経済の増大に向けては，アスリートのみならず多くのスポーツファンにも心地よく宿泊してもらえる施設が必要である。また，街の散策や湯めぐりももう少し充実したプログラムの開発が不可欠である。それなりにコンテンツはあるのだが，コンテンツを貫くコンセプトが曖昧であり，これでは顧客はとてもエピソードメイクを行うことはできない。

　ところで，家族や友達グループで楽しめるゾーンとして手作り体験ゾーンが用意されているのはとても魅力的である。時間消費型の施設がないと宿泊のニーズが増大しないことは自明であるから，これらの施設におけるソフト面の充実を図ることによるゾーン全体としての統一したテーマ設定とこめ細かなプログラム構築も不可欠である。将来的には大いに大事になるゾーンであり，街をあげてのさらなる研鑽が望まれる。

3）合宿の意義と練磨の方向性

それでは，今後においていかなる合宿所が期待されるのかを考えてみる。まず，パブリックスペースとプライベートスペースの適切な配分と配置が重要である。従来の合宿所は，何人もの人がいわば相部屋で雑魚寝のような形で眠るというものがほとんどである。しかし，現在の子供はほとんど個室で育っているため，大人数が同じ部屋で過ごすことは馴染まない。当然ながら，欧米の先進国の人々もそのような環境には適合することはできない。

とはいえ，ホテルのように部屋の外は個人の居住空間ではないというような場所では合宿の目的は果たせない。練習する場所，交歓する場所，会議室，エンターテイメント施設，エステサロン，大浴場等のコンテンツは充実していることが大前提である。このような観点に立てば，未だに理想的な合宿所は湯郷には見出すことができない。

このように，ハードウェアとしての合宿所が大きく機能を変えてくると，合宿のプログラム内容も大きく変わってくる。未だに鍛錬型の練磨，それも監視下でのやらされる練磨というスタイルは古いものとして次第に忌避されるようになってくる。しかし，従来のクラブよりは一段と低レベルの練磨プログラムが用意された同好会的な緩いスタイルの練磨もまた古いスタイルである。今必要なのは，厳しいプログラムが主体的に実践される練磨の場と，ゆっくりとプライベートな時間が過ごせる快適な自身の空間である癒しの場を，どちらもしっかりと構築することである。そこでの生活は，プライベートな見られない生活とパブリックな見られる練磨がしっかりと区別された練磨のスタイルである。

> **将来像**：「なでしこ」をコアにしたスポーツレジャー拠点としての湯郷温泉

上述したように，湯郷温泉が生き残るためには通り一遍の努力では難しいことは明白である。しかし，課題が大きい方がそれを克服した時に明るい未来は開ける。これはすなわち，低い課題を設定すれば，仮にそれを乗り越えても飛躍はないということを示している。その意味において，確かに湯郷温泉の未来は決して明るいものではないともいえる。

だからこそ，困難な課題に立ち向かうことで大きな飛躍をするアクターたちの登場が大いに期待される。これを可能にするのが従来の温泉ビジネスや街づくりの専門家ではなく，新たなライフスタイルをベースにし，新たなスポーツレジャ

ーライフを提案しうる，ある種のライフスタイルデザイナーである。高感度で知的かつグローバルに評価されるような感覚的資質をもつハイインテリジェンスなプロデューサーによる，根本的なコンテクスト転換を伴った温泉街を含めた街の総合的な再構築が強く求められている。具体的には，例えば温泉街に散策が十分に楽しめる統一的な景観をもたせることによって，街全体でのビューティ＆ヘルシーライフに相応しいスポーツゾーンとしてのグローバル対応，手作り体験ゾーンのエンターテイメント要素の充実がまずもって不可欠である。

　これらの環境整備を徹底的に図りながら，可能な限り早期に「岡山湯郷 Belle」の「グローバルなでしこ」としてのブランディングを湯郷が中心となって図ることが必須の挑戦目標になる。この目標がクリアできれば，美作という無名の地域が一挙にグローバル化することも大いに期待できる。このような高く厳しい目標をもつことが，実は湯郷温泉を新たな次元に進めるための条件であると考えられる。

　また，湯郷温泉は新たなライフスタイル対応の合宿の拠点として大いに期待されていることから，全国の多くのそのような努力を重ねている温泉街の中では大きな可能性を感じられる温泉街である。繰り返しになるが，現在の湯郷温泉における問題点は，過去の戦略の迷走もあるためか，温泉街の街並みに統一した景観を見出すことができないことである。特に，「岡山湯郷 Belle」のホームタウンになった後に掲げられた今の「スポーツといで湯の街」というコンセプトと，2011年のおもちゃの街宣言による「おもちゃの街」というコンセプトは現段階ではいささか違和感があり，それゆえ街としてのまとまりを見出すことはできない。そのためにも，もっとビューティ＆ヘルシーを前面に打ち出したブランディングを行うとともに，新しい時代をリードできる優れたハイインテリジェンスなライフデザイナーから支持されるコンテクストデザイナーの登場が期待される。

【注】

（1）　岡山湯郷 Belle：旧美作町と県が民間を巻き込みながら地域活性化策として 2001 年に設立した女子サッカークラブチームである。当初は中国地方を中心に活動するローカルチームであったが，初代監督の本田美登里の力によって今では女子 1 部リーグ「なでしこリーグ」の主力チームとなった。また，サッカー日本女子代表「なでしこジャパン」に宮間あや，福元美穂等の一流選手を排出するなど，わが国を代表するチームになっている。なお，Belle はフランス語で美人などを意味する。

（2） 美作：古くは美作国があり，現在ではその一部である美作市として名称が残っている。北には因幡と伯耆，南は備前，東は播磨，西は備中に囲まれており，明治維新直前の範囲は津山市，美作市，真庭市と岡山市の一部，鏡野町，勝央町，奈義町，久米南町，美咲町の大部分，新庄村，西粟倉村，兵庫県の佐用町の一部であった。
（3） この由来にちなみ，湯郷温泉は「鷺の湯」と名付けられた。
（4） おもちゃの街宣言：湯郷温泉では，2005年に市町村合併により美作市が誕生したことを機に，官民一体となり，家族で楽しめる温泉街，おもちゃを通しての街づくりを推進している（湯郷温泉"おもちゃ箱"化計画HP，2010）。2011年2月には生まれ変わった温泉街をPRする目的でおもちゃフェスティバルを開催し，「おもちゃの街宣言」を行った。
（5） やまとなでしこ：日本女性の美称であり，見かけはか弱そうだが，心の強さと清楚な美しさを備えているという意味で使用される。
（6） 湯めぐりコースター：宿泊者限定であるが，11軒の旅館と湯郷鷺温泉館の中から好きな湯を3つ選び入浴することができる。

【参考文献】

岡山県産業労働部観光課（2011）『観光客・その流れと傾向—平成22年岡山県観光客動態調査報告書—』
　〈http://www.pref.okayama.jp/uploaded/life/110095_pdf2.pdf〉（2012年3月30日閲覧）．
岡山湯郷ベル公式サイトHP（2012）『岡山湯郷ベル—美しく，そして強く！』
　〈http://www.yunogo-belle.com/〉（2012年3月17日閲覧）．
JAKEN編集部（2012）『県北タウン情報誌　JAKEN』，2012年1月号．
湯郷温泉"おもちゃ箱"化計画HP（2010）『湯郷温泉"おもちゃ箱"化計画〜めざせ!!　おもちゃの集まる温泉地〜』
　〈http://ajra.jp/enmusubi/housyouitiran/yunogou.pdf〉（2012年6月28日閲覧）．
リクルート（2012）『関西・中国・四国　じゃらん』，2012年2月号．

（西田小百合・原田　保）

第6章　快癒―湯治場系

〈総括〉

　本章では,「快癒―湯治場系」の観点から4つのケース(二日市, 三朝, 東鳴子, 夏油)を取り上げる。「快癒―湯治場系」とは, 温泉の原型である湯治場を舞台にしたビジネスで, エピソードメイク主体が「個人・カップル」であり, ヘルシーライフ対象が「体」であるスタイル特性の系である。病気や疾患の治癒を目的とするのみならず, 近年では予防医学やヘルスケアビジネスの観点からも大いに期待が寄せられるスロースタイル系の温泉である。したがって, 長期滞在が前提になるため, そこでの生活が豊かになるような試みが求められる温泉である。

　具体的には, 事例分析を通じて, 二日市温泉(福岡県)では「福岡の公衆浴場から筑紫クローズド湯治場への転換戦略」, 三朝温泉(鳥取県)では「滞在型ウェルネス温泉戦略」, 東鳴子温泉(宮城県)では「ライフスタイルの多様性を拡張するアグリ＋湯治モデルのパイオニア戦略」, 夏油温泉(岩手県)では「湯治文化の普遍的価値を体験する秘湯ネットワーク戦略」が戦略提言として示される。また事例分析を通じて, 二日市, 三朝ならびに東鳴子温泉においては温泉街と温泉旅館が主体となる「進伝統グループ」, 夏湯温泉においては個別企業が主体である「滅集積グループ」であることも示される。

コンテクスト次元としての類

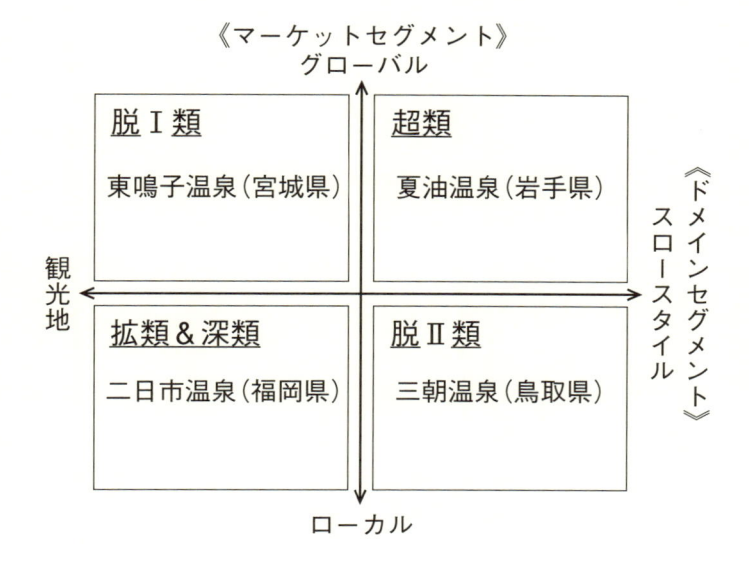

《マーケットセグメント》
グローバル

脱Ⅰ類	超類
東鳴子温泉(宮城県)	夏油温泉(岩手県)

観光地 ←→ 《ドメインセグメント》スロースタイル

拡類＆深類	脱Ⅱ類
二日市温泉(福岡県)	三朝温泉(鳥取県)

ローカル

福岡の公衆浴場から筑紫クローズド湯治場への転換戦略

ケース 9

二日市温泉

「"深"快癒─湯治場型」×「進伝統グループ」

―― 《温泉のプロフィール》――

- ▶所在地：福岡県筑紫野市湯町
- ▶アクセス：
   JR鹿児島線二日市駅　徒歩10分
- ▶旅館＆ホテル数：約20軒
- ▶泉質：ラドン（ラジウム）泉（単純放射能泉），アルカリ性単純温泉，40〜50度
- ▶温泉旅館：大観荘，清泉閣，大丸別荘，扇屋旅館，松原旅館など
- ▶イベント：二日市温泉藤まつり（4月），天拝山観月会（10月），ちくし二日の市（毎月2日）など

〈二日市温泉街夜景〉

> **着眼点**：ベッドタウンの公衆浴場から脱却する二日市温泉

　かつては博多の町民に，今では福岡市を中心にした近接する地域の人々にとって銭湯のような，すなわちある種の公衆浴場的な位置を築いているのが二日市温泉である。この二日市温泉は，実は1300年の歴史がある古い温泉であり，江戸時代には黒田藩主のための御前湯も設けられていた。また，今でも著名な「博多湯」の創業は1860年（万延元年）であり，福岡県内で一番古い源泉かけ流しの温泉でもある。さらに日本経済新聞の企画の［日本百名湯］にも選ばれたこともあって，いわゆる温泉通には人気があり，リピーターも多い。

　二日市温泉は，福岡市からJR鹿児島線で約20分，また九州自動車道からも近く車のアクセスの良い温泉である。しかし，福岡県内には，原鶴温泉，脇田温泉，筑後川温泉，船小屋温泉，片の瀬温泉など数多くの温泉がある。これらの温泉がすべて福岡市を起点として概ね1時間圏内に点在している。二日市温泉におい

ては，周辺温泉街との同質的競争，そしてローカル観光地型の小規模温泉から脱却していくことが急務である。

1　福岡県にある温泉の特徴を理解する

1）温泉不毛地帯の福岡県

　福岡県は，九州における温泉不毛地帯であることは周知の通りである。したがって，たとえ福岡県では著名な温泉でというブランディングを行っても，いまさらそれほどの効果は期待できない。何しろ，九州地方には，著名な別府温泉郷（大分県），雲仙（長崎県）や霧島（鹿児島県）の温泉街，そして近年人気沸騰中の湯布院温泉（大分県）や黒川温泉（熊本県）などの優れた温泉街が目白押しの状態である。そうなると，全国はおろか，九州全域に対しても二日市温泉を温泉街としてブランディングすることはほとんど意味をなさない。ましてや，湯布院温泉や黒川温泉のように，全国的なアイデンティティの獲得を目指す必然性や実現可能性はきわめて低い。

　二日市温泉では，むしろ地域の人々との関係性のみに焦点を当てた地域ブランディングを徹底することで，近接している他の温泉街と比較して圧倒的多数の顧客からの継続的な支持を獲得することこそが課題となる。ここは，わが国の大事な政策の1つである地産地消という地域おこしのコンセプトが有効に機能する温泉街である。具体的には，今よりは若干広域である福岡市および佐賀県の一部を含めた周辺地域をゾーニングの対象にして，住民である顧客との間である種の濃密な閉鎖性を構築するようなエピソードメイクに注力するのが有効である。つまり，かつての筑紫国[1]周辺の顧客をメインターゲットにするのである。

　二日市温泉は，縦の導線の北九州自動車道を利用すれば北九州市から，横の導線の長崎自動車道を利用すれば佐賀市からの顧客の誘引が容易である。これらの地域からは，日帰りでの温泉浴も十分に可能である。特に日帰り用の温泉施設としては市が経営する公衆浴場「御前湯」と「博多湯」があり，たいへん充実されている。そして，これらを中心にして約20軒の温泉旅館やホテル旅館によって形成されているのが二日市温泉街である（図表6-1）。

図表 6-1　二日市温泉

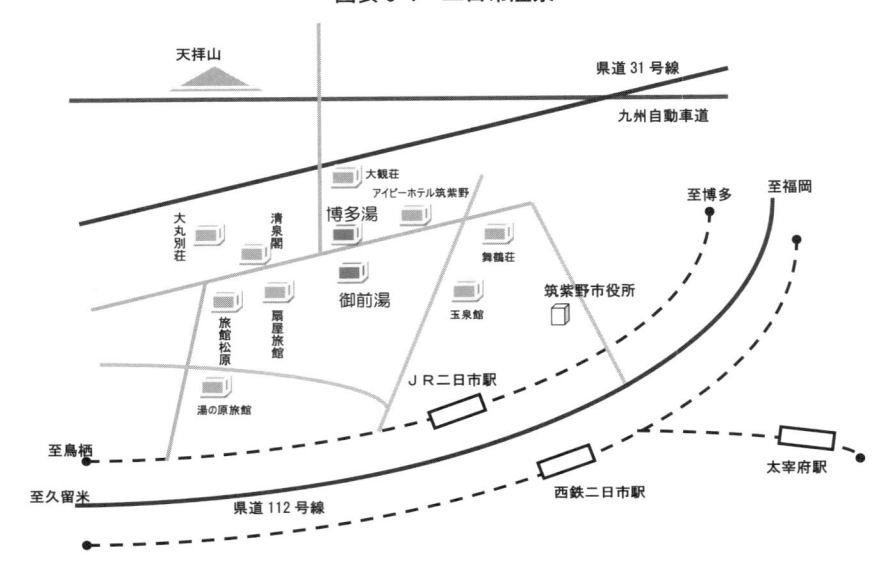

2）近隣の温泉との同質的競争の危険性

　以上のように，旧筑紫国のあたりを中核にして，自動車道路沿いに北九州市と佐賀市などの住民をメインターゲットにできる可能性が二日市温泉にはある。つまり，二日市温泉においては，筑紫地域を生活圏とする住民に対して顧客価値を付与できるかが生命性になっている。問題は，二日市温泉の近接した地域には，小規模な温泉街が複数存在していることである。二日市温泉ではなく，他の温泉に地域住民が来訪してしまう危険性もある。このことは，二日市温泉が単なる横丁の公衆浴場にとどまることなく，わざわざ車で来るだけの価値を提供しなければならないことを意味している。実際，現時点では，近隣の温泉に対しては比較優位を保持しているものの，すぐ東隣の脇田温泉，大分自動車道を挟んだ片の瀬温泉，その東隣りの原鶴温泉，さらに東の筑後川温泉や南隣の船小路温泉などがひしめいており，二日市温泉にとっては全く予断を許さない状況になっている（図表 6-2）。

　近隣の温泉との同質的競争を勝ち抜くためには，他の温泉を凌駕するためのリソースやプロモーションの投入が不可欠になる。一般的には，非日常空間を演出するための仕掛けが期待されるのだが，ここではむしろ日常空間を演出するための仕掛けの構築が必要になってくる。より望ましい日常空間を提供するために，

図表 6-2　二日市温泉の周辺

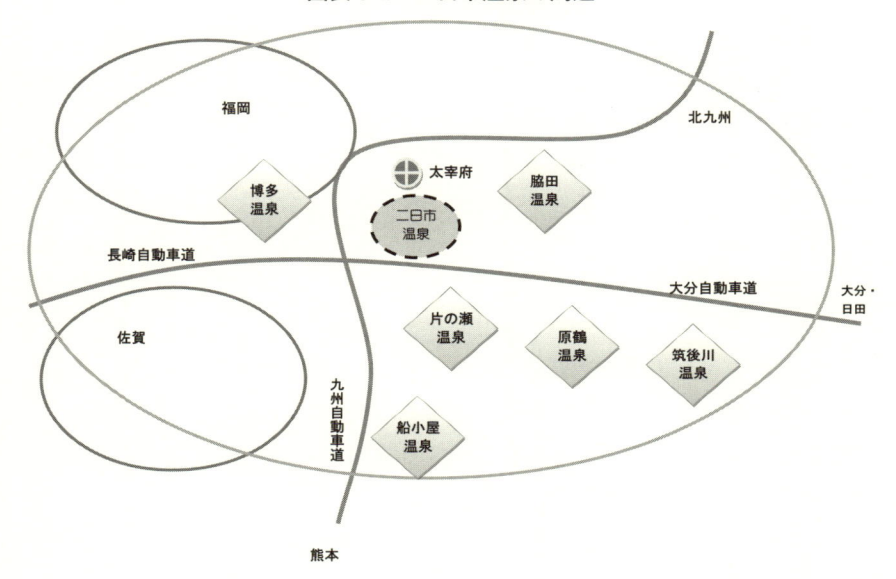

日々の中でのちょっとしたチェンジアップを感じるような日常空間を構築して，それを提供することが期待される。ここで必要なのはある種の逆張り型の戦略である。

3）コミュニティ型の温泉としての可能性

日本の温泉めぐり九州編（旅行書籍編集部，2003）によれば，二日市温泉は万葉の時代から長い歴史のある筑紫の名湯としての地位を確立している。しかし現在では，二日市温泉がある筑紫野市は福岡市のベットタウンに変貌したために，温泉旅館のすべてがその住宅地に点在しながら飲み込まれるような状況が現出した。すなわち，20軒ほどの温泉旅館があるにもかかわらず，まとまった温泉街を形成していない。それゆえ，二日市温泉は集積することでその価値を高めている，よくある温泉街ではなく，山深い秘湯でもない。複数の温泉旅館が点在するために，かえって温泉街としてのメッセージが希薄になっている。

逆にいえば，住宅街，公衆浴場，温泉旅館が一体となって生活ゾーンを形成しているのが二日市であり，その特殊な空間はある種のヘルスケア・コミュニティであるともいえる。つまり，公衆浴場も温泉旅館も日常的に反復して通える存在であり，そこで出会った人々は普段着感覚での交流ができる。これは，都会の温

浴施設であるスーパー銭湯では提供できないコミュニティ空間である。このことは，二日市温泉が，日常的なコミュニティ空間の中で，ゆっくりと温泉につかりながら，心と体のリフレッシュができるヘルスケアの拠点へと転換できる可能性があるということを意味している。

　二日市温泉の日帰り温泉施設は，他の温泉のように共同湯とはいわずに，公衆浴場と呼ばれている。そもそも公衆浴場においては，公衆という言葉が使用されているのだから，それなりに社会に開かれた公共的な施設になっているはずである。公衆浴場とは，通常は銭湯（通称は風呂屋）と，もう少し広義の温浴施設も含んで指すことが多い。また，二日市の市営の公衆浴場は，温泉を使用しているものの，まさに公衆浴場そのものである。さらに，温泉旅館についても，そのほとんどが風呂機能を前面に押し出し，それを日常の健康に結びつけることで存在意義をアピールしているのだから，これらの温泉旅館も本質的には温泉に入れる公衆浴場と捉えることができる。

　さて，ローマ時代には，大都市にはすべて大規模な公衆浴場が１つ以上存在していたといわれている。これと同様に，大都市である福岡市のために近接した二日市温泉はまさに福岡市民のための公衆浴場の役割を果たしていると考えられる。現在の車社会においては，福岡県の西部と南部に加えて若干広域の地域，すなわち拡大筑紫圏ともいうべき地域までをカバーすることができる。したがって，二日市温泉には，筑紫圏の地域住民のための公衆浴場，つまりヘルスケア・コミュニティの拠点としての役割を担える可能性がある。

２　二日市温泉は他の都市近郊型温泉と異なる

1）恵まれた泉質

　一般的に源泉かけ流しの温泉がよいとされるものの，それを判断する考え方には様々なものがある。著者の見るところ，温泉法で定められる温泉の中で，自然湧き出しかボーリングか，100パーセントの源泉か循環濾過されたものかが判断の材料にされることが多いようである。二日市温泉で最も古い博多湯は，約260メートルの深さの源泉から自然に湧きあがり，地表に出てから約7mで浴槽へ引かれているお湯であり，途中でほとんど空気にふれることがないことから，成分変化を起こすことなく，まさに天然温泉そのものの醍醐味を楽しむことができ

る。また，泉質は硫黄臭が香る無色透明で，高温泉にしては珍しくラドン（ラジウム）を多く含んでおり，お湯から気化したラドンの成分が浴室内に充満している。このラドンは，これを吸い込むことで，体の内側からも新陳代謝が活性化されるといわれている（二日市温泉博多湯HP, 2012）。これはラドン温泉のホルミシス効果といわれており，呼吸により体内に入った微量の放射線が細胞などに刺激を与え，体内の新陳代謝を促進し，これによって体の免疫力や自然治癒力が高められるものである（医療三朝会議, 2008）。

温泉医療の研究・治療に携わる岡山大学病院三朝医療センターの研究により，ラドンの健康効果のメカニズムは医学的にすでに解明されており（健康と温泉フォーラム 新・湯治公開セミナー東京, 2009），二日市温泉が「治癒・健康」のための温泉としての高い泉質を有しているのは間違いない。実際，博多湯は新鮮な温泉なので成分がそのまま体に吸収されやすいことから，むやみに入浴するとまれに好転反応の湯あたりがでるとまでいわれている。この好転反応とは，漢方の世界では体の悪い個所が良くなる反応をいい，良い漢方薬かどうかは，この好転反応が出ることで判断される（二日市温泉博多湯HP, 2012）。このような西洋や漢方の医学的な実証は別にしても，同温泉の効能や魅力から多くのリピーターがついている実態からみても，1300年の歴史がだてではなく，その恵まれた泉質に対して人々の高い支持を得ていることを物語っている。

確かに，秘湯などといわれて，人里離れた山の奥深くにある温泉も悪くはないが，二日市温泉の良さは都市部から単に近いだけでなく，安い料金で本物の治癒や健康の効能が期待できる源泉かけ流し温泉に入れることであり，この点についてはもっと高い評価がされてもよい温泉である。これに対して，都市に近い立ち寄り湯や日帰り入浴などの温泉スパなどは，開店当時の目新しい時期は集客が可能であるが，長期的にみると経営的に思わしい結果が出せないケースが多い。また大量の顧客に対処するため，大型浴場では塩素による消毒等を行ってしまい，温泉というよりもただの銭湯に近くなってしまった温浴施設もある。このようなまがい物とは決定的に異なるのが，実は二日市温泉の泉質なのである。

2）泉質だけでは観光客を呼べない

良質な二日市温泉を育む背景には，天拝山，脊振山，基山などの山々から湧いてくる水の良さがある。二日市温泉は海水の混じらない天水の温泉であり，ラドン温泉効果を核としたハイルバード（治療湯治場）としてその温泉施設の充実を

図ることが可能である。実際，欧州では，ラドン温泉治療は古くから貴族の用いる治療法とされていて，その薬効が広く認められており，評価がきわめて高い。しかし，現在ではこうした高い泉質だけを武器にして，日本全国さらには海外からの客を誘致する温泉ビジネスはすでに限界を迎えている。また，第2章でも指摘しているように，わが国の観光による温泉旅行の需要は少子高齢化や旅行日平準化等の社会的要因によって減少しており，このため従来からある温泉旅館の過剰供給が今後も継続するといわれている。このような環境変化に適応するために，温泉街は滞在型への転換を図っていくことが必要とされているが，この議論の方向性としてその滞在目的別に既存観光利用の延長線上にある滞在型観光拠点か，古くからある湯治場の現代版である保養・療養滞在型を目指すかという2つの選択肢が考えられる。

しかしながら，現役世代で仕事をもって都市部に暮らす人々にとっては，このどちらのスタイルの温泉であっても長期に滞在することは経済的にも時間的にも難しい。それゆえ，その点をどのように克服するかが今後の課題となる。むしろ，改めて二日市温泉のような都市近郊型でアクセスの良い温泉が見直されるべき時期にきている。二日市温泉のラドン泉という特徴ある温泉資源は，他の温泉街にはない温泉医療という機能をもつ資源であることから，都市に暮らす人々が日常的に通える湯治場としての機能を全面的にアピールできる。そこで，以下において，二日市温泉の今後の展開についての提言を行ってみる。

③ 住宅地の中にある湯治場の魅力を感じる

1) 風光明媚さや名産が味わえない温泉

万葉の時代から1300年もの歴史があり，「博多の奥座敷」とも呼ばれる二日市温泉であるが，現在は住宅街に温泉宿が点在しているというのが二日市温泉の現実である。風光明媚さや，その土地ならではの名産品を食せる温泉街が日本各地に多い中で，いずれも売りにすることが容易でないのが二日市温泉である。つまり，いくら泉質が良くとも，東京をはじめとする全国各地から多くの集客を，ましてやアジア各国からの集客をすることが期待できない温泉地なのである。むしろ万葉の香りを味わおうとはるばる訪れた旅行客は，住宅地の中にある現状に興ざめしてしまう可能性があり，悪い喧伝をされかねない危険性すらある。

風光明媚さ，地元名産品や名物料理，温泉，これらがワンセットになっていなければならないというのはある種の固定観念であるが，これは観光協会や旅行会社が造り出した一種の強迫観念である。日常とは異なる風景や料理とともに，温泉に浸らなければならない。そこには宿泊施設や旅行会社にとっては都合が良い，すなわち彼らが儲けやすいストーリーが背後に見え隠れしている。温泉利用者の視点からは，風景も料理もなしに，泉質の良い温泉のみを徹底的に味わうこともまた非常に贅沢なことである。温泉にじっくりと浸ることができる贅沢さ，有り難さをもう一度噛みしめてもらうには，まず湯治場としての二日市温泉の魅力を二日市温泉が自ら再発見し，再構築していくことが求められる。

2) 九州全土からは訪れにくい湯治場

　泉質の良さをじっくりと味わってもらうためには，風景や料理などの余分なものがそぎ落とされていることは好都合でもある。また，公共交通機関では必ずしも訪れやすいとは言い難い場所であることも好都合である。何度も足繁く通ってもらってこそ，その泉質の本当の良さ，すなわち湯治場の魅力を伝えることができるからである。福岡市ならびに少し広域の筑紫圏以外からは訪れにくいクローズな場所であることは，観光客にとっては訪れにくい場所であるかもしれないが，それは同時に地元の湯治場客にとってはより気兼ねなく日常感覚で利用できる場所となることも意味する。

　実際，最寄り駅の二日市駅はJR鹿児島本線にあり，必ずしも九州全土からの利便性はよくない。一方で博多駅からは15分ほどであり，福岡県民は十分気楽に訪れることができる場所にある。また九州自動車道の筑紫野インターチェンジから約2kmに位置しており，マイカーならさらに訪れやすい場所にある。このように二日市温泉は，福岡ならびに筑紫地区からは足繁く通いやすいクローズな湯治場としての魅力を秘めているのである。

3) 日常生活の中に溶け込んでいるコミュニティ型温泉

　上述したように，筑紫圏から足繁く通いやすいために，市営の公衆浴場「御前湯」や「博多湯」はすでに二日市温泉の中心的な存在になっている（旅行書籍編集部，2003）。特に，筑紫野市の福祉センターが運営する「御前湯」は，料金の安さも手伝って，すでに多くの市民に利用されている。また，住宅街，公衆浴場，温泉旅館が一体となった特殊な空間を形成している二日市では，ヘルスケア

コミュニティの拠点となり得る温泉地である。公衆浴場も温泉旅館も日常的に通えるだけでなく，そこで出会った人々は普段着感覚での交流ができるコミュニティ型の温泉街としての可能性を秘めている。したがって，筑紫野市，福岡市にとどまらず，マイカー利用客によって，さらに筑紫地区一円から日常的に愛される湯治場となり得る可能性はそれほど低くない。

ただし，筑紫圏から通いやすいことは，逆に温泉街以外の施設が競合相手となり，それらと二日市温泉が対峙してしまう可能性がある。具体的には，筑紫地区一円の他のレジャースポットが競合相手となる可能性である。二日市温泉周辺には，福岡の市街地はもちろんのこと，デートスポットとしても人気の大宰府，天神，鳥栖プレミアム・アウトレットモールをはじめ，筑紫圏一円には様々な魅力的なレジャースポットが存在している。これらと競争するのではなく，むしろ共存や協創をいかにして行っていくのかが課題として挙げられる。

まず，マイカー客が気軽に訪れることができるように駐車場をより整備しておくことはもちろん不可欠である。例えば大宰府天満宮やアウトレットモールを訪れた後に，二日市温泉も立ち寄ってもらえるからである。疲れた身体を癒すために温泉に訪れた地元客が，駐車場を探し回って逆に疲れさせてしまうようなことは避けなくてはならない。さらに二日市温泉には，数はそれほど多くないが，温泉宿もいくつか存在している。「大観荘」や「大丸別荘」のように，日本庭園を備えた純和風の日本旅館さえある。気軽な日帰りにするのか，それとも少し贅沢な宿泊にするのかという選択肢は，単なる温泉ランドでは持ち得ない選択肢であり，歴史ある二日市温泉ならではの選択肢である。近隣住民が日常的に気楽に利用できる湯治場であるとともに，状況に応じた使い分けもできるのが都市近郊型温泉の底力であろう。二日市温泉は，日帰りも可能であり，そして自宅の風呂での温浴よりは長時間かけてリラックスしながら過ごすことができ，しかも家族や友人たちからなるグループで楽しむことができるコミュニティ的な機能を保持している。例えば，公衆浴場と温泉旅館が点在する町全体を「コミュニティ温泉モール」と命名することもできよう。

日常生活がより映えるための非日常性を売るビジネスは重要である。同時に，日常生活を充実するための日常性を深めるためのビジネスも大事であり，それこそが二日市温泉の狙うべきビジネスである。そうした意味では，二日市温泉は日常生活の価値を再発見するある種のネバーフッド型の温泉コミュニティモールになり得る。いずれにしても，二日市温泉は，温泉旅館が集積していない温泉街で

あり，センターというよりも，モール[(2)]と呼ぶのにふさわしい温泉であると指摘できる。

> **将来像**：福岡ならびに筑紫の人々のみが深く長く愛する二日市温泉

　二日市温泉は，歴史ある温泉地であり，その泉質も高く評価されているものの，福岡のベッドタウンの中に埋没しつつある温泉という現状にあった。しかし福岡市や筑紫野市の市民にとどまらず，筑紫地区一円からもっと深く長く愛される湯治場となり得る可能性も秘めていた。

　具体的には，全国各地から広く薄く顧客を求めるのではなく，むしろマイカーで軽いレジャー気分で訪れることができる筑紫地区一円の地元客に焦点を合わせ，彼らに深く長く愛し続けてもらえるようになることの必要性を示した。そして風光明媚，料理，温泉をワンセットにした観光協会や旅行業者中心の，すなわち彼らにとって都合が良い従来のような視点ではなく，むしろ地元利用客の視点から，その泉質の良さ，ならびに気軽さを徹底して味わってもらうことできるような湯治場へと転換していく必要性を提示した。このことは，ライフスタイルの「スタイル特性」が「快癒─湯治場系」であり，ビジネスモデルの転換次元が「深類」であるということを意味している。

　二日市温泉は，筑紫からは訪れやすい一方で，その地区以外からは必ずしも訪れやすい場所ではない。このことは，旅行客と混在しないために，地元民にとっての憩いの場になりやすいことを意味している。さらに住宅街，温泉宿，公衆浴場が一体となった空間は，他の近隣温泉地や温泉ランドにはない特殊な空間である。そういう意味では，二日市温泉は日常生活感覚のままで温泉に浸れる「ヘルスケアコミュニティ」型の温泉である。また二日市温泉は，地理的には筑紫の様々なレジャースポットのほぼ真ん中に位置しており，他のレジャーの帰りにマイカーで立ち寄れて，それらとの共存関係も構築しやすい。地元に深く，長く愛される温泉とは，地元住民の日常生活の中に溶け込んだ湯治場である。温泉に限らず，人々の日常生活の中に当然のように溶け込んで存在するものほど強いものはない。

【注】
（1） 筑紫国：律令制によってできた国のひとつであるが，後に筑前と筑後に分割された。筑前国は現在の福岡県の西部であり，筑後は福岡県の南部である。
（2） モール：センターと同義である。初期のショッピングセンターは木陰のあるストリートに沿って店が集積してできたのでショッピングモールといわれた。現在でも，アウトレットモールという使われ方をしている。

【参考文献】
医療三朝会議（2008）「健康と温泉フォーラム三朝　温泉を活用した医療と地域の連携」三朝町主催 2008 年 11 月 4 日資料。
健康と温泉フォーラム　新・湯治公開セミナー東京（2009）「ラドン温泉医療を活用した広域連携による地方再生」NPO 法人健康と温泉フォーラム　ラジウム・ラドン温泉を利用した健康日本推進連絡会議主催 2009 年 6 月 22 日資料。
二日市温泉博多湯 HP『天然温泉　博多湯』
〈http://www.hakatayu.jp/about/〉（2012 年 4 月 15 日閲覧）。
旅行書籍編集部編著（2003）『日本の温泉めぐり　九州編』JAF 出版社，pp. 46-51。

（原田　保・岩瀧敏昭・大森　信）

温泉，医療機関，町の協同による滞在型ウェルネス温泉戦略

ケース 10　三朝温泉
「"脱Ⅱ"快癒―湯治場型」×「進伝統グループ」

《温泉のプロフィール》

- ▶所在地：鳥取県東伯郡三朝町三朝
- ▶アクセス：
  鳥取空港（東京から1時間10分）よりバスで約1時間，山陰本線倉吉駅（新大阪から3時間20分）よりバスで約20分
- ▶旅館＆ホテル数：25軒
- ▶泉質：含放射能泉（ナトリウム・塩化物泉，ナトリウム・炭酸水素塩泉，単純泉），平均53.6度
- ▶温泉旅館：依山楼岩崎，旅館大橋，木屋旅館など
- ▶観光名所：三徳山，小鹿渓など
- ▶イベント：花湯祭り（5月），キュリー祭（8月）など

〈三徳川（三朝川）と旅館街〉

着眼点：含放射能泉という特徴ある泉質を活かす三朝温泉

　三朝温泉の最大の特徴は，世界有数のラドン含有量を誇る含放射能（ラジウム）泉にある。自然に囲まれた保養地としての特性と，この特徴的な泉質によって得られる治療効果や療養効果により，大正期から湯治場として有名な温泉街であった。しかし，戦後の三朝温泉は自身の立脚すべきポジションを見失い，湯治温泉と観光温泉の間を揺れ動いた結果，近年の入湯客数は減少傾向にある。

　そもそも三朝の立地する山陰地方は，首都圏はもとより関西圏からの交通利便性も良いとはいえない。中でも三朝のある鳥取中部エリアは，周辺を島根中心の出雲文化や大山や蒜山といった山岳リゾート，近年著名になった境港などに囲まれている。一方で，鳥取中部エリア自体は，特徴的な観光資源に乏しいと言わざ

るを得ず，観光に立脚したポジションを獲得することは難しい。

　三朝温泉の目指すべき方向性が観光に依存したものではなく，温泉そのものの価値を活かしたものであることは論をまたず，すでに三朝温泉でも「現代湯治」を中心とした取組みを始めている。しかし，ここでいう湯治は旧来の治療や療養のみを意味してはいない。そこで本ケースでは，三朝温泉を「"脱Ⅱ"快癒─湯治場型」としての視角より検討を行い，目指すべきビジネスモデルと現状のギャップを整理するとともに，今後へ向けてのいくつかの試論を提示していく。

１　含放射能泉という特徴ある泉質が資源になる

1）湯治場と観光温泉の間を揺れ動く三朝温泉の歴史

　三朝温泉は，鳥取県中部の山間に開けた温泉地である。地勢的には，三方を山々に取り囲まれ，温泉地の中心を流れる三徳川（三朝川）では，かじか蛙やホタルが生息する豊かな自然環境が保全されている。このような環境の中にある三朝温泉は，元来，保養地として最適な土地柄であったといえる。

　だが，三朝温泉がその名を知られるようになったのは，このような自然環境の豊かさからだけではない。1930年，三朝温泉のラジウム含有量が世界でも有数であることが発表されると，このラジウムによって得られる「ホルミシス効果[1]」が日本では珍しいこともあり，湯治の湯として栄えることになる。さらに，三朝温泉の効用を活かした治療，療養のための施設や研究施設が相次いで建てられ，1955年には健全な保養や療養を中心とした温泉地として，国から「国民保養温泉地」としての指定を受けている（三朝温泉誌編集委員会編，1983）。このように三朝温泉は，その特徴的な泉質から治療や療養のための温泉地として，また豊かな自然に囲まれた保養温泉地としても高く評価されていたことがうかがえる。

　しかし，全国の温泉街が観光地化するのに歩調を合わせるように，1969年には保養温泉地を返上し歓楽温泉街へと向かうことで，三朝温泉の療養，保養といった特徴を希薄化させることになる。ところが，観光地としての成長に陰りがみられると，再び湯治・保養としての「健康の里」を目指し[2]，さらにバブル期に入ると再び旅館の大型化に向かうなど，戦後の三朝温泉は保養温泉と観光温泉という２つの方向性の狭間で揺れ動き，三朝温泉本来の効用に立脚した特徴ある

ポジションを弱体化させてきたという歴史をもっている。

2）鳥取という地と三朝温泉のポジション

　鳥取県の観光入込客数は，隣県の島根県と並んで全国で下位に位置する（鳥取県，2010年度9,449,000人，25県中24位）（国土交通省観光庁HP，2011）。交通利便性を考えると，首都圏からのアクセスが悪く，大阪からでも電車で3時間以上もかかる山陰地方は，観光地としてのハンデを抱えることは否めない。また，同じ山陰とはいえ，出雲大社や石見銀山などの有力な観光資源をもつ島根県との比較においても，鳥取県に優位性があるとは言い難い。

　さらに，鳥取県内においてさえも，三朝は観光的に優位なポジションにあるとは言い難い。鳥取を大きく東部エリア（鳥取市周辺），中部エリア（倉吉市・三朝町周辺），西部エリア（米子市・境港市周辺），および大山エリア（大山町周辺）に分けて，その集客力を比較すると，三朝のある中部エリアの集客力は高くない（図表6-3）。

　観光入込客数が最も多いのは西部エリアであるが，最近では特にNHKドラマ「ゲゲゲの女房」（2010年放映）による境港周辺の集客力の高まりが顕著である。一方，東部エリアは，交通拠点としての鳥取空港があり，さらに著名な観光地で

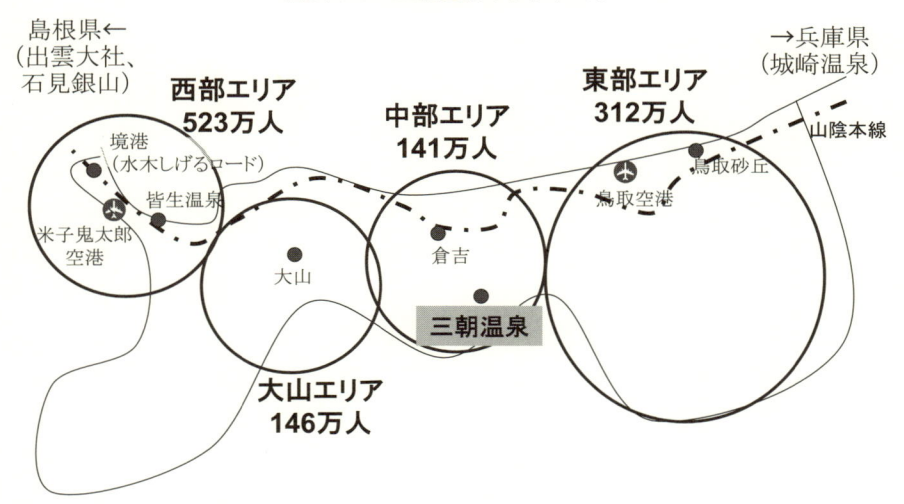

図表6-3　三朝温泉のポジション

島根県←
（出雲大社、石見銀山）

→兵庫県
（城崎温泉）

西部エリア　523万人
- 境港（水木しげるロード）
- 皆生温泉
- 米子鬼太郎空港

中部エリア　141万人
- 倉吉
- 三朝温泉

東部エリア　312万人
- 鳥取砂丘
- 鳥取空港

山陰本線

大山エリア　146万人
- 大山

（注）数字は2010年観光入込客数である。
（出所）鳥取県文化観光局観光政策課（2011）。

ある鳥取砂丘や，出雲文化ともつながる因幡の白兎伝説などで，安定した観光客数を保持している。大山エリアの観光客数は中部エリアと同程度であるものの，蒜山とともに山岳リゾートとしてのポジションを固めている。このような中で，三朝の位置する中部エリアでは，倉吉の白壁土蔵群などの観光地があるものの，その集客力や独自性は他エリアに比べて高いものとはいえない。

このように，鳥取県自体の観光ポテンシャルがそもそも高くない上に，その中での三朝周辺エリアでのポテンシャルも相対的に低い。この点から考察すると，三朝温泉が観光地温泉を目指すということは，鳥取東部エリアと西部エリア，その先の島根県の観光地をつなぐ宿泊中継地，すなわち通過型温泉地となることを意味する。さらに入湯客数（2010年）においても，西部エリアにある皆生温泉の47万人に対して，三朝温泉は36万人に留まり（鳥取県文化観光局観光政策課，2011），これが三朝温泉の相対的魅力度を示しているとすると，現状ではあえて三朝温泉を中継地として選ぶ理由は希薄である。

3）「わざわざ行く温泉」への転換とビジネス主体としての温泉，町，医療機関

以上の三朝温泉の歴史と観光ポテンシャルの検討を通じての考察を踏まえれば，今後の三朝温泉が目指すべきは，「ついでに立ち寄る，泊まる温泉」ではなく，「温泉そのものがもつ効用のために，わざわざ行く温泉」としてのポジションを確立することにあると考えられる。つまり，自らの力と自らの魅力で客を誘引できる温泉になる，ということである。

そのためには，温泉街と温泉旅館がビジネスの主体となり，三朝温泉に特有な温泉の価値を活用し，温泉地としての魅力を高める「進伝統グループ」を目指すことになる。そして，三朝温泉がもつ湯治場としての優位性を活かすためにも，ローカルでスロースタイルを目指す「脱Ⅱ類」での，個人での体の癒しを求める「快癒—湯治場系」というビジネスモデルを確立することが求められる。

さて，ここでいま一度，ビジネス主体の検討を行いたい。進伝統グループでの基本となるのは，もちろん温泉街であり，温泉旅館である。しかし，三朝温泉が三朝町の基幹産業であり[3]，平成の大合併で他町村との合併を選ばず町単独での存立を選択したことをふまえると，三朝町にとっての三朝温泉活性化は重要な意味をもち，温泉街にとっても三朝町との協同は避けられない。さらに，三朝温泉が「"脱Ⅱ"快癒—湯治場型」を目指す上で強みになるポイントとしては，大正期から放射能温泉療法を行ってきた療養施設や研究施設の存在があげられる。

ここで培われた温泉療法による治療や研究は，いまも岡山大学病院三朝医療センター，三朝温泉病院に受け継がれており，これら医療機関も重要なビジネス主体となる。

このように，三朝温泉が進伝統グループのポジションを獲得するためには，そのビジネス主体には旧来の温泉旅館や温泉街を構成する飲食店や土産物店ばかりではなく，三朝町と医療機関という新たなモジュールを位置づけることが不可欠になる。実際に，三朝温泉ではすでに「現代湯治」という取組みを始めており，この中で医療機関との協同が図られている。

② 湯治場と観光温泉という2つの顔を残す

1）湯治場と観光温泉が並存する三朝温泉

三朝温泉は，大きくは3つのエリアに分けることができる（図表6-4）。

まずは，三朝川の南岸に位置する旧温泉街を中心としたエリアである。ここには，いまだに湯治旅館として運営されている旅館や，観光旅館としても宿泊数

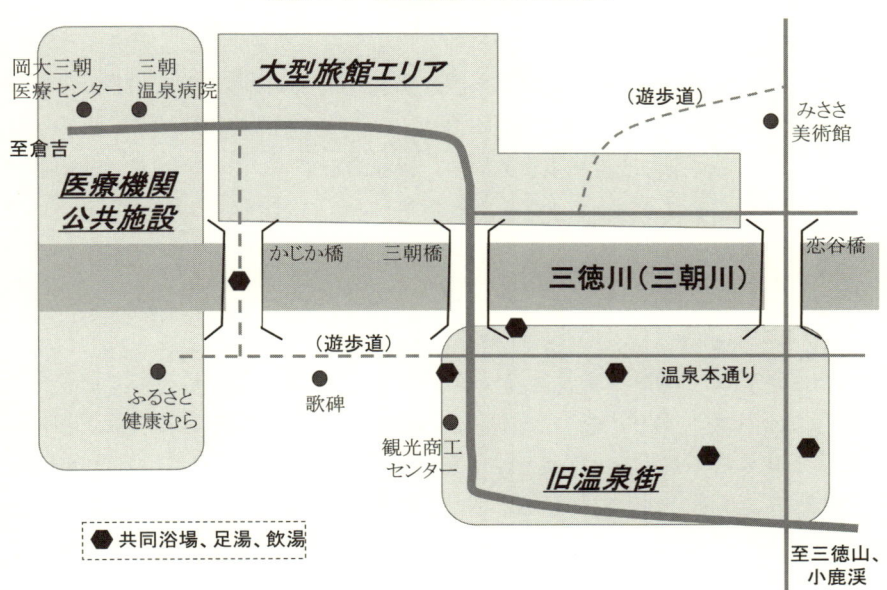

図表6-4　三朝温泉の3つのエリア

100人程度までの比較的小規模な旅館が多い。また，飲食店や土産物店，遊興目的の店舗などで構成される温泉街が残され，公衆浴場や足湯，飲泉場なども点在しており，温泉街をそぞろ歩くことができる。ここにある建物はいずれも古く，一見すると古き温泉情緒の街並みということもできるが，その実，シャッターが閉じられている店舗やただ古いだけの店舗も散見され，新たなビジネスモデルを展開する上での阻害要因となっているのであるが，この点については後に詳述する。

三朝川北岸は，収容人数100名を超える大規模な旅館が並ぶエリアである。中には300名，400名を収容する，いわゆる観光温泉街に散見される巨大旅館もある。実はこのエリアの旅館には，バブル期の拡大投資に耐えきれずに2000年代に相次いで破綻した2つの旅館がある。いまは両館とも異なる経営主体の元で再建されているが，三朝温泉が観光温泉地化した負の側面を感じさせるエリアでもある。

そして西方の三朝温泉入り口付近には，医療機関やスポーツセンターといった施設が並ぶ一帯があり，川を挟んだ対岸には陶芸やはた織りを体験することができる「ふるさと健康むら」を中心に，歌碑やホタルなどを鑑賞できる散歩道などが整備された一帯がある。いわゆる温泉街とは性格を異にする施設が立ち並ぶエリアであるが，これらはまさに三朝温泉を特徴づけている重要なエリアである。

このように三朝温泉では，古くからの湯治場や歓楽温泉街としての顔をもつエリアと，一館完結型の巨大旅館が並ぶ観光温泉の顔をみせるエリアが併存しており，加えて三朝温泉独特の施設が並ぶエリアによって構成されている。このようにみると，三朝温泉の変遷をふまえつつ，機能的なゾーニングが自然と成立しているともいえ，それぞれのエリアをどう性格づけし，どのように連動させていくかが今後の課題となる。

2）新たな取組みとしての「現代湯治」

三朝温泉では，2009年より「現代湯治」という取組みを始めている。その背景として，「新しい時代の新しい温泉地を模索する中で，温泉には社会生活におけるストレスを軽減する，保養リゾートしての役割が求められていると考えた」ためとされている（月刊ホテル旅館，2011，p.26）。従来の湯治という言葉からは，何らかの病や身体的問題を抱えた人々が治療や療養のために長逗留するイメージが拭いきれず，対象とする人を制限してしまう。その点で，ストレス軽減などの

保養要素も含んで湯治と呼ぶというコンテクスト転換が重要であり，だからこそ「現代湯治」なのである。

　提供プログラムには，「健康増進滞在プラン」と「気ままに滞在プラン」が用意されている点にも，湯治という言葉で対象を制限することを回避することへの配慮がある。従来の湯治に近いのは「健康増進滞在プラン」である。こちらは地元の医療機関との連携が図られており，医療機関の指導の元で，温泉プール療法や熱気浴療法などの様々な温泉療法を受けることができる。

　一方の「気ままに滞在プラン」では，熱気浴などのラジウム温泉を活用した健康づくりのほかに，自然散策やサイクリング，各旅館のお風呂や共同浴場などの湯めぐり，三朝周辺での街歩きや観光，体験が提案されており，まさに保養的な要素が強いプランとなっている。連動した取組みとして，各旅館での連泊を前提とした宿泊プランの提供や，三朝温泉周辺の散策路整備，ふるさと健康むらでの体験プランの提供などが行われている。

　このような「現代湯治」への取組みの成果として，平日の宿泊数が増え，数年にわたり減少していた宿泊客数が増加に転じたという（月刊ホテル旅館，2011）。客数増へのイベント等の他要因の影響や，客数増加の継続性を確認する必要はあるものの，この成果は「現代湯治」という方向性についての可能性を示している。

3）中途半端な取組みが「湯治場」の阻害要因

　三朝温泉では過去にも様々な取組みが行われてきた。中でも，注目すべき取組みとして「湯の街ギャラリー」がある。日経流通新聞1995年1月17日の記事によると，この取組みは三朝温泉での空き店舗の有効利用と温泉街の活性化を目的に進められ，温泉街を1つのギャラリーとして演出し，集客につなげるのが狙いだったようである。

　ギャラリーの完成から20年近くを経た今年（2012年），この温泉街を訪ねてみた。確かに，いくつかの店のウィンドウには個性的な展示品が並べられ，興味深いものもあり，昔懐かしい風情を感じることはできる。しかし一方で，風情というよりは寂れたという感も否めなかった。冬季だったとはいえ，土曜の午後で観光客もそれなりにいるのだが，多くの人はただ歩き抜けるか，足湯を楽しむくらいのようであった。先にも記したように，歴史ある建物といえば聞こえはいいが，手入れが施されている様子のないものや，シャッターが閉じているものも少

なくない。さらに，多くの店が入り口を閉ざしているのは冬だから仕方ないとしても，店へと招き入れる工夫がほとんどなく，営業しているのかどうかがわからない店も少なくない。さらに，これも古い温泉街という風情を大切にした結果なのか，スナックやヌード劇場が点在しており，廃れた温泉歓楽街そのものという雰囲気を少なからず感じることとなった。

　この三朝の街並みを，近隣の観光地である倉吉の白壁土蔵群と比べると，その差は歴然となる。こちらも古い蔵を店舗として活用した，回遊性のある観光地なのだが，歴史ある外観はそのままにされているものの手入れは行き届いており，店舗へと招き入れるサインや店内を覗くことができる広い間口が工夫されている。軒を連ねる店の種類も，アジアンテイストの雑貨店やヨーロッパテイストの古物店，地元工芸品の物販店，酒蔵，地元名産の飲食店やカフェといったようにバラエティに富み，店内の展示や装飾にも工夫が凝らされている。まさに，ギャラリー的に回遊する楽しみがある街並みである。

　現代湯治として工夫されたプログラムを提供していても，いまの湯の街ギャラリーにみられるような中途半端な取組みでは，その魅力を損なうことになりかねない。これは，連泊することへの動機づけが貧弱だからである。例えば冬季は，散策やサイクリングもままならず，湯めぐりや創作体験くらいしか思い浮かばない。また，昼食をとる店や息抜きのためのカフェが少ない。このように，いまの三朝温泉の取組みは，現代湯治というコンテクストを構成すべきコンテンツに課題がある。そこで次項において，三朝温泉が目指すべきビジネスモデルについて，いま一度確認を行い，求められる環境づくりの試論を提示したい。

③　特徴を進化させて快癒―湯治場として自立する

1）湯治場としての伝統を進化させる

　上述したように，三朝温泉の立地が保養地としての自然環境に恵まれていること，含放射能泉という独特の泉質とそれによって得られる湯治的な効用が重要な資源になること，さらに鳥取県やその中での三朝がもつ観光的なポテンシャルの弱さをふまえると，三朝温泉は古くから認められてきた湯治場としての特徴を強みとし，周辺の観光地に頼ることなく，三朝温泉自身で集客できる温泉に進化することが求められる。

三朝温泉では，第2章および第3章で提示したビジネスモデルとしては，進伝統グループでの「"脱Ⅱ"快癒—湯治場型」を目指すのが望ましいと考える。このことは，温泉街や温泉旅館，さらには三朝温泉においては地元自治体や医療機関をもモジュールとしたビジネスモデルであり，観光地型ではなくスロースタイルを指向した，身体的な癒しを指向するライフスタイルに合致するビジネスモデルを目指すことを意味する。

　周辺観光地や施設などのビジネス主体を巻き込みながらマルチプレイヤーで形成する超広域化は，三朝温泉を観光地通過型の宿泊温泉地という，なんの特徴もないポジションに落とし込むことになる。スロースタイルの対極となる観光地化についても，有力な観光資源がなく，相対的に弱い観光ポテンシャルしか持たない三朝温泉には，選択の余地がない。さらに，韓国ドラマの舞台になったことなどをフックとして，一気にグローバル視点での展開を目指す選択肢もないではないが，それは一時的なものにならざるを得ず，ここはまずローカルでの地固めをふまえてから，グローバル化に乗り出すべきである。

2）ヨーロッパの温泉地に学ぶ滞在型ウェルネス温泉

　ここで，治療・療養と保養・健康の両面をもつ先駆的な保養地としてのヨーロッパの温泉地を参考にしながら，さらに三朝温泉についての考察を行う。

　ヨーロッパの健康保養地は，大きく3つの施設で構成される。1つはコミュニティセンター的な位置づけの「クアハウス」で，食事や音楽会，ダンスなどを楽しむ場所となる。2つめは多目的治療施設としての「クアミッテルハウス」で，飲泉や理学療法施設が整う。3つめが「クアパーク」で，花壇や遊歩道がある公園となる（阿岸・飯島，2006）。

　これらを，三朝温泉に照らし合わせてみる。クアハウスには「湯の街温泉ギャラリー」や「ふるさと健康むら」が，クアミッテルハウスには「岡大三朝医療センター」や「三朝温泉病院」が，そしてクアパークには周辺にある「遊歩道」が，それぞれの整備次第で同等の役割を果たす施設となる可能性がある。このように大規模なハード面での投資をすることなくヨーロッパの温泉地に匹敵する環境を整えるポテンシャルを，三朝温泉は秘めているといえる。

　そして，阿岸・飯島（2006）が指摘するヨーロッパ温泉地での以下の変化は，三朝温泉の今後を検討する際にも，大切な視点を提供してくれる。阿岸・飯島（2006）では，ヨーロッパでも，以前は自然に恵まれた健康保養地に滞在して，

医療・療養に使うのが主流であったが，最近は楽しみながら保養や健康維持・健康づくり（ウェルネス），美容に用いる傾向が強まっていることが紹介されている（p.3）。三朝温泉の現代湯治も保養リゾートの役割を目指したものであったが，より具体的な表現として「滞在型ウェルネス温泉」というコンセプトを提示したい。

3）求められる滞在型ウェルネス温泉としての進化

以上，三朝温泉がヨーロッパ型温泉地に匹敵する環境を整えるポテンシャルを秘めていること，そしてヨーロッパ温泉地での変化を参考として，「滞在型ウェルネス温泉」を新たなコンセプトとすることを提示した。そこで以下では，滞在型ウェルネス温泉というコンセプトの元で，具体的な変革の試論を示していきたい。ただし，クアミッテルハウスとしての医療センターにおいては，温泉プール療法，飲泉療法，鉱泥療法，熱気浴などの施設が既にあり，基本機能は整っていると考えてよいだろう。そのため，ここでは，クアハウスとクアパークにおける変革について検討を行うこととする。

まず求められるのは，クアハウスとなりうる「湯の街ギャラリー」を中心とした旧温泉街の変革である。ポイントは，滞在型へ適応した環境づくりであり，コミュニティセンターとなり得る機能である。変革の1つめは，連泊をする際に課題となる食事対策である。旅館での豪華な食事を毎日食べるわけにはいかない。現代湯治プランを提供する旅館では，連泊用の食事メニューも考えられているが，泊食分離での宿泊メニューの検討や，旅館以外での食事が楽しめる飲食店の検討も必要だろう。飲食店の充実は，昼食のためにも欠かすことのできない施策となる。そこで，2つめに必要となるのは，昼の時間をくつろぐことのできる環境整備である。すでに，「漫画図書館」のオープンや，「あったか座」と呼ばれる地元有志による演奏会活動，さらには「みささ美術館」による展示などが行われている（三朝温泉観光協会HP，2012b）。ただし，本は漫画のみであり，演奏会は夜公演のみなどの課題が残る。日中，温泉街を散策しながら，音楽や絵画，読書を楽しめるスペースやカフェの充実が求められる。これには各旅館のお風呂を日中に限定して開放したり，3月の雛めぐりで行っているように，旅館のロビーや喫茶施設を開放することでも対応できるだろう。また空き店舗を活用しての，三朝町図書館の三朝温泉分室の開設なども考えられる。

次に，クアパークとしての環境整備である。三朝温泉には，すでに4本のウォ

ーキングルートが設定されており，この点での環境整備はある程度行われていると評価できる。ただし，温泉本町通りについては車両通行禁止の検討など，さらに散歩のしやすい環境づくりの余地は残る。また，冬季の積雪対策も考慮したい。

　求められるのは，観光地視点から滞在地視点への変革である。そして，温泉街，温泉旅館，町，医療機関が一体となった改革である。実際，現代湯治に対応し連泊プランをホームページ等で提示している旅館は限られているし，観光商工センターでの告知も各種のパンフレットを並べているだけである。湯の街ギャラリーも，いくつかの店舗のみでの対応では意味がなく，街並みトータルでの変革，一体感が求められる。既に様々な施策が工夫されていることは評価されるべきであるが，滞在型ウェルネス温泉という視点に立った，一体感のある変革の余地は残されている。

将来像：滞在型ウェルネス温泉としての三朝温泉

　三朝温泉のビジネスモデルの方向性は，スロースタイルでの滞在型ウェルネス温泉を目指す「"脱Ⅱ"快癒—湯治場型」である。ここで重要なのは，観光拠点としての位置づけを放棄し，三朝温泉が本来もつ湯治場としての伝統を進化させることにある。三朝の観光地としてのポテンシャルを検討するならば，脱観光拠点の方向性は妥当であろうし，これまで保養温泉と観光温泉の間で揺れ動いてきた方向性をここで保養温泉へと収斂させるという強い意思が求められるのである。

　さらに，三朝温泉をヨーロッパの温泉地と比較すると，保養温泉地としてのポテンシャルの高さが明らかになった。大規模なハード面での手当てをすることなく，既存の資源をリノベーションあるいは有効活用することで，ヨーロッパ的な保養温泉地の構成要素を手に入れることができる。そして，これは他の多くの温泉地では得られない三朝温泉ならではの強みといえる。治療や療養という旧来のイメージでの湯治ばかりでなく，ホルミシス効果の高い温泉めぐりをしながらも，時に自然の中を散策し，時に音楽や絵画を鑑賞し，時に本を片手にお茶を楽しむ。このようなくつろぎの中で心身を保養することができる，まさにウェルネス指向の温泉を実現したい。

　結論とするならば，三朝温泉の再活性化には，温泉街，温泉旅館，町，医療機

関が，共通の意志の元で一体となった推進力をもって，現代湯治たる滞在型ウェルネス温泉を目指すことが不可欠である，ということである。旧来の湯治を，現代湯治という新たなコンテクストへ転換し，観光視点ではなく滞在型ウェルネス温泉という視点で現存のコンテンツを再検討し，再活性化することで，他の温泉地においては得ることのできないユニークなポジションを確立することを期待する。

【注】
（1） ラジウムが分解されて生じる弱い放射線（ラドン）を身体に浴びることで，新陳代謝が活発になり，免疫力や自然治癒力が高まるといわれる効果（三朝温泉観光協会HP，2012a）。
（2） 日経産業新聞1978年8月10日および8月29日の記事で，日本健康開発財団が開発した「健康増進保養旅行」を，交通公社とタイアップして発売することが報じられている。
（3） 例えば平成18年事業所統計では，三朝町の全従業者数における飲食店・宿泊業の占める割合は34％に達する（三朝町，2011）。当然，他の業種においても温泉に関わる人はいるだろうから，町の半数近くの人が温泉に関わっているともいえそうである。

【参考文献】
阿岸祐幸・飯島裕一（2006）『ヨーロッパの温泉保養地を歩く』岩波書店。
月刊ホテル旅館（2011）「特集：ホテル・旅館のスパ・ビジネスと「モダン湯治」の可能性〜連泊需要を喚起する現代湯治プラン①医療と連携し保養リゾートへ進化」『月刊ホテル旅館 2011年7月号』第48巻7号，pp. 25-32。
国土交通省観光庁HP（2011）『観光庁/情報・資料/統計情報/共通基準による観光入込客統計』〈http://www.mlit.go.jp/kankocho/siryou/toukei/irikomi.html〉（2012年7月8日閲覧）。
鳥取県文化観光局観光政策課（2011）『平成22年 観光客入込動態調査結果』〈http://www.pref.tottori.lg.jp/secure/226510/H22toukei.pdf〉（2012年3月10日閲覧）。
三朝温泉観光協会HP（2012a）『三朝で過ごそう/三朝ラジウム温泉/ラジウム温泉とは』〈http://www.misasa-gendaitoji.jp/619/4807.html〉（2012年3月10日閲覧）。
三朝温泉観光協会HP（2012b）『三朝観光ガイド/新着情報』〈http://www.misasa-navi.jp/293/〉（2012年3月10日閲覧）。
三朝温泉誌編集委員会編（1983）『三朝温泉誌』鳥取県三朝町。
三朝町（2009）『三朝町勢要覧 みささ統計資料平成20年版』〈http://www.town.misasa.tottori.jp/files/3096.pdf〉（2012年3月10日閲覧）。
三朝町（2011）『第10次三朝町総合計画』〈http://www.town.misasa.tottori.jp/files/18003.pdf〉（2012年3月10日閲覧）。

（鈴木敦詞）

ライフスタイルの多様性を拡張するアグリ＋湯治モデルのパイオニア戦略

ケース11　東鳴子温泉
「"脱Ｉ"快癒―湯治場型」×「進伝統グループ」

《温泉のプロフィール》

- ▶所在地：宮城県大崎市鳴子温泉
- ▶アクセス：
  JR東北新幹線古川駅―陸羽東線鳴子御殿湯駅下車徒歩約5分，東北自動車道・古川ICより26km
- ▶旅館数：12軒
- ▶泉質：ナトリウム―炭酸水素塩泉，58.1度
- ▶温泉旅館：旅館大沼，旅館紅せん，勘七湯，高友旅館など
- ▶イベント：竹灯篭・光の盆（8月），東鳴子温泉神社祭典（10月）など

〈旅館大沼・庭園貸切露天風呂「母里の湯」〉

着眼点：農のある暮らし鳴子スタイルを牽引する東鳴子温泉

　宮城県大崎市鳴子温泉（旧鳴子町）にある鳴子温泉郷は1000年を超える歴史を有している。源義経や松尾芭蕉にちなんだ名旧跡や古道などが数多く残され，鳴子温泉，東鳴子温泉，川渡温泉，中山平温泉，鬼首温泉の5カ所の温泉街からなる一大温泉郷である。

　しかし，近年客足数はピーク時の半数にまで減少しており，地場の観光案内センターのサイト等では，世界遺産登録を果たした平泉をはじめ，松島，仙台などの東北観光の拠点としてのPRや温泉郷内の湯めぐりプランに注力し，鳴子温泉郷独自の価値を打ち出しきれていない。また，田畑や美しい自然景観に恵まれた町でありながら，他県と同様に第一次産業が衰退し，農閑期の休養，保養を目的とした湯治文化ももはや過去のものである。つまり，農とそれを支えた湯治文化が同時に衰退しているのである。

一方で、このような危機的状況に対して農家や東鳴子温泉湯治旅館の経営者とNPO法人などの協働による活性化プロジェクトを通じて、新たな価値創造へ向けた挑戦がなされている。そこで、以下では、湯治場としての温泉の復権とアグリの共進モデルとして、東鳴子温泉を核とした農あるくらし鳴子スタイル[1]の構築に向けた課題といくつかの試案を提示する。

① アグリ湯治によって鳴子ブランドを復権する

1）農業と共に衰退した湯治

湯治とは、広辞苑によると「温泉に入浴して病気を治療すること」であり（新村編、2008）、広義では温泉地での長期滞在で、その目的は、疲労を回復させる休養、健康を保持し病気を予防する保養、病気の治療をする療養の3つに分類できる。これは温泉の三養といわれる。湯治という言葉自体は奈良時代から使われていたが、一般庶民の間でも湯治が盛んに行われるようになったのは江戸時代以降の農閑期の湯治が主であった。

東北屈指の農業地帯であり温泉地帯である宮城県においても、当然のことながら湯治場が存在し、東鳴子温泉は江戸時代に仙台藩伊達家専用の御殿場が設けられたほどの名湯である。しかし、現代において古来からの湯治文化は衰退して、鳴子温泉郷では年間入込観光客数が1991年の約400万人をピークに徐々に減少し、2006年には約半数の約200万人となった（東北経済産業局HP、2011）。5つある温泉街の1つであり、湯治場として有名な東鳴子温泉も2002年を境に客足数が約3分の1に減少している。この背景にあるのは、農業人口の激減による湯治市場規模の大幅な縮小、現代人のライフスタイルや価値観の変化に伴い加速する温泉の観光化、観光地やレジャー施設の増加などである。

このような状況に対する危機感から、鳴子温泉郷におけるNPO法人や地域団体との協働によるいくつかの農業活性プロジェクトが実施されている。一方で、湯治場としての生き残りをかけ世界へTOJI文化を発信するという取組みもなされている。しかし、残念ながらこれらの取組みも未だに抜本的な解決策には至っていない。

図表 6-5　東鳴子温泉周辺エリア

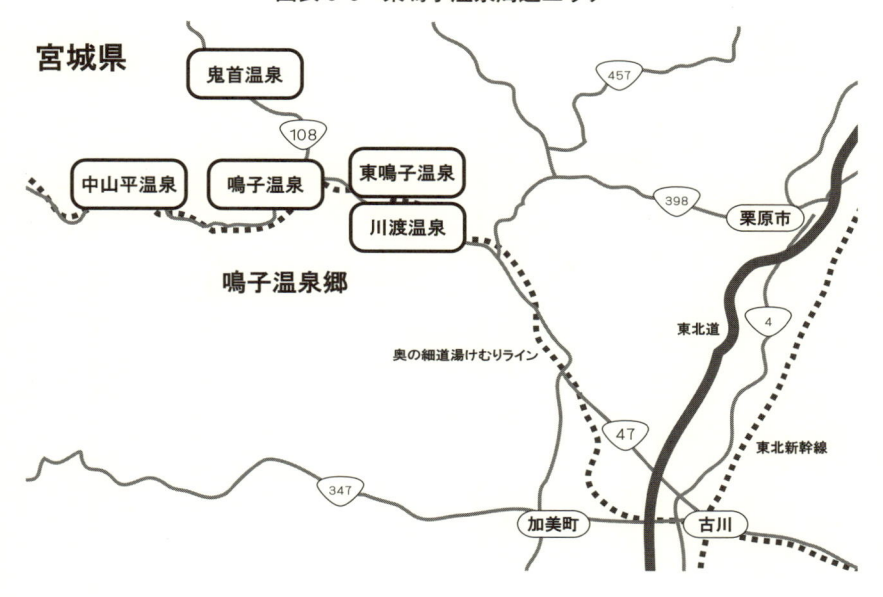

2) アグリ湯治のメッカとしての可能性

　前述のとおり，江戸時代以降は，湯治といえば農閑期の農民が主な利用者であったが，農家の後継者不足や現代人の米離れ，減反政策などの理由により農業人口は減少の一途を辿っている。その一方で，有機栽培などの付加価値の高い農業に憧れを抱き就農する若者も徐々にではあるが増え始めている。

　また，鳴子温泉郷においてプロデューサー的役割を果たす鳴子ツーリズム研究会の活動により，2004年6月に構造改革特区計画鳴子温泉郷ツーリズム特区が内閣府から認定され，農地所有者による市民農園の開園，農地取得下限面積の引き下げ，特定農業者による濁酒の製造許可者の製造数量緩和の3つの法規制緩和が実行された（鳴子ツーリズム研究会HP，2012）。これにより，温泉湯治と連携した湯治クラインガルテン（市民農園）や農家レストラン・土風里が開設され，さらには定年退職後小規模の農地を取得する新規就農者が増えるなどの環境も整った（宮城県HP，2012）。

　湯治クラインガルテンは，川渡石ノ梅地区（川渡温泉）で湯治宿山ふところの宿みやまを営む板垣幸寿が宿周辺の休耕農地に開設したもので，1,000平方メートル当たり1万円の料金で1年間農地を利用できる（山ふところの宿みやまHP，

図表 6-6　東鳴子温泉周辺施設

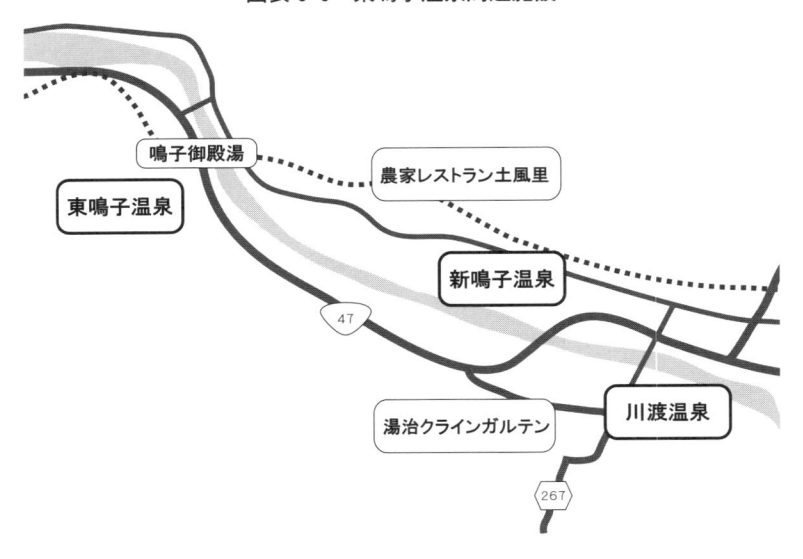

(地図：鳴子御殿湯、東鳴子温泉、農家レストラン土風里、新鳴子温泉、湯治クラインガルテン、川渡温泉、国道47号、国道267号)

2012)。20〜50泊の連泊券なども用意し，都市部の利用者にも対応している。農家レストラン・土風里は，県内の古民家を解体し川渡上川原地区に建て替えた建物を使い，土地で採れた食材を美味しく無駄なく食べるために磨かれた郷土料理と自家製のどぶろくを主たるメニューとしており，簡素ながらも重厚な趣をもつ古民家で奥羽山脈の山々を望みながらコース料理を堪能できる。しかし，これら施設は川渡地区に存在し，東鳴子温泉からそう遠くないとはいえ川渡温泉に紐づいた地域であり，このままでは東鳴子ブランドの復権のシンボルとするには説得力に欠ける。

東鳴子における町おこしの中心的な活動はNPO法人東鳴子ゆめ会議が担っており，NPO法人東鳴子ゆめ会議（2012）によると東鳴子の湯治旅館を舞台にこれまでにGOTENGOTEN2005アート湯治祭，鳴子御殿場こども旅館，田んぼ湯治，地大豆湯治などのイベントを行っており，観光的な集客，湯治文化の認知だけではなく，農家や都市部のNPO法人と連携した農業体験プログラムの実績もある。現在は，指導農家主が亡くなったため田んぼ湯治はプログラム停止状態となり，代わりに開始された地大豆湯治＠鳴子温泉郷は，NPO法人トージバが企画運営，東鳴子温泉旅館大沼湯守・大沼伸治が現地コーディネートという形式で行われている（NPO法人トージバHP，2012，旅館大沼HP，2012）。

このように，東鳴子温泉は周辺を農業地帯に囲まれたヘソのような場所であり，リタイアしたシニアや都市部の若者などの就農希望者やアグリカルチャーに傾倒する人種にとって新しいライフスタイルの象徴として進化した農業，すなわちアグリと湯治をつなぎ合わせるハブとなる要素が大いにある。

3）鳴子温泉郷の新中心地としての東鳴子

　アグリ湯治を多様な形で継続的に実現していくためには，当然のことながら東鳴子温泉の資源だけでなく，鳴子温泉郷のあらゆる資源を活用するべきである。その意味では，東鳴子温泉は，アグリ湯治のメッカ鳴子温泉郷の象徴として最もコアな活動を行い，周辺を牽引しているという図式が必要である。

　前述の東鳴子温泉旅館大沼の湯守・大沼は，NPO法人東鳴子ゆめ会議の理事長であり，都市部OLや若者層の人気を集める丸の内朝大学の東北温泉大学クラスの講師を務めるなど，鳴子温泉郷全体の集客に貢献しながら，自身が経営する旅館大沼においても湯治プログラムを実践している。旅館大沼の湯治プログラムはTOJI de コアフィット，温泉 de 睡眠美容など17種類のメニューを展開し，ファッションも適度に取り入れながら女性客のニーズを捉えようとしていることがわかる（旅館大沼HP，2012）。しかし，プログラムにはアグリとの関連性が全く見受けられず，女性向け湯治とアグリ湯治のどっちつかずになっているともいえる。この点に関しては本ケースの後半でいくつかの試案を提示する。

② モダン湯治とは異なる湯治温泉を創る

1）非日常を核としたモダン湯治

　この数年間でホテル・旅館の戦略は著しく変化し，滞在型旅行の需要を創造するため，温泉街では，古くから日本で親しまれてきた湯治文化を現代のライフスタイルに合わせて昇華させ，ヘルスツーリズムやウェルネスツーリズムの概念を取り入れた現代版湯治が注目されている。また，リゾートホテルでは美容だけではなく，心身の健康と美を総合的に提案するウェルネス系スパが世界的な潮流となっており，これは湯治の文脈で語るとラグジュアリーなエステ湯治である。本ケースでは，現代版湯治とエステ湯治を総称してモダン湯治と呼ぶこととする。

　現代版湯治プログラムの中核はもちろん湯治旅館・ホテルであるが，地域の医

療施設や自治体，企業と連携することにより，医療としての高い専門性を担保しながら美食としての完成度が高い食事，ネイチャーガイドが付き添う森林散策やカヌーなどのアクティビティを充実させることを可能としている。滞在中は，食事内容や体質改善に関わるノウハウを知ることができ，滞在後も実践できるようなフォローアップもある程度は充実している。医療機関での治療の一環としての位置づけの施設も多く，治療，保養のいずれにも対応している。

　一方，スパビジネスによるエステ湯治は，スパ独特のラグジュアリー感はそのままに，ドクターズダイエット，体質改善，東洋思想による心身のセラピーなど目的を明確にしたオリジナルの商品が次々と開発されている。こうした傾向は滞在型リゾートだけではなく，都市型ホテルにも見受けられ，働く女性をターゲットに絞り，仕事帰りに専門家の施術によるシェイプアップやダイエットプランを受けることができる。

　これらのモダン湯治に共通するのは，滞在を通じて利用者が得るのはゆったりと贅沢な非日常の中で体験した健康や美に関するノウハウであり，価値観やライフスタイルの転換ではないということである。本ケースで取り上げたアグリ湯治は，心身の健康や美だけではなく，農のある暮らしを通じた地元農家との交流，アグリビジネスと湯治の融合など，生活や生き方そのものに根付く価値観を伴うものである。

2）価値観の転換を目指すアグリ湯治

　多くの旅人をもてなしてきた古くからの温泉観光地であり，豊かな自然に根ざした生産活動と生活文化を保ち続ける農山村。それが鳴子町であり，この地に生きる生活者の暮らしを特色づけている。このような鳴子らしさを活かした旅人との交流を活性化させ，訪問者と向かえる者が共に楽しみ，心豊かにつながる旅のプロデュースを目指し旧鳴子町内外の有志で結成されたのが鳴子ツーリズム研究会である（鳴子ツーリズム研究会HP，2012）。同研究会が目指す旅や生き方を鳴子スタイルと称し，ツーリズムや様々なイベントを企画・運営している。ツーリズムは地域再生の可能性を秘めており，地域再生の鍵は中心産業の農にある。

　したがって，地域の農の営みがしっかりしてこそ，鳴子らしさ，すなわち鳴子スタイルが体現できるのである。農のあるくらし鳴子スタイルというメッセージに象徴されるように，アグリ湯治を核としたグリーンツーリズムは，地場における日常のくらしや住民との交流を体験することであり，施設や設備が差別化の大

きな要素となるウェルネスツーリズムやモダン湯治とは全く異なる価値を提供する。

3) 農業をアグリと変える若者や女性

農業女子やアグリカルチャーなどの言葉が流行したことから見て取れるように，生きる糧であった農業が現在ではアグリビジネスと呼び名を変え，シニア世代に留まらず若者や女性からカッコイイ生き方，科学的アプローチが可能な高付加価値の事業として捉えられ始めている。したがって，東鳴子においては地元農家を巻き込んだアグリ体験やその日収穫された地場農作物を使った料理の提供や自炊などと農業体験に地元の農との交流の要素を加えたエピソードメイクを行い，アグリをファッションから価値観に昇華させる。

また，東鳴子温泉は肌に効果的な重曹泉がメインであることから，女性客の利用が多く，特に東北随一と評される貸切露天風呂を有する旅館大沼は比較的人気が高い。温泉には泉質11種類のうち9種類が東鳴子温泉に湧いており，中でも重曹泉（ナトリウム—炭酸水素塩泉）は，皮膚病，切り傷，火傷，肝臓疾患，胃腸疾患などに効果があり，皮膚の分泌物を柔軟にする作用があり美肌効果に優れるため，温泉ガイド等では東鳴子温泉または旅館大沼が美人の湯と紹介されている。

しかし，美人の湯というメッセージだけでは，都市部のエステ湯治と同じ市場で戦うこととなり，交通の便の悪さや認知度の低さから圧倒的に不利な状況にある。美と健康は旬の新鮮な食材と本物の湯治温泉（自然湧出または掘削自噴[(2)]の源泉かけ流し）から作られる，というエピソード価値でアグリとビューティを紐付けて提供することにより利用客が多様化し，かつグリーンツーリズムを通じた人生における新たな価値観の気付きを提供することで，女性に対して高い訴求効果が見込めるであろう。

3　鳴子スタイルの構築とアグリの共進に向けて

1) スローを象徴する鳴子スタイル

以上のように，鳴子スタイルは農を中心にした食材・料理，風景，暮らしと文化で作られたものであり，スロースタイル，すなわち自己を越えて地域社会や環

境のことまで考慮した生き方，じっくり・ゆっくりとした関係性に基づいた健康なライフスタイルを象徴することである．このような鳴子にみられるスロースタイルは，決して鳴子だけの特権ではなく，第一次産業を中心とした農山村であれば実現可能なものであり，さらに湯治温泉のビジネスモデルにおいては，湯治とアグリとの共進モデルを追及することで他の温泉街，温泉郷，観光地との差別化を狙う．すなわち，鳴子スタイルは唯一無二の存在として全国から利用客を集めるのではなく，農業県に一地域程度の割合で存在しそれぞれの農業と湯治を牽引するのである．

また，この共進モデルは旅館経営者や農家だけではなく，地元のNPO法人や市民団体などの非営利組織，市町村の自治体との連携，協働がなされることがビジネスとしての成功要因となる．このモデルでは，非営利組織は旅館経営者，農家を繋ぐプロデューサーの役割を果たし，自治体はこのようなビジネスを地域再興，地域デザインと捉えプロデュースされた計画を支援するための法整備，PRを行う．

2）宿泊者同士や地元農家との交流からの価値転換

残念ながら，鳴子温泉郷を訪れる人々にこの鳴子スタイルを魅力的に提供しきれていないのが現状である．鳴子温泉郷の農を支える湯治旅館において，農を感じるエピソード価値を提供するために，以下のような取組みを提案したい．

1つめは，旅館大沼を中心とした東鳴子温泉の旅館において，地元農家との交流を演出することである．地場の食材を用い，食材の味を活かした料理を提供するだけでなく，温泉街で朝市を開催し，作り手である農家，旅館で働く人，宿泊客が農作物を手に取り，味見し，語り合う場を創出する．自炊する宿泊客は，作り手である農家の人々と言葉を交わし，農作物の育った環境，作り手のこだわりなどを知ることで，実際に調理し食す食材のエピソードとそれを直接作り手から聞いた体験という二重のエピソード体験をするのである．さらに，自炊する宿泊客同士で料理を分け合い語り合うことができればこの体験の価値はますます高まるであろう．料理付きで宿泊する客においても，朝市で見聞きしたことは，食卓に出される一品一品のエピソードとなる．

2つめは，湯治旅館のプログラムの中に農業体験を入れ込むことである．湯治クラインガルテンのように市民農園の利用者が湯治旅館も利用していく，という経緯はもちろん必要である．加えて，前述した美人の湯を求めて湯治旅館を利用

する客に対して美と健康のためのこだわりの農作物を自ら作る体験をさせることは，湯治に美と健康に寄与するライフスタイルの価値転換をもたらす契機となり得る。

　これらはほんの一例に過ぎないが，体験を領域ごとに切り離してしまわずに関連付けていくことで，鳴子スタイルとしての付加価値を高めることになるであろう。

3）被災地復興とアグリビジネス

　最後に，2011年3月11日に発生した東日本大震災において被災地となってしまった宮城県にあるからこそのポジショニングについて，若干の考察を試みる。旅館大沼は，被災当時地域全体が停電したにも関わらず，通常と変わらず温泉が湧き出ていた。これは，電力に頼らない堀削自噴により温泉を得ているためであると考えられる。旅館大沼は，震災後，被災地を訪れるボランティアの宿泊施設として度々利用され，温泉のお湯を避難所に届ける試みもなされた。これには単に利便性や必要性だけではなく，津波による被害の大きかった宮城県女川町は東鳴子温泉へ湯治に訪れる人々が多いという縁が深い土地であり，さらに震災に負けなかった温泉であることなど重要な背景があった。

　震災における津波の被害は，塩害という形で農業にも大きな打撃を与えた。農業復興に向けた東北コットンプロジェクト[3]は，塩害でこれまでの農作物を栽培できなくなった農地を活かす方法として塩に強いコットンを栽培するという取組みであり，大手アパレル企業が名を連ね，業界の注目度も高い。しかし，現状の農業経営は一般的な農家にとって持続可能性の高い事業ではなく，ただ復興するだけでは長期的な発展は難しい。農業の将来のためには復興ではなく付加価値を高めるイノベーションが必要であり，震災復興を目的としたプロジェクトと，こうした従来からの課題を合わせて解決していくことが求められる。

　震災に負けない湯治温泉，震災を契機に進化するアグリビジネス，このようなビジョンの中心に東鳴子温泉があることで，東鳴子温泉による湯治場としての復権とアグリの共進モデルが持続可能性，社会的メッセージ性の高いものとして推進されると考える。

> **将来像**：アグリ湯治の先進地域としての第一次産業を牽引する東鳴子温泉

　東鳴子温泉における湯治とアグリの共進モデルは，古来から関連の深かった農業と湯治とを旅館を核として繋ぎ，またアグリビジネスと人をつなぐ湯治温泉を目指す進伝統グループであり，さらに心身の癒しを超えて土地と共に生きる鳴子スタイルを通じてライフスタイルにおける価値転換をもたらす"脱Ⅰ"快癒─湯治場型である。したがって，東鳴子温泉の成功の是非では農業のイノベーション，すなわち付加価値の高いアグリビジネスの構築と，アグリビジネスに携わる若者や女性のための湯治プログラムの提供をいかに関連づけるかにかかっていると述べてきた。

　ここで目指すスロースタイルは，メッカとしての圧倒的な存在感を目的とせず，あくまでもその土地，すなわちローカリズムの追求である。先進ケースとして，全国の農村地帯，湯治温泉地帯にこのモデルが増殖し，第一次産業のイノベーションを起こし長期的に発展することが重要である。そのためには，被災地としてのメッセージ性の高さを最大限に活用し，共感する若者，企業を巻き込み仕組みを作ることも積極的に行うべきである。

　東鳴子温泉の成功は，点と点をつなぐダイナミックな仕組みと，ローカリズムの追求による人々の巻き込みにかかっており，その成果は単なる観光地の活性化やビジネスモデルを超えて，日本の産業における大きなイノベーションとなる可能性を秘めている。生命に深く根ざす農とそれを支える湯治の新たなフェーズが実現することを切に期待している。

【注】
（1）　鳴子スタイル：宮城県大崎市発行の旅行者向けデジタルマガジンのタイトル。湯治，郷土料理，風景，暮らしと文化など，農業があるからこその鳴子の魅力を訴求している（鳴子ツーリズム研究会 HP，2012）。
（2）　自然湧出，堀削自噴：温泉の湧出の形態を表す。自然湧出は泉と同様に人間の力を必要とせず自然に湧き上がってきた温泉のことで，堀削自噴は人間が予め掘り道筋をつけた箇所に自然の力で湧き上がった温泉のことである。温泉は湧き出てからの時間が短い鮮度がよい状態であるほど効果が高く，源泉から近い自然湧出が最も鮮度が高い。
（3）　東北コットンプロジェクト：東日本大震災の津波被害により稲作ができなくなった仙台市，名取市において，土地で耐塩性の高い綿栽培を行うことで農業再開を支援するプロ

ジェクト。綿花栽培を担当する「仙台東部地域綿の花生産組合」と「耕谷アグリサービス」，紡績を担当する「大正紡績」，アパレルの「Tabio」「LEE」などが発起人となり，JAなどからの生産支援，アパレル企業26社（2012年2月現在）による商品企画・製造・販売などが行われている（東北コットンプロジェクトHP，2012）。

【参考文献】

NPO法人トージバHP（2012）『NPO法人トージバホームページ』
〈http://www.toziba.net/〉（2012年1月31日閲覧）。
NPO法人東鳴子ゆめ会議HP（2012）『NPO法人東鳴子ゆめ会議ホームページ』
〈http://1000toji.com/index.html〉（2012年1月31日閲覧）。
大崎市HP（2012）『大崎市公式ウェブサイト』
〈http://www.city.osaki.miyagi.jp/〉（2012年1月31日閲覧）。
大崎市鳴子総合支所（2005）『鳴子スタイル』大崎市鳴子総合支所。
大崎市鳴子総合支所（2006）『続　鳴子スタイル』大崎市鳴子総合支所。
せきねきょうこ（2011）「スパビジネスの世界的潮流」『月間ホテル旅館』柴田書店。
東北経済産業局HP（2011）『東北21 TOPICS 地域サポーター通信』
〈http://www.tohoku.meti.go.jp/koho/kohoshi/mokuji/20fy/0811/04.html〉（2012年7月9日閲覧）。
東北コットンプロジェクトHP（2012）『東北コットンプロジェクトホームページ』
〈http://www.tohokucotton.com/〉（2012年2月6日閲覧）。
鳴子温泉郷観光協会HP（2012）『鳴子温泉郷観光協会ホームページ』
〈http://www.naruko.gr.jp/〉（2012年1月31日閲覧）。
鳴子ツーリズム研究会HP（2012）『鳴子ツーリズム研究会ホームページ』
〈http://www.narukostyle.com/n-tour/index.html〉（2012年1月31日閲覧）。
新村出編（2008）『広辞苑　第六版』岩波書店。
松田忠徳（2010）『美人力を上げる温泉術』講談社。
宮城県HP（2012）「みやぎのグリーン・ツーリズム」『宮城県ホームページ』
〈http://www.pref.miyagi.jp/nosonshin/nosonsinkotaisaku/gt/resutoran/oosaki/o11.htm〉（2012年1月31日閲覧）。
山ふところの宿みやまHP（2012）『山ふところの宿みやまホームページ』
〈http://www.yado-miyama.com/touji.html〉（2012年1月31日閲覧）。
旅館大沼HP（2012）『旅館大沼ホームページ』
〈http://www.ohnuma.co.jp/index.html〉（2012年1月31日閲覧）。

（原田　保・照井敬子）

湯治文化の普遍的価値を体験する秘湯ネットワーク戦略

ケース 12　夏油温泉（げとう）
「"超"快癒―湯治場型」×「減集積グループ」

―――《温泉のプロフィール》―――

▶所在地：岩手県北上市和賀町
▶アクセス：
　JR東北本線（新幹線）北上駅から路線バスで65分，東北自動車道北上金ヶ崎ICから車で約40分
▶旅館＆ホテル数：2軒
▶泉質：塩化物泉，硫黄泉，52～62.6度
▶温泉旅館：元湯夏油，夏油山荘
▶観光名所：夏油三山，平泉（世界遺産），花巻温泉郷など
▶イベント：夏油温泉開き（5月上旬），夏油高原新緑まつり（6月上旬），夏油三山山開き（6月中旬），ヒメホタル観察会（7月），北上みちのく芸能まつり（鬼剣舞8月上旬），夏油高原紅葉まつり（10月上旬）など

〈元湯夏油　真湯・女（目）の湯入口〉

着眼点：一軒宿の秘湯の湯治を体感する夏油温泉

　ひっそりとした山奥に，まるで自然の一部のように佇む一軒宿。日本人の誰もが思い浮かべる秘湯とは，概ねこのようなイメージではなかろうか。秘湯という言葉に明確な定義は存在しないものの，朝日旅行会（現，朝日旅行社）の創業者であり，日本秘湯を守る会の提唱者でもある故岩木一二三の造語であったとされている。その言葉どおり，秘してこそ温泉としての付加価値を発揮するのであるが，1980年代の秘湯ブーム以降，秘する場所から快適で便利な場所へと変貌することで，自ら付加価値の弱体化を招いていることも否定できない。
　岩手県南西部に位置する北上市は，東北道と秋田道の結節点という地の利を活

かし，東北でもトップクラスの流通・工業集積地として栄える県内5番目の都市である。東部の北上山地，西部の奥羽山脈に挟まれた北上盆地の中央に位置し，北上川と和賀川が合流する田園地帯でもある。北上市の西部，焼石岳中腹の渓谷のある夏油(げとう)温泉は，江戸時代の温泉番付において西の大関紀州和歌山の本宮温泉と並び称され，東の大関と謳われたほどの名湯である。

そこで，数ある秘湯の中からこの夏油温泉に着目し，秘湯がもつ非日常性という付加価値を守りながらも，他の秘湯とのネットワークの形成により，いかにして観光地ビジネスからライフスタイルビジネスへの転換が実現し得るかについて検討する。加えて，温泉郷として一定のブランド力をもつ花巻温泉や，先に世界遺産として登録された平泉との県南広域振興圏の構成を指向することにより，ローカルビジネスからグローバルビジネスへの転換を同時に考察する。

① 他の温泉との合従連携戦略により集客モデルを構築する

1) 寒冷地の秘湯の優位点と劣位点

前述したように秘湯という言葉自体に明確な定義が存在する訳ではないが，わざわざ訪れることによって，完全なる非日常的な空間を体験できることこそが，期待価値に相当する。この「わざわざ」が秘湯にとってのとても重要なキーワードである。「わざわざ」を醸成する条件として，温泉街を形成しない一軒宿，人数限定，交通（アクセス）の不便さ等々が挙げられる。なおかつ，寒冷地であれば，冬期のアクセスが不可能になる等，期間限定という条件が加わることになる。観光客の入込数増加を前提として観光地化した温泉街と比較した場合，上記すべての条件が劣位点として認識されても全く不思議ではない。しかし，この劣位点こそが秘湯が秘湯たる所以であり，劣位点が際立てば際立つほど，秘湯としての「劣位点＝優位点」が確立されていく。

秘湯の例ではないが，この劣位点を巧みに利用しプレミアムブランドへの転換を見事に成し遂げているのが星のや　京都であろう。日本文化を代表するグローバルブランドとしてすでに確固たる地位を築いている京都において，新たに幽玄なる世界を繰り広げる創造性は，まさに星野社長が思い描くもうひとつの日本の体現に他ならない。かつて，平安王朝文化に多大な影響を与えた嵐山というリゾート地に，嵐峡の名のとおり，雄大かつ優雅な景観を眺めながら大堰川を船で遡

りやっと辿り着く一軒宿は，水辺の私邸というコンセプトどおりの秘湯ならぬ秘境である。京都の豪商によりライブラリー兼住居として建てられた水辺の私邸が，約100年前から旅館へと姿を変えた。その伝統的建築物を，現代における前衛的要素を含みながら非日常的空間を創造する星のやのアプローチは，一軒宿・人数制限・不便なアクセスなど劣位点を優位点へと転換する好例として非常に学ぶべき点が多い。

夏油温泉も，もちろん劣位点を優位点へと転換する大きなポテンシャルを有している。元湯夏油は，旅館部と自炊部の計8つの館で一軒宿を構成している。特に，昔ながらの湯治場スタイルを踏襲する自炊部は，長期間湯治を要する人々によって旧き良き習慣を静かに受け継いでいる。

ゲトウという名称は，アイヌ語のゲット・オ（崖のあるところ）に由来しているといわれ，冬は豪雪により利用できなくなることから夏湯（げとう）と呼ばれるようになり，さらに湯が夏の日差しでユラユラと油にようにみえたことから夏

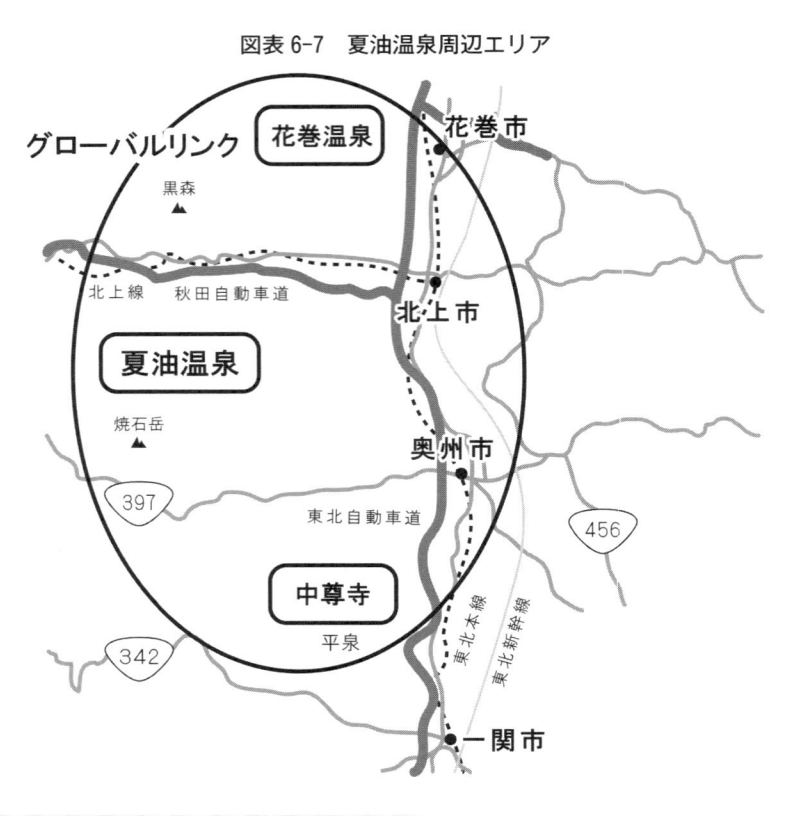

図表6-7　夏油温泉周辺エリア

油（げとう）と名付けられたという説が通説となっている。この名称の由来からだけでも，秘湯として条件を連想させるに十分であろう。交通（アクセス）も，主要ターミナルである北上駅から車・送迎車・路線バスのいずれを利用しても，ほぼ1時間弱程度の時間を要し，路線バスに至っては日に2本程度しか運行されていないなど，不便さも具備していると断言して差し支えない。さらに，名称の由来にもあるとおり，冬の豪雪により毎年11月から5月初旬まで半年余りもの期間は利用できなくなり，まさに寒冷地特有の期間限定の秘湯という劣位点が加わることになる。

　ゆえに，ここで示した劣位点を秘湯の特徴としてのみ捉えていたのでは，本著の主旨であるビジネスモデルの転換を実現することは難しい。劣位点を優位点へ転換しビジネスモデルを確立するためにも，北上市が有する交通の要所という地の利を十分に活かしたネットワーク形成が必要不可欠である。（図表6-7）

2）東北有数の大温泉郷花巻温泉との連携

　ネットワークを形成する上で重要なパートナーの1つめは，隣接する花巻市の花巻温泉である。実に14カ所もの温泉地を有する花巻温泉郷や，南部利直公が椀で供されたそばのおいしさに何杯もおかわりしたことに由来するわんこそば，400年の伝統を受け継ぐ花巻まつりなど，魅力溢れる多様なコンテンツを有する人口10万人超の岩手第四の都市が花巻である。

　さらに，賢人・宮沢賢治をはじめ，農学者・教育者・さらに国際連盟事務次長も務めた新渡戸稲造，彫刻家でありながら詩集『智恵子抄』の刊行で大きな反響を呼んだ高村光太郎，日本洋画界に前衛絵画を持ち込んだ天才画家・萬鉄五郎，これらの偉人たちのゆかりの地こそ花巻である。

　花巻温泉郷は，奥羽山脈の渓谷沿いに点在する14カ所もの温泉街から構成されている。第3章でも示したとおり，それぞれの温泉街が独立した狭域クラスターとして存在し，温泉旅館やホテルがビジネスモデルの中核を担っている。

　しかし，花巻温泉郷において中心的存在である花巻温泉も，観光経済新聞社HP（2011）による旅のプロが選ぶ『にっぽんの温泉100選』では，1997年に16位を獲得して以降下落し，近年は60位～70位前後が定位置となってしまっている。この順位に呼応するかのように，1990年代前半に67万人程度だった温泉地宿泊数が，一時，90年代後半に100万人弱まで伸張するものの，2000年前後から減少の傾向に転じ，2008年には57万人と全盛期の約半数にまで減少してしま

った。

　このように，一見，確固たるブランド力を発揮していると思われがちな花巻温泉郷であるが，14 カ所もの温泉街をソーシャルネットワークとして束ねることでそのポテンシャルを最大限発揮するという広域産業クラスターとして求められる役割を，十分に発揮しているとは言い難い状況である。

3）奥きたかみ秘湯ネットワークの構築

　そこで，大型施設を擁し昭和の高度成長期を象徴する花巻温泉のような大温泉郷をネットワークの中核に据える戦略ではなく，あえて郷という概念を崩してまでも，夏油温泉をはじめとする歴史ある秘湯をネットワークの中核に据える戦略提言を試みる。

　湯治場の原型を今も残す夏油温泉を中核に据え，その他にも数多く存在する非日常性を体感する上で夏油温泉にも負けずとも劣らないとても魅力的な秘湯により奥きたかみ秘湯ネットワークを形成する。秘湯候補としては，花巻温泉郷の中からは，花巻温泉の元湯でもある台温泉，白猿の湯で有名な鉛温泉，築 200 年を超える湯治場を有する大沢温泉，大正時代に創業した歴史ある湯治場である西和賀町の湯田温泉峡の 1 つである湯川温泉があげられるだろう。

　この秘湯ネットワークは，ケースのタイトルどおり，「"超"快癒―湯治場型」×「減集積グループ」としてその特徴が示される。「"超"快癒―湯治場型」の特徴として，あえて岩手や花巻という地域名を廃し，脱ローカル戦略を打ち出すことでマーケットセグメントをグローバルへと進化させる。加えて，昔ながらの湯治場スタイルを踏襲する秘湯としての特徴を最大限活かすために，個人・カップルをターゲットにヘルシースタイルを軸としたスロースタイルを全面に押し出す戦略である。また，「減集積グループ」の特徴として，花巻温泉に代表されるような大型施設を中核とする広域産業クラスター形成を指向しないことを意味している。

　いわば，秘湯めぐりマーケティング戦略の投入ともいえる秘湯ネットワークの形成により，湯治の本来の目的である病気療養に加え，若い世代を取り込んだジョギング・ウォーキングやトレッキングなどに代表される健康志向ブームとも，非常に高い親和性を醸成すると考えられる。このようなライフスタイルの変化は，昨今の旅行形態の変化とも無関係ではない。社団法人日本観光協会（2011）によれば，1992 年当時，個人旅行と団体旅行の比率がそれぞれ 56.7％，30.2％で

あったのに対して，2009 年には同比率が 72.1％，23.5％に変化している。慰安旅行のように場所と時間の共有が主な目的であった時代から，山ガールや歴女ブームなどに象徴される目的指向性の強い女性にみられる行動パターンの変化を例にとっても，秘湯ネットワークの形成という新たなコンテクストによって，脱・温泉街ビジネスを指向する戦略は理にかなっているといえる。

② 北上は東北ではめずらしい発展都市である

1）県庁所在地でないのに人口増加地域

さて，夏油温泉がある北上市は，人口 9 万人超を擁する岩手県内 5 番目の都市である。県内の 3 分の 2 以上が過疎地域として指定されている中でも数少ない人口増加地域（1995 年から 2010 年の人口増加率 107.2％）の 1 つでもある（総務省統計局 HP，2012）。昭和の大合併により北上市が新設され，1991 年（平成 3 年）には，いわゆる平成の大合併に先駆け，旧和賀町，旧江釣子村との合併により現在の発展の基礎を創り出している。特に，平成の合併では「内陸部の中核都市を目指す」というコンセプトを掲げ（滋賀県市町村合併推進支援本部，2001），120 回以上にもわたる住民説明会を開催するなど住民の自主性を重んじる姿勢を貫き，その後の平成の大合併におけるモデル地域として注目を集めた。

さらに，東北自動車道，秋田自動車道および東北新幹線など，流通拠点としてのインフラが着実に整備されてきたことが，人口増加の大きな要因であることは明らかである。北東北の十字路として地の利を最大限に活かしながら，およそ 180 以上もの企業誘致を成功させ，東北でも有数の流通・工業集積地へと変貌している。2005 年の国勢調査結果をみると，少子高齢化という全国的な傾向が表れてはいるものの，男女とも 30 歳代の人口割合が高いという特徴からも，企業誘致による第二次産業の発展で順調に雇用を生み出していると考えられる。

北上市は，これまでの成長を背景に将来の北上市をどのようなまちにしていくのかを総合的・体系的にまとめた北上市総合計画（2011〜2021 年版）を策定している（北上市 HP，2011）。総合計画の策定にあたっては，市民の視点に立った市民参加の計画づくりを進めるために「きたかみ未来創造会議」を官民共同で立ち上げ，医療・福祉，教育・文化，産業・雇用など様々な分野での提言を行うことで，総合計画の内容に反映させている。

中でも，市域の地形的条件や歴史的な背景に基づき，市内を東部地区・中部地区・西部地区・西部森林地区の4つの地域にゾーニングし，それぞれの地域における将来像を定めている。本ケースの主題である夏油温泉は，西部森林地区に属しており，栗駒国定公園など手付かずの自然保全を目的にして，森林資源や温泉資源を最大限活用することで環境学習や自然体験を推進する場として明記されている。

このように，地方経済が衰退する逆境の中でも，地元がもつ利点を最大限に活かし得る視点を地元住民が認識していることから，秘湯ネットワークの形成により新たな地域ブランドを構築する上でも，非常に高いポテンシャルを有している地域であるといえるであろう。

2) 北上ブランドを背景にした奥北上秘湯ブランドの確立

では，顧客からみて，一般的な温泉地に比べ，湯治場という場所が非日常過ぎて劣位点が際立ってしまう弱点をどのようにして優位点として転換させていけばよいのであろうか。日本では，古来より温泉が本来もつ効能と神仏への信仰が一体になり，湯治という文化を創り上げてきた歴史的背景が存在する。この点が，保養地として発展を遂げてきた海外の温泉地との最大の違いである。

鈴木（2011）によれば，医学が温泉による治療を積極的に研究し始めたのは江戸時代に入ってからのことである。医学的見地から効能効果を説き始めたのは18世紀に入ってからであり，福岡藩医で儒学者でもあった貝原益軒（1630～1714）が湯治案内書の先駆けとなる『有馬温泉記（有馬湯山記）』を刊行したのがはじまりであるといわれている（日本温泉文化研究会，2011）。いわば，温泉地に対して他の温泉地との差別化を効能効果や適応症といった科学的見地から求め始めたのが，江戸時代からだったということである。それまでの湯治は，神仏信仰の色合いが濃く，夏油温泉もその例に漏れず敷地内に薬師神社を配しており，治病・延命・安楽の仏として療養・静養のために訪れる人々の信仰に対象となっていたに違いない。

江戸時代から近代へと向かう時代の趨勢の中で，温泉がもつ意味合いが湯治場から観光地へと変貌を遂げてきたことは紛れもない事実である。言い換えれば，病の治癒を願い人々が長期滞在を前提としていた湯治場のビジネスモデルが，健康な人々にとっての観光地・保養地として1泊2日を前提とした温泉地のビジネスモデルへと転換してきたのである。この事実を正しく理解することなしに，た

だ闇雲に秘湯ネットワークの構築を推し進めたとしても，新たなブランドを確立することは不可能である。

秘湯ネットワークを形成し，各地域の由緒ある湯治場を巡ることで，日本が独自の信仰心とともに育んできた湯治文化を，原体験そのままに観光客へ提供するのも１つの方法ではある。しかし，ただ巡るという行為だけでは，湯治場と観光地の中間的空間を通り過ぎるだけとなってしまう。あえて「秘湯＝辺境」に身を置き，すべての人々に共通する健康という命題を通じて自身を客観視することで，自分自身のスロースタイルを発見する学習体験を創り出す必要がある。なおかつ，学習体験によって秘湯ならではのエピソード価値を生み出し，このエピソードを触媒にして新たなコミュニティを形成していくのである。湯治文化の継承者として秘湯を支える宿，コア・バリューである病気療養を自ら体現する湯治客，秘湯を包む大自然と湯治文化の背景にあるスピリチュアルな世界から自らの健康を学ぶ観光客，この三者が湯治が生み出した文化を背景にエピソード価値を創出してこそ，コミュニティが意味をなし，「またそこに帰りたくなる」リピートの循環を創り出す。

そのためには，一定レベル以上の産業基盤と教育文化水準を有する北上市の市民がプロデューサー役となり，総合計画に掲げる街づくりの一環として，新たな北上ブランドの構築に向け，体験型秘湯ネットワークを形成すべきであることはいうまでもない。

3）盛岡，秋田，仙台，さらには東京からの顧客誘引

北上市が，東北自動車道，秋田自動車道および東北新幹線など，流通拠点としてのインフラが着実に整備され，北東北の十字路として地の利を活かしながら発展を遂げてきたことはすでに述べてきたとおりである。それぞれの県庁所在地である東北の三大都市圏を結ぶ交通の要所であることは，まずは近隣からの顧客誘引を基礎として固めるためにも，非常に有利な条件である。

また，機械・金属産業を中心に180社以上もの企業を誘致しているということは，それだけ首都圏および他県とつながりをもつ機会を有しているといえる。前述したように，観光の実態が団体旅行から個人旅行へとますますシフトしている現状を踏まえれば，ただ単に団体社員旅行を誘致するのではなく，誘致企業の社員が家族連れで訪れたくなる体験型の仕掛けづくりが非常に重要である。

さらに，グローバル規模でのマーケットセグメントを獲得するために，もう１

図表6-8　盛岡・秋田・仙台エリア

つ強力なコンテンツとのネットワーク形成を指向する。2011年6月に世界遺産登録が決定した平泉である。奥州・藤原氏が，京から遠く離れた平泉の地において，永遠の極楽浄土を願い築き上げた理想郷である。代表的遺産である中尊寺・金色堂，毛越寺・浄土庭園，無量光院跡などは，初代・清衡，二代・基衡，三代・秀衡がそれぞれ建立したといわれている。特に，初代・清衡が建立した中尊寺には，すべての命を慈しみ，非戦の誓いを立てるべく，「地上からすべての戦いを無くそう」という現代に生きる全人類に通ずる平和のメッセージが込められている。豊かな自然を敬い，自然を生かして自然とともに生きていく大いなる山・川・大地に抱かれる理想郷には，人と人，人と自然との共生の理念が脈打っている。だからこそ，健康への希求と神仏信仰が一体となった湯治文化の体験とともに，奥州・藤原氏が平泉に一時代を築き上げた非戦の誓いと共生の精神に触れることこそ，人間が人間らしくあるための普遍的真理を体感する貴重な経験を創り出すはずである。

　このように，平泉のようなグローバルマーケットを前提としたコンテンツをネットワークに取り込むことで，秘湯そのものがもつ魅力をより一層引き出すための価値増大装置として活用できる可能性が格段と広がる（図表6-8）。

3　日本の秘湯としてのアイデンティティを形成する

1）秘湯体験による非日常性の演出

　江戸時代から近代，そして現代にかけてゆっくりと大きくライフスタイルが変化するにつれ，温泉もその役割を大きく変化させてきた。病を治療するための湯治場は，一部の特定疾患に効能を掲げる温泉地を除けば，健康な人々にとっての観光地・保養地へと変化し，長期滞在を前提としたビジネスモデルから，1泊2日を基本とするビジネスモデルへと多くの温泉地と旅館が変貌を遂げた。

　近年の市場環境に目を向ければ，2008年のリーマンショックに端を発した金融危機以降，消費者はその態様を顕著に変化させ始めている。

　2000年前後には，LOHAS（ロハス：Lifestyles Of Health And Sustainability）と呼ばれた健康や環境問題に関心の高い一部の層が志向していた価値観が，確実に広がりをみせるようになった。

　その後も消費は自分，地域，支持すべき企業への投資という位置づけで捉えることで，何を持つかよりどう生きるかに関心が移っている（Gerzema and D'Antonio, 2010）。日本国内に目を向けても，カーシェアやルームシェアなど若者を中心とした脱消費の広がりや，フェアトレード（公正貿易），エシカル（倫理的）消費など，消費に社会意義を求める動きが，東日本大震災を機にさらに加速している。この事実は，より多くからより良いモノへの転換，ひいてはモノからコトへの転換の加速を裏付けているのである。

　温泉ビジネスも例外ではないという仮定に基づけば，温泉におけるマーケティングのあり方そのものにも変化が求められて当然である。顧客は，ただ単に1泊2日の温泉旅行で時間と空間を消費するのではなく，その場所から何かを学び，新たな絆を結び，協働する喜びが感じられる経験・エピソードを求めている。ゆえに，一軒宿，人数制限，アクセスの不便さ，期間限定などの条件を，非日常性を演出するための優位点として捉えようとするアプローチにより，秘湯がもつ劣位点を優位点へと転換する秘湯ネットワーク戦略が湯治場の新たな価値を生み出すと確信する。

2）湯治による長期，かつ継続的な需要の喚起

　とはいえ，秘湯ネットワークという湯治場と観光地の中間的空間を魅力的な空

間として付加価値を創造するには，具体的な仕掛けづくりが必要である。そのアイデアを2~3例示してみたい。

1つめは，夏休みや冬休み，春休みを利用した「こども湯治体験学習」の企画である。1週間から2週間の期間，湯治場に宿泊しながら，でき得る限り自給自足の生活を体験する。高度情報社会の時代に入り，いまやストレスという言葉は大人だけの言葉ではなくなった。資本主義経済の発展の中で，合理的で客観的で均質的な時間の波はより速く，より多くという時間との競争を生み出し，いわゆるファストな社会を子どもたちの社会にさえ強いている。子どもたちが湯治場を訪れ，その非日常的な空間を体験する中で，健康という人間にとって普遍的な価値を湯治という行為や周りに広がる大自然や自給自足の体験から学び取るのである。もちろん，指南役は宿の職員であり，湯治場を訪れる常連客である。総じて高齢者が多いこれらの人たちは，地域社会の中ではよそ者には真似のできない文化の伝承者として，かけがえのない存在である。湯治という本来の目的に加え，子どもたちとの触れ合いを通じて新たなつながりをもつことで，自然的で人間的で穏やかな時間と空間を共有できる。

このように，普段のリニアで生産的な時間から開放され，新たなつながりを育てるスローな時間をもつことこそ，次なる経験への欲求を駆り立てる最大のPRとなるはずである。

3）冬が使えないというハンディキャップの戦略的活用

もう1つのアイデアは，秘湯を囲む大自然を利用して「アグロフォレストリー（森林農業）」を実践することである。アグロフォレストリー（森林農業）とは，樹木を植栽し，樹間で家畜や農作物を飼育・栽培する農林業である。代表的な例として，荒廃したアマゾンの土地で，フルーツや樹木などの多品種を混植し，森の仕組みに習い，生態系を維持しながら持続可能な生産を行っている例が挙げられる。アグロフォレストリー（森林農業）の主要な舞台は，森林破壊が進む熱帯地域というイメージが強いが，日本でも福井県でスギ林の中でオウレンを栽培するなどの事例も散見される（長澤・中村，2011）。

秘湯ネットワークのそれぞれの湯治場を囲む自然の特徴に合わせて，多種多様な野菜，山菜，薬草など栽培・採取・加工し，後に自ら手掛けた完成品を食する体験を通じて，訪れた期間だけではなく常に湯治場とのリレーションが継続されていく。湯治場が閉鎖される冬期には，北上市の市街地もしくは冬期も営業可能

な湯治場において，スロースタイルやアグロフォレストリーをテーマにしたワークショップを企画することで，顧客とのリレーションシップをさらに強固なものにすることも可能であろう。もちろん，前述したこども湯治体験学習とも大きな関連性をもたせることはいうまでもない。

多少，壮大な構想のようにも思えるが，先に紹介した「きたかみ未来創造会議」を中心に誘致企業や温泉施設，地元農家が連携しプロジェクトを立ち上げ，秘湯ネットワークを持続可能な循環型社会を目指すソーシャルネットワークへと進化させる試みでもある。

将来像：心と体の再生装置としての夏油温泉

本ケースでは，夏油温泉を中心とした秘湯ネットワークの形成をテーマに，「"超"快癒―湯治場型」×「減集積グループ」の特徴を，秘湯がもつ劣位点の優位点へのコンテクスト転換というコンセプトに基づいて戦略的に示してきた。加えて，北東北における数少ない産業発展地域である北上市をネットワークの中核に据えることで，持続可能なビジネスモデルの基盤整備を併せて指向してきた。さらに，近年，世界遺産登録を実現した平泉をネットワーク内に取り込むことで，グローバルマーケットをターゲットとしたブランド戦略も同時に指向する。中でも最も重要なのは，秘湯ネットワークの中で顧客がスロースタイルを十分に体感できる仕掛けづくりである。

現在の社会環境に目を向けたとき，大都市では，格差，社会的排除，高度のストレス，地方都市では，中心地の空洞化，産業の衰退，農村地域では，人口減少，高齢化等々，もはやその地域のみで時間的解決を図ることは不可能にさえ感じられる。しかし，このような時代であるからこそ，ローカルな地域の固有性に目を向け，地域を自立的なユニットとして捉えるべきである。すなわち，このローカルな視点こそ日本のみに適用する視点ではなく，むしろ地球上の各地域の地理的・風土的多様性や，固有の価値に人々の関心が向う時代であることを明確に示している。それぞれ自立した地域同士が相互補完的にネットワークを形成することで，経済成長による解決の限界を超越していくために，秘湯ネットワークをその起点に据えようという新たなチャレンジとして，この提言を受け止めていただきたい。

辻（2004）によれば，環境活動家であるヘレナ・ノーバーク・ホッジは，イン

ド最北部，チベットやパキスタンとの国境地帯に住むラダック人の暮らしぶりを，次のように表現している。

　「時間はおおざっぱに計られ，分単位まで数える必要はまったくない。ラダック人たちは，時間を描写する多くの美しい言葉を持っていて，それらはすべて幅が広く，寛大なものである。「ゴンロット」は「暗くなってから就寝まで」の時間を意味する。「ニーツェ」は，文字どおりには「山頂にかかる太陽」を意味する。「チペチリット」は「鳥の歌」を意味し，朝日が昇る前に鳥がさえずる時間を指している。収穫の時期，作業が長く続くときでも，のんびりしたペースで行われ，八十歳の人でも小さな子どもでも参加し手伝うことができる。よく働くが，笑いと歌がともなったそれぞれのペースで働くのである。仕事と遊びとのあいだには，はっきりした区別がない」（辻，2004，pp. 82-83）。

　様々な人々が，夏油温泉を内包する奥北上秘湯ネットワークを訪れ，非日常的空間と時間を体感するとき，ヘレナがラダックでみたような光景が繰り広げられるに違いない。「"超"快癒―湯治場型」×「減集積グループ」によってビジネスの基盤を固め，心と体の再生装置としてこの秘湯ネットワークが機能したとき，東北随一の秘湯郷としてアイデンティティを確立するに至るであろう。

【参考文献】

岩手県総合政策部広聴広報部（2011）『黄金の国，いわて』岩手県。
観光経済新聞社 HP（2011）『にっぽんの温泉100選』
　〈http://www.kankokeizai.com/100sen/zen24.html〉（2011年12月5日閲覧）。
北上市 HP（2011）『北上市総合計画2011-2020』
　〈http://www.city.kitakami.iwate.jp/sub04/sougou/plan07/page_6541.html〉（2012年2月5日閲覧）。
滋賀県市町村合併推進支援本部（2001）「本編Ⅳ合併事例　主な合併事例Ⅳ-2-1 岩手県北上市」『市町村合併ハンドブック』
　〈http://www.pref.shiga.jp/shichoson/gappei/handbook/4_2.pdf〉（2012年8月14日閲覧）。
社団法人日本温泉協会（2011）「温泉地宿泊数推移データ」『日本温泉協会80年記念誌』社団法人日本温泉協会。
社団法人日本観光協会（2011）『観光の実態と志向（第29回）』社団法人日本観光協会。
社団法人花巻観光協会 HP（2012）『花巻温泉郷　温泉のご案内』
　〈http://www.kanko-hanamaki.ne.jp/play/onsen/index.html〉（2012年2月5日閲覧）。

鈴木則子（2011）「第三章「湯治」の実態をさぐる温泉の医史学」，鈴木則子・日本温泉文化研究会『温泉をよむ』講談社現代新書，pp. 89-121。
総務省統計局HP（2012）『平成22年国勢調査』
　〈http://www.stat.go.jp/data/kokusei/2010/index.htm〉（2012年7月9日閲覧）。
辻信一（2004）『スロー快楽主義宣言！』集英社。
日本温泉研究会（2011）『温泉を読む』講談社。
長澤誠・中村高士（2011）「特別対談アグロフォレストリーの可能性とは」『オルタナ』オルタナ，vol. 26, pp. 22-23。
原田保（2010）「コンテクスト転換のモデルと事例」原田保・三浦俊彦編『ブランドデザイン戦略』芙蓉書房出版，pp. 13-29。
元湯夏油HP（2012）『夏油温泉オフィシャルホームページ』みちのくの秘湯，日本秘湯を守る会。
　〈http://mizuki.sakura.ne.jp/~geto/〉（2012年2月5日閲覧）。
湯川温泉　湯治・高繁旅館HP（2012）『岩手県湯川温泉　湯治・高繁旅館』
　〈http://www.takashige.net/〉（2012年2月5日閲覧）。
Gerzema, J. and M. D'Antonio（2010）*Spend Shift : How the Post-Crisis Values Revolution Is Changing the Way We Buy, Sell, and Live*, Jossey Bass.（有賀裕子訳（2011）『スペンド・シフト＜希望＞をもたらす消費』プレジデント社。）

（吉澤靖博・原田　保）

第7章　充電―隠れ家系

〈総括〉

　本章では，「充電―隠れ家系」の観点から4つのケース（かみのやま，志摩，西表島，湯河原）を取り上げる。「充電―隠れ家系」とは，人里離れたある種の離れ等の隠れ家を舞台にしたスロースタイル系である。エピソードメイク主体が「個人・カップル」であり，ヘルシーライフ対象が「心」であるスタイル特性の系である。このスロースタイル系は，ハイソやセレブといわれているゆとりのある暮らしをしているものの，きわめてストレスの大きい仕事に従事している人々が，ある種の癒しや活力を求めて少しの期間だけ現実の社会と隔離されるべく籠もれるような隠れ家を舞台にしてエピソードメイクが行われるというものである。

　具体的には，かみのやま温泉（山形県）では「蔵王のバックスペースに輝く奥舞台機能を装備した隠れ家戦略」，賢島温泉（三重県）では「世界有数のスピリチュアルゾーンにおける滞在基地化戦略」，西表島温泉（沖縄県）では「グローバルリンク形成によるスロースタイルジャパン戦略」，湯河原温泉（神奈川県）では「広域箱根圏を捉えた2泊目戦略と東京近郊の奥座敷化戦略」のそれぞれが事例分析を踏まえた戦略提言として示される。また事例分析からは，それぞれの温泉においてマルチプレイヤーが主体となる「超広域グループ」がビジネスモデルの主体となるものであることも示される。

コンテクスト次元としての類

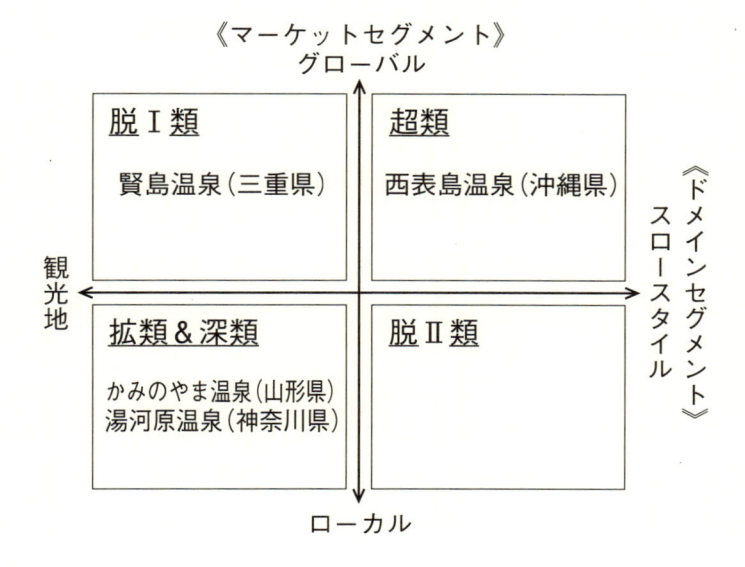

《マーケットセグメント》
グローバル

脱Ⅰ類	超類
賢島温泉（三重県）	西表島温泉（沖縄県）

拡類＆深類	脱Ⅱ類
かみのやま温泉（山形県） 湯河原温泉（神奈川県）	

観光地　←　　　　　　　　　　→　《ドメインセグメント》スロースタイル

ローカル

蔵王のバックスペースに輝く奥舞台機能を装備した隠れ家戦略

ケース 13

かみのやま温泉
「"深"充電―隠れ家型」×「超広域グループ」

――《温泉のプロフィール》――

- ▶所在地：山形県上山市矢来
- ▶アクセス：
  JR山形新幹線かみのやま温泉駅　徒歩5分
- ▶旅館＆ホテル数：約30軒
- ▶泉質：塩化物泉（ナトリウム―塩化物・硫酸塩泉），66.2度
- ▶温泉旅館：名月荘　古窯，葉山館，有馬館，あづま屋など
- ▶イベント：奇習かせ鳥（2月），雛めぐり（3～4月），かかし祭（10月）など

〈上山城と温泉足湯〉

着眼点：蔵王との対比と独自のかみのやま温泉の在り方を探る

　上山市は蔵王連峰[1]の山形サイド（山形蔵王）の麓にある地域であり，ここに位置するかみのやま温泉には別名として鶴脛（つるはぎ）の湯という名称がある。それは，1458年（長禄2年）に旅の僧が沼地に湧く湯に一羽の鶴が脛を浸したところで傷を癒して大空に飛び去る姿をみかけたことに由来している。これが現在も中心地の1つである湯町であり，この湯町がかみのやま温泉発祥の地となった。

　このかみのやま温泉の中でも，特にこの湯町と新湯はかつての上山藩の城下町として栄えた地であり，多くの場所に往時の面影を残す蔵や屋敷がある。また，高松，葉山は，町中を離れた静かな高台にあり蔵王連邦を一望できる場所にある。さらに，その他にも河崎，金瓶など数多くの温泉がある。これらの総称がかみのやま温泉という温泉街である（山形県上山市観光物産協会HP，2012）。

　かみのやま温泉は，かの蔵王連峰を背景としてもつが，蔵王のスポーツ＆スノ

図表 7-1　かみのやま温泉と蔵王

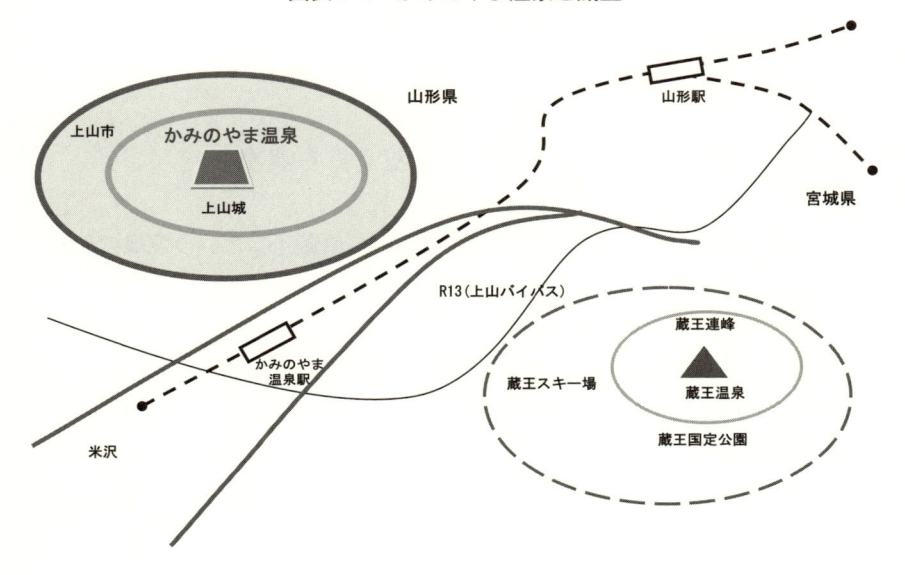

ーリゾートを打ち出す近接の蔵王温泉とは一線を画したブランディングが行われている中規模の温泉街である（図表7-1）。しかし，残念ながら，近年，かみのやま温泉に対する顧客の認知度は低下傾向をみせている。それゆえ，本ケースにおいては，このかみのやま温泉に対するイノベーションの提言を行うとともに，併せて中規模の温泉における競争力の源泉がどのようなものかについての議論も深めていく。それは，具体的には，主に旅行に関してきわめて成熟した感性を保持している高質な女性旅行客の消費行動やライフスタイルの変化への適応を指向する行動を重視すべきであるという主張である。

著者には，このような女性たちが保持している成熟した感性への対応が今後における1つの重要な活路になると考える。例えば，かみのやま温泉のビジネスモデルを再構築するためには，もっぱら蔵王連峰，あるいは山形蔵王という広域のゾーンに包含されるかみのやま温泉というブランディングに甘んじるのではなく，むしろ蔵王ブランドとは一線を画した癒し系の隠れ家を指向する方が，いわばデュアルなブランディングが追求できる，という見解である。これは，近隣のライバル温泉である蔵王ブランドを前面に押し出した蔵王温泉とは一線を画しながらも，同時に，いかにして蔵王ブランドを冠した蔵王温泉との効果的なコラボレーションを追求するのかが大事な課題になることを意味する。本ケースにおい

ては，このような認識に依拠しながら，今後のかみのやま温泉におけるより望ましいビジネスモデルについての考察を行う。

① 蔵王を取り込みながらも蔵王を打ち消す

1）ひらがなによる「かみのやま」は「脱山形，脱蔵王」という意識の表れか

　一般的には，わが国の温泉ビジネスはそれが特定の地域の文化・歴史・自然を背景にした観光ビジネスに強く結びついて発展している。それゆえ，地域デザインの視点からみた温泉街の名称は，各地域に見出される文化的かつ歴史的な状況としっかりと関連づけられることが望まれる。

　本ケースで取り上げるかみのやま温泉は，長い歴史のある上山城の城下町として栄えてきたエリアを中心としてその近隣に点在することから，上山城にちなんで「かみのやま」という名称がつけられたと推察できる。しかし，温泉に「かみのやま」というひらがなを使用したことには，かみのやま温泉と蔵王との関係に若干の距離をおこうという狙いがあったようにも思われる。これにはすなわち，蔵王の1つのコンテンツである「かみのやま」という固定化されたイメージから解放されることで独自のアイデンティティが見出せる地域であるという意味が込められていることが推察できる。言い換えれば，これはスキーのメッカである蔵王ツアーの単なるおまけ的な存在から脱却したいという強い意識の表出である。

　さて，観光経済新聞社が1987年から継続して実施している『にっぽんの温泉100選』によれば，かみのやま温泉は総合ランキングにおいて第1回から15回までは連続してベスト30に入っていたものの，その後は30位以下と低迷している。2007年度には89位まで下がり，やや持ち直したとはいうものの2011年の総合ランキングでも70位である。ちなみに，かみのやま温泉に近接する蔵王ブランドを冠した蔵王温泉は35位である（観光経済新聞社HP，2011）。このランキング調査を過去から継続的に俯瞰すると，かみのやま温泉の名称には「上山」，「上ノ山」，「かみのやま」というような3種類が使用されている。近年，ようやく「かみのやま」というひらがなの地名に落ち着くことになり，これが現在に至るまで使用されている。このひらがなの名称を使用して以降は，やや復調の兆しが見えている。

　このように，長い歴史的な背景を感じることのないある種の白いキャンパスで

あるといえるようなひらがなを使用することによって，実は従来の低迷していた時代のイメージとは大きく異なる新たなイメージを醸成することができた。このことは，地域ブランディングにおいてきわめて大事なコンテクスト転換であったと考えられる（原田，2011）。このひらがなの地名の使用によって，かみのやま温泉は蔵王ブランドとの関連がきわめて強い蔵王温泉の後塵を浴びる状況からの脱却に成功した。それは，蔵王とは一線を画した独自のアイデンティティに依拠した固有のブランディングに取り組む環境が整備されたからである。もちろんそうはいっても，現時点では蔵王温泉との差が依然として存在している。

2）蔵王ブランドの活用と離脱という二面戦略の展開

第1章でも述べたように，日本人の温泉旅行に対する意識は特別な意味をもっている。しかし，温泉に見出される特別の意味や利用方法は必ずしも昔からずっと現在のそれらと同様であったわけでない。近年になって進展した社会の成熟化に伴った生活水準の向上やこれに伴う日本人の価値観の多様化に伴って旅行の形態も大きく転換したことが，現在の温泉を巡る事業環境を創出したと考えられる。

この変化は，具体的には，高度成長期の主に会社がらみの団体旅行中心のビジネスから，自分の資金と時間を使って家族や気の合う仲間と出かける個人旅行中心のビジネスに転換しうることで現出した。また，こうした個人旅行顧客の温泉や温泉旅館に対するニーズの高度化は，温泉ビジネスを単なる飲食や宴会ではなく，むしろ癒しや新たな体験を求めるような方向性に転換させている。これはすなわち，従来型の観光ツアーに依拠した温泉旅館の経営センスから脱却しなければ，新たな顧客ニーズに即応できないことを意味している。

近年，わが国の温泉は大分県の湯布院温泉や熊本県の黒川温泉などにみられるような規模を追求することなく，例えば一軒宿の秘湯や自然環境あるいはていねいなおもてなしを温泉旅館のコア・コンピタンスにしながら経営してきた温泉に代表される堅調に推移する温泉と，これとは逆に例えば大分県の別府温泉郷や静岡県の熱海温泉などの過去に団体顧客を受け入れるために大規模化した旅館に支えられる歓楽型温泉に代表される低迷し続け温泉という，まさにはっきりとした二極の構造を呈している。広域の蔵王連峰や蔵王温泉については，必ずしもそのすべてが歓楽型温泉といえないが，それでも大型ツアー客を受け入れていることを鑑みればある種の伝統的な歓楽型温泉に分類されるだろう。

ケース5では，蔵王山系を背景としたスノーリゾートに過度に依存した蔵王温泉の将来展開について，スポーツリゾートを前面に打ち出したブランディングが紹介されている。これに対して，かみのやま温泉については，中規模温泉としての特長を活かしながら「"深"充電―隠れ家型」の温泉に転換していくことが近接した蔵王温泉への差別化戦略として有効であることが主張される。しかし，同時に，かみのやま温泉では，それなりのグローバルなブランディングが確立している広域の蔵王における蔵王連峰の保持するブランド力を十分に活用することや，あるいは蔵王における中核的な温泉街である蔵王温泉との戦略的なコラボレーションもまた大事になると思われる。

　これは，フロントステージとしてのインバウンド（inbound）対応，すなわちまずもって中国や韓国などの観光客を狙う東アジアの地域に対するある種のグローバル戦略をとる蔵王温泉とのコラボレーションによって，かみのやま温泉自体の知名度を高めていくことが大事であることを意味する。その上で，このような対応に加えて，かみのやまの認知度の向上を目指し，わが国の顧客に対しては，山形蔵王に佇む奥座敷的な存在として，成熟した高質な女性顧客に対応する自然環境という景観やホスピタリティを前面に出し，蔵王のバックスペースにあるが，しかし蔵王とは異なる独自イメージが発信される温泉としてのアイデンティティの確立が模索されている。要約すれば，一方のグローバルブランドを指向する蔵王連峰の蔵王というブランドを活用したブランディングと蔵王温泉という近接の温泉街の動員力の活用という蔵王ブランドの戦略的活用を，他方のこれとは一線を画した固有のアイデンティティを保持した蔵王のバックステージとしてのかみのやま温泉のブランディングを同時に行うという，まさに二面作戦の展開がきわめて大事になる。

② 広域観光圏としての蔵王との関係を考える

1)「健康×環境×観光」の統合戦略による個人客の増大

　さて，山形県上山市観光物産協会HP（2012）によると，現在同市では，かみのやま温泉を中心にしながら自然の中を歩く健康ウォーキングや，温泉を中核とし同時に食，自然，文化などの地域資源を含めた統合戦略を推進している。これはすなわち，温泉先進国であるドイツの健康保養地を日本に応用した新しい日本

型温泉クアオルト⁽²⁾としての「滞在型温泉健康保養地」を指向する戦略であり，きわめて革新的な展開である（図表7-2）。

かみのやま温泉は，2011年5月には，温泉クアオルトづくりに取り組む大分県由布市（湯布院温泉がある），和歌山県田辺市（世界遺産熊野古道がある）とのコラボレーションによって温泉クアオルト研究会をいち早く発足させた。この研究会は，日本型温泉クアオルトの確立に向けて交流と連携を深めるべく，ノウハウを共有しながら，健康を基盤としたより良い温泉の環境づくりを目指している（山形県上山市観光物産協会HP，2012）。

以上のようなかみのやま温泉の動向を踏まえると，第1節で提示されている通年型スポーツリゾート蔵王の麓にある上山と新しいタイプの蔵王観光を取り込んだビジネスモデルが保持するべきコンセプトは，まさに「健康×環境×観光」になる。今後は，増大する中国や韓国などからの観光客についても，主たるターゲットが団体旅行から個人旅行へと転換する可能性もある。それゆえ，かみのやま温泉では，次第に成熟しつつある海外からの観光に対応も含めて，ライフスタイル対応の高級感のある自然環境やホスピタリティを前面に出したスローツーリズムへの対応として，前述した「"深"充電-隠れ家型」の温泉への転換が指向されるのである。

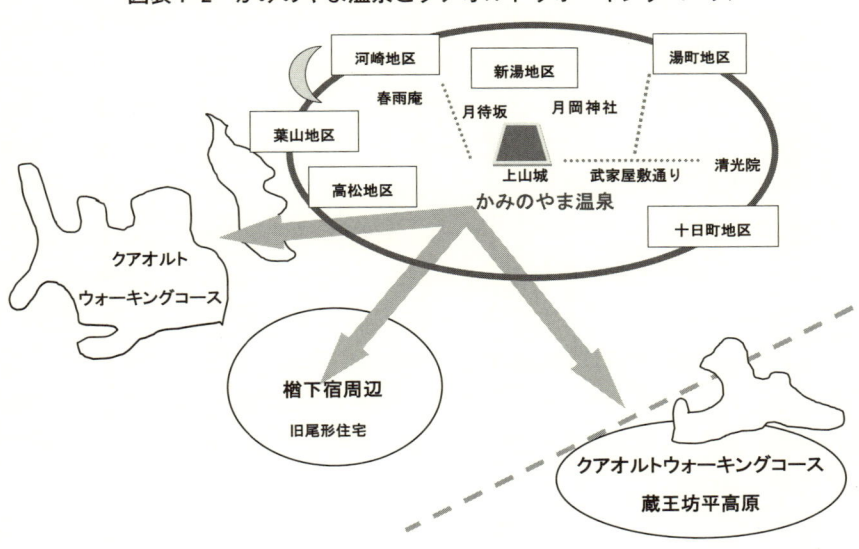

図表7-2　かみのやま温泉とクアオルトウォーキングコース

遠藤（2010）によれば，「日本品質」を支える2つの軸として，機能的品質と情緒的品質がある。このうち，情緒的品質とは，人間の情緒，感性に働きかける品質のことだと述べている。そして，温泉ビジネスにおいても，部屋や設備などのハード面の品質（機能的品質）と旅館全体の雰囲気やホスピタリティなどのソフト面の品質（情緒的品質）がある。それゆえ，この点へのこだわりが，温泉街においてもグローバルな視点からも顧客からの評価を高めるために不可欠であると推察される。

このような議論を踏まえると，ただ単に中国，韓国のインバウンド顧客を受け入れても，そのための施設の整備や機能の拡充を重視しすぎると，結果として本来備わっている情緒的な要素を捨ててしまう可能性がある。そうなると，温泉旅館と顧客との強い結びつきは行われなくなるため，まさに顧客のエピソードメイクによる経験価値マーケティングの実践は困難になってしまう。

2）ライバルとしての蔵王温泉（温泉街）と加賀屋（温泉旅館）

温泉旅館というビジネスには，その設備や施設自体が価値の発現に影響を及ぼす装置産業的な色彩が強く出ている。それゆえ，ハード面に対するそれなりの投資は不可欠であることは自明である。現在では，かつてのバブル時のような豪華さに対する顧客ニーズは多少薄らいだが，それでも清潔感，目新しさに対するニーズは依然として継続している。このようなハード面も含めた全体の雰囲気への投資は，特におもてなしを重視する顧客にとっては引き続き不可欠である。

上述したように，「にっぽんの温泉100選」（観光経済新聞社HP，2011）によると，かみのやま温泉の2011年度のランキングは総合順位70位であるが，これに対してライバルの蔵王温泉は35位である。しかし，温泉施設のランキングでみると，かみのやま温泉が46位であるのに対して，蔵王温泉は56位である。また，雰囲気のランキングではかみのやま温泉は62位であり，蔵王温泉は64位になっている。このように，温泉施設と雰囲気という項目においてはかみのやま温泉が蔵王温泉を若干ではあるが上回っている。

このような状況下で注目すべきは，かみのやま温泉にある「名月荘」が，和倉温泉にあるかの「加賀屋」にも劣らない，かみのやま温泉一のおもてなしが提供される温泉旅館として口コミで評価がなされていることである（トリップアドバイザーHP，2012）。

この名月荘は，いわゆるビル型の温泉ホテルではなく，蔵王連峰を見晴らす高

台にある約4,000坪の敷地におけるすべての施設が平屋造りになっている。なお，この温泉旅館には趣きの異なる約20室の離れ風の部屋が配されており，これが独創的な時空間を現出させている。

さて，1990年頃まで主流だった従来型の温泉旅館においては，仲居さんが着物を着て顧客への対応を行い，料理については懐石料理であることが一般的であった。また，団体顧客中心であったため，一部屋に4, 5人を詰め込むことなどは当たり前であった。

これに関して，名月荘社長の菊池敏行は以下のようなコメントを行っている（菊池，2004）。

「これを何とか変えられないかと考えていた時期に，バリ島に旅行して「アマンダリ（緩やかなる精神）」の文化にもとづく，現地のホテルの開放的で心地よい佇まいに魅せられ，「このイメージを何とか取り入れられないか」といったところから，新たに土地を求め，平屋の離れ風の部屋を廊下でつなぐ現在の名月荘を造り，値段を高くし，高付加価値を売るビジネスに転換した。また今では他の旅館やホテルで同種のものができているが，各個室ごとに露天風呂があり，顧客の要望に応じてレイトチェックアウトを行うなど，かなり早い時期から取り組んできた。このため，JTBによるサービス優良施設アンケートでも総合で90点以上の高評価を得ており，リピーター率が5割を超えて1年間の客室稼働も85%以上と高いレベルを維持してきた実績がある」（p.36）。

これはすなわち，温泉旅館については，ハード面においても情緒的品質をもっていることが大事であることを示唆している。それゆえ，今後のかみのやま温泉では，この名月荘に代表される癒し系の最上級のおもてなしが提供できる温泉街や温泉旅館であるというようなブランディングが不可欠になる。

③ 自然の景観に遊山する贅沢な時間と名月でもてなす

1) 一度は訪れてみたくなる隠れ家型の湯宿

顧客が温泉街や温泉旅館に求めることは，一般的にはやすらぎ，自然環境，温泉情緒，温泉そのものの4つである。特に近年では，やすらぎや自然環境を重視する傾向が強まってきており，結果的にはこれらを総合的に体感できる癒しの温

泉が求められている。これに対して，サービスの提供者である温泉旅館サイドはホスピタリティやおもてなしというコンセプトに依拠した顧客ニーズへの対応を行おうと考える。

このような状況に関連して，前田（2007）のホスピタリティとサービスの関係についての主張を以下に紹介する。

「サービスは〈利用者―提供者〉という立場的上下関係に基づいた概念であり，利用者＝提供者が対等な関係にある現代のサービスとくに人的応対を必須の要素とするホスピタリティ・ビジネスにはおいては，ふさわしくないとするものである」（p. 25）。

当然ながら，加賀屋に代表される高価格な旅館では，その経営方針や理念として「おもてなし」や「ホスピタリティ」を追求することが必須の条件になっている。近年，高価格旅館におけるおもてなしと非日常空間の提供には密接な相関があることが理解されている。これはすなわち，理念としてホスピタリティを追求することは非日常空間を実現することと同義であるという主張である（前田，2007）。それゆえ，高価格旅館としては，その資本力を活かしながら非日常的な快適かつ贅沢な時空間を提供することは当然の行為なのである。

前田（2007）は，顧客の視点に立脚するとサービスの提供場面において，利用者である「自分のためにしてくれた」と感じられることで"良い"という感覚が生じると論述している。この「自分のために（for me）」という感覚こそが良いという評価が行われるための必要条件になる。また，サービス提供の対象者の一人ひとりをいわば独立した人格として理解し，それぞれに対して個別に対応することこそが個別化と称されるものである。しかし，サービス利用場面にとっては，まさに利用客である自分に対して一体いかなる対応をしたのかが大きな関心事になる。これはいかに個別化されたかが，全体評価に強く影響を与えていることを意味している。

このような考え方を踏まえると，名月荘においてはその温泉施設そのものに個別化のための仕掛けが十分に施されていることがわかる。例えば，多様な価値観を保持する本物指向の強い利用客にとっては，自然の景観に遊山するという贅沢な時間消費を提供できる隠れ家型の湯宿として受容されている。

2) 名月に見出される物語性とブランドパーソナリティ

さて，ブランドパーソナリティ（brand personality）について研究の先鞭をつけたアーカー（Aaker, 1997）は，通常ブランドには誠実性，エキサイトメント性，コンピタンス性，洗練性，頑健性という5つのブランドパーソナリティがあると主張する。この点から考えると，アーカーの主張が観光地ブランドにはたして適用できるのかという疑問が生じてくる。これはすなわち，地球上どこでもみることができる星空や名月が，とりわけかみのやま温泉の月がその名を冠した名月荘のブランドパーソナリティとなりうるのかという根本的な疑問である。

大橋（2010）によれば，観光地のブランドパーソナリティは多くの場合に作用しない。言い換えれば，観光地においてはブランドパーソナリティ以外の仲介的な要因が観光客の意思決定に深く関与するということである。例えば，美しい月や星空を見るロケーション，仕掛け，施設，各種のイベントなどに秘められた物語性が観光客のイメージに優先的に機能する。そして，これこそが，実はブランドパーソナリティと強く結びつくことであり，旅行先の選定に大きく関与している（大橋，2010）。さらに，美しい月の下において恋愛のヒロインになる物語性が存在する方が，月そのものよりも観光客の意思決定に強く関与する。実際に，名月荘においては以上のような認識を踏まえて，月にちなんだ特別な仕掛けとして，毎月，必ず満月の日には蔵王連峰から出る名月の下でムーンライトコンサートが開催されている（菊池，2004）。

もしもこの試みをかみのやま温泉の全体に拡大していくならば，温泉街自体が全国に知られる月にちなんだ物語の横溢な街へと転換することができる。もちろん，このような計画はそう容易に実現するわけではないため，街全体を強力に引っ張っていく強力なリーダーシップを保持するアクターの存在が不可欠になる。

3) 観光温泉の蔵王温泉と月と夜空と癒しの隠れ湯屋のかみのやま温泉

顧客からみると，蔵王温泉とかみのやま温泉の顧客価値との差異が一体何なのかが大事な意思決定のための決め手になる。蔵王温泉は蔵王連峰，あるいは宮城蔵王というゾーニングを踏まえているが，これをグローバル視点でみるならば，蔵王という選択が望ましい。これに対して，かみのやま温泉は蔵王温泉に近接しており，確かに山形蔵王の山麓に位置しているが，蔵王とは関連づけない物語に依拠したブランディングが望ましい。そこで，かみのやまというゾーニング，すなわちどこにあるのかを明確にしないゾーニングに依拠した温泉街のブランディ

ングの方がより効果的であると考えらえる。

　このような対応によって，かみのやま温泉は蔵王ブランドの保持する雪山やスキーというイメージやスポーツリゾートといういわゆる冬のみというイメージから解放される。これはすなわち，蔵王のもつ既存のイメージを可能な限り希薄化するブランディングなのである。

　言い換えれば，山々が雄大で太陽が燦々と降り注ぐスポーツリゾートにふさわしい「動」のブランディングが蔵王温泉では望ましいのに対して，かみのやま温泉はこれとは全く異なる「静」を打ち出すブランディングが期待される。具体的には，蔵王連峰（必ずしも蔵王である必要はない）を背景にする美しい月が楽しめることで，いわばエピソードメイク[3]のためのコトづくりが大いに望まれてくる。また，これによって，多くの顧客はそれぞれにパーソナルなエピソードメイクが可能になり，その結果かみのやま温泉と顧客との個別の関係が深まっていく。

　それゆえ，温泉街が新たな地域デザインを行使する際には，既存の温泉ランキングの評価基準とは全く異なる視点の導出が不可欠になるわけである。このことは，例えば前述したように，蔵王という地理的なものとは異なる月を愛でる心に依拠したエピソードメイクに関わる評価基準を設定することで，かみのやま温泉の顧客価値の増大を可能にすることからもよく理解できるはずである。

将来像：コトづくりにフィットした「もの語り」で生き残るかみのやま温泉

　寺本・岩崎・近藤（2011）によれば，コトづくりの要諦は提供される商品やサービスがどのような価値を顧客に現出させるのかに対するある種の問いである。しかし，日本中の温泉との比較で美しい月を愛でるというコトづくりのみでは，かみのやま温泉がそれこそ独自の地域ブランディングを形成するには全く不十分である。

　そこで，名月荘を中心としたエピソードメイクを可能にするコトづくりによる「もの語り」としての月を素材とした癒しの時空間としてのかみのやま温泉というデザイン，さらには広く宇宙への飛翔といった創造的な「もの語り」の実現が大いに期待される。例えば，名月荘からの夜空は世界で一番オールトの雲が見える可能性があるという神話的な要素や，美しい月を愛でるということをコンセプトにしたプロモーションの投入も有効である。また，この点を念頭において，全

国にいる美しく輝く月を愛でる人々のネットワークを構築することもかみのやま温泉における1つの魅力的な地域デザインの課題になるだろう。そして，これらの努力を継続的に重ねることによって，かみのやま温泉が自らネットワークを推進する中心的なアクターになることが大いに期待される。

　前述したように，かみのやま温泉は山形サイドの蔵王連峰の山麓に位置することもあって，そのブランドパワーに押されて自らのアイデンティが希薄になる恐れがある。それゆえ，かみのやま温泉は，今後において四季を通じて美しい月を愛でる人々が集う温泉街としてのブランディングを展開することによって"深"充電-隠れ家型の温泉ビジネスモデルの確立が予見できる。

【注】

（1）蔵王連峰：蔵王は宮城県と山形県を跨ぐ広大な東北屈指の山岳地帯で，宮城サイドが宮城蔵王，山形サイドは山形蔵王と呼ばれる。しかし，経済的には，共に統一圏としての色彩が強く現出している。この山形蔵王の山麓に蔵王温泉やかみのやま温泉などの多数の温泉街がある。しかし，蔵王がそのアイデンティティ形成に貢献しているのはスキーに代表されるウィンタースポーツである。

（2）クアオルト：ドイツ語で「療養地・健康保養地」を指す言葉。ドイツでは温泉や海，泥，気候，クナイプ式という水治療などで疾病を治療，緩和，予防する自然療法。

（3）エピソードメイク：原田が主張する地域ブランドのデザインフレームの1つ。地域ブランド戦略のパラダイム転換を行うためのコンテクストデザインにおける考え方としてゾーニング，エピソードメイク，アクターズネットワークがあり，エピソードメイクはブランド概念を消費者行動論でいう「意味記憶」と「エピソード記憶」に関連づけることである。なお，エピソードとは，心理学の長期記憶のことである。体験をすることによって，深く心に刻まれる記憶になる。

【参考文献】

Aaker, J.L. (1997) "Dimensions of Brand Personality," *Journal of Marketing Research*, Vol. xxxiv, pp. 347-356.

遠藤功（2010）『日本品質で世界を制す』日本経済新聞社。

大橋昭一（2010）「観光地ブランド理論の構築をめぐる諸論調――一般ブランド理論の適用・展開の問題を中心に――」『関西大学商学論集』第55巻第3号，pp. 113-115。

観光経済新聞社HP（2011）『にっぽんの温泉100選』
〈http://www.kankokeizai.com/100sen/24.html〉（2012年2月1日閲覧）。

菊池敏行（2004）「戦略経営者登場　菊池敏行・有限会社名月荘社長　全国のファンを惹きつける山形発温泉旅館の"斬新"」『戦略経営者』19（1），pp. 35-37，2004-01。

寺本義也・岩崎直人・近藤正浩（2011）『ビジネスモデル革命　第3版』日本生産性本部。
トリップアドバイザーHP（2012）『世界最大の旅行口コミサイト』
　　〈http://www.tripadvisor.jp/Hotel_Review-g1023675-d1112945-Reviews-Meigetsuso-Kaminoyama_Yamagata_Prefecture_Tohoku.html〉（2012年3月12日閲覧）。
原田保（2011）明治大学リバティーアカデミー講座「地域ブランド戦略研究　地方の魅力と元気再生」，2011年4月14日講座配布資料。
前田勇（2007）『現代観光とホスピタリティ―サービス理論からのアプローチ』学文社。
山形県上山市観光物産協会HP（2012）『かみのやま温泉』
　　〈http://www.kaminoyama-spa.com/〉（2012年2月10日閲覧）。

（原田　保，岩瀧敏昭）

世界有数のスピリチュアルゾーンにおける滞在基地化戦略

ケース14 賢島温泉
「"脱I"充電─隠れ家型」×「超広域グループ」

《温泉のプロフィール》

- ▶所在地：三重県志摩市阿児町
- ▶アクセス：
  JR東海道新幹線名古屋駅─近鉄鳥羽線賢島駅下車，車で約3分，伊勢自動車道・伊勢西ICより車で約35分
- ▶旅館＆ホテル数：2軒（その他温泉設備のない施設多数あり）
- ▶泉質：カルシウム・ナトリウム─塩化物冷鉱泉，44度
- ▶温泉旅館：汀渚　ばさら邸，プロヴァンス
- ▶イベント：神宮式年遷宮（20年に1度，次回は2013年），伊勢神宮春・秋の神楽祭（4月・9月）など

〈伊勢神宮内を流れる五十鈴川〉

> **着眼点**：伊勢神宮の神秘に触れる滞在基地としての「賢島温泉」

　賢島温泉は，志摩に点在する温泉の1つであり，志摩市阿児地域にある小さな温泉である。しかし，観光の視点では，日本最大の聖地・伊勢神宮を有する伊勢と一体化した伊勢・志摩というゾーニングで捉えられることがほとんどである。

　伊勢・志摩の観光ガイドブックのほとんどは，1泊2日の伊勢・志摩巡りで構成されており，簡略化された伊勢神宮参拝とおはらい町のそぞろ歩きを中心とした，いわゆるお伊勢参りと，ローカルな観光地である志摩スペイン村，または志摩と鳥羽を結ぶパールロードから鳥羽（おもに鳥羽水族館）の観光で組み立てられている。このように，志摩エリアにおいては，志摩スペイン村などのローカル観光地に紐づいた宿づくりをしている温泉宿やホテルが少なくないため，このま

までは賢島温泉はローカルな観光地に紐づく単なる地方リゾートで終わってしまう。

観光のトレンドとしては，昨今の世界的な経済不安や地球環境の変動により，生活者の価値観は物質的なものから精神性を重視するものへと変化し，日本のみならず世界中に存在する聖地に対する注目度は高まっている。そこで，以下に，賢島のもう1つの戦略として，世界的なスピリチュアルゾーンの滞在基地モデルとして，日本最高の聖地である伊勢神宮に紐づいた観光拠点となるための課題といくつかの試案を提示する。

1　賢島温泉における伊勢神宮との紐づけを考える

1）ローカルな観光地としての伊勢志摩巡り

伊勢志摩は，一般的に伊勢エリア，志摩エリア，鳥羽エリアに分けられる。リアス式海岸の恩恵を受け古来から美し国と称えられるように，伊勢海老，鮑，牡

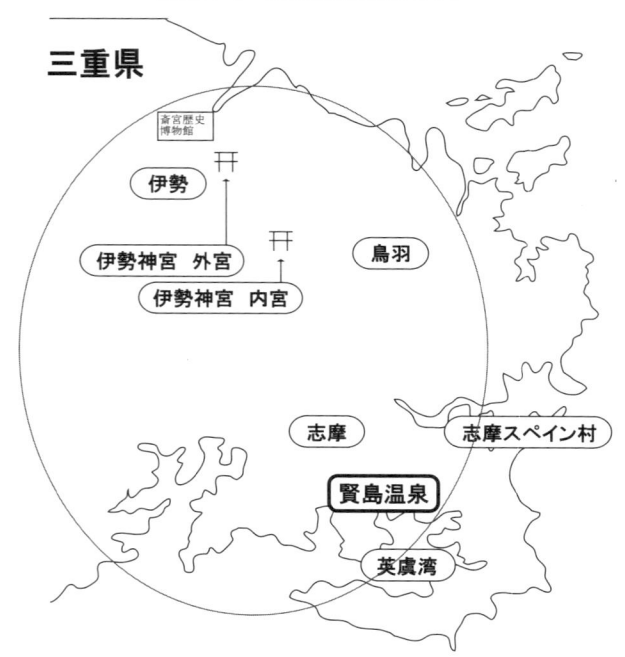

図表7-3　賢島温泉周辺エリア

蠣などの海の幸に恵まれている。ここには，夫婦岩をシンボルとする二見浦，御木本幸吉が初めて真珠養殖に成功した相島（現；ミキモト真珠島）を有する鳥羽湾，真珠筏や牡蠣筏が浮かぶ英虞湾（あごわん）など，美しい海のロケーションを楽しむためのホテルや旅館が広く点在する。また，伊勢神宮参拝にちなんだおはらい町の散策，ミキモト真珠島でのショッピング，鳥羽水族館，二見シーパラダイスなどの家族で楽しめる娯楽スポットなど観光には事欠かない。

　しかし，ガイドブックやインターネットの口コミ等においては，これらの観光の大半が1泊2日で周遊可能な簡略化されたルートで構成され，伊勢志摩本来の価値を発見するどころか，ダイジェスト版で切り売りされているのが現状である。したがって，このままでは，その他のごった煮のようなローカル観光地とさほど変わらない状況である。

2）志摩スペイン村によるローカル化の加速

　志摩エリアに1994年に開業した志摩スペイン村は，テーマパークパルケエスパーニャ，ホテル志摩スペイン村，アルカリ性単純温泉の温泉施設ひまわりの湯で構成される。これらは，オフィシャルホテルとして志摩エリアの大型観光ホテルが指定され，スパ・エステ施設を備え，ゴルフ，クルージングなどのアクティビティとの連携事業も豊富である。いずれも志摩の自然を活かしたリゾートというコンセプトで非日常感を強調している。

　伊勢志摩エリアの年間観光入込客数は2007年を境に，2010年までの3年間は対前年比で2.0〜2.7％減で推移している。伊勢神宮を抱える伊勢市が2007年から対前年比6％程度で増加し，2010年では対前年比10％の伸びを見せているにも関わらず，全体としては志摩市，鳥羽市の減少が大きく影響している（三重県HP，2011）。

　志摩市商工会HP（2011）によれば，志摩市観光における2010年度の延入込客総数約403万人のうち，志摩スペイン村単独の入込客数は約146万人であり，全体の36％を占めている。志摩スペイン村は開業時の入込客数375万人から大幅に減少しているとはいえ，現在も志摩市観光の中心を担っている。

　しかし，志摩市の観光が，異国文化をコンセプトとしたテーマパーク・志摩スペイン村を機軸として成り立っていることから，周辺のレジャー施設，土産物屋，宿泊施設などの観光風土が志摩スペイン村に強く感化されて，むしろローカル色を強めていることも事実である。さらにいえば，志摩スペイン村の人気低下

にあわせて志摩エリア全体の観光ビジネスが衰退する可能性が高まっている。

3) 伊勢神宮に紐づくグローバル戦略

　前述したように，伊勢神宮を主とする伊勢市の観光入込客数は毎年増加しており，全般的に伊勢志摩エリアの人気が横ばいあるいは高まっているとすれば，それはもっぱら伊勢神宮による観光効果であることは間違いない。しかし，残念なことに伊勢市には温泉が湧いておらず，伊勢志摩エリアのスター的存在である伊勢市の宿泊施設は，伊勢神宮への利便性を重視したシティホテルや料理自慢の老舗旅館がほとんどである。

　昨今のスピリチュアルブームや世界的な大不況を背景に，伊勢神宮という日本最大の聖地を訪れ精神を清め，さらに温泉で心も体も癒される，そんな旅のコンセプトに惹かれる全国からの女性観光客や外国人観光客は決して少なくない。したがって，志摩エリアにおいては，志摩スペイン村に紐づくローカル戦略をある程度まで収束させ，代わりに伊勢神宮に紐づけたグローバル戦略を発展させることが望ましいと考える。

　志摩エリアには，海岸線を中心に大小様々なリゾート宿泊施設，温泉宿泊施設が存在しており，その多くが伊勢への送迎バスはあるものの，それらの施設利用において伊勢神宮への期待感を高め，さらに伊勢神宮の余韻を感じるサービスや雰囲気づくりを行えているとは言い難い。その中で，唯一汀渚　ばさら邸（阿児町鵜方）は，伊勢神宮を感じさせる宿づくりを意識している（汀渚　ばさら邸HP，2012）。英虞湾を望む約3,000坪の敷地に建ち，広大な敷地に対して9つのスイートルームを含む18の客室のみがある。ここでは，賢島温泉が楽しめ，客室露天風呂のほかに，2種類の貸切風呂も提供する。また，和モダンな癒しの空間づくりも際立っている。伊勢神宮に縁の深いフォトグラファー・中野晴生による神宮を写した作品や，天照　大御神を意識した風水を館内に取り入れるなど，神宮の神秘に触れる仕掛けづくりがなされている。また，神宮参拝プラン宮―GU―を用意し，神宮へのご神饌として用いられる伊勢志摩の鮑を用いた専用献立を提供するなど，随所に伊勢神宮との親和性を高めた宿づくりがなされている。

　折りしも2013年は，伊勢神宮において20年に1度の大祭式年遷宮を迎える。式年遷宮とは，定められた年に御社殿の横の敷地に新宮を建て大御神（天照大御神）にお遷り願うための伊勢神宮最大の祭りであり，1300年もの長きにわたり

続いている（伊勢神宮 HP，2012）。志摩エリアの宿泊施設が，伊勢神宮最大の観光繁忙期に女性客，外国人観光客を掴むためには，志摩スペイン村を捨て汀渚ばさら邸のように伊勢神宮へのフルコミットした宿づくりが求められる。

② 伊勢を古代からの聖域として理解する

1) 伊勢神宮とは

　伊勢神宮は，正式には神宮といい，最も大きな内宮，外宮をはじめとして 125 もの神社がある。内宮の正式名称を皇大神宮，外宮を豊受大神宮といい，御祭神は内宮が皇室の御祖神であり日本国民の総氏神である天照大御神，外宮が豊受大御神である。天照大御神はその名の通り天を照らす太陽神，豊受大御神は天照大御神の食事を整える役目を負い，衣食住や産業の神として崇敬されている（伊勢神宮，2012）。

　日本では古来から八百万の神，すなわち森，川，田など自然界に存在するあらゆるものに神が宿るとされ，その神々の存在は古事記，日本書紀により神話として語られている。天照大御神は，伊弉諾尊が黄泉の国から戻り左目を清めた際に生まれたとされ，伊弉諾尊から天界の高天原の統治を任された尊い女神であり天上天下を統べる太陽神と記される。

　辰宮ほか（2011）によれば，本来，伊勢神宮は天皇陛下が国家のことを祈願する場であるため，個人的な祈願を行うのではなく，自身が住む地域や国全体のことを祈り感謝する場であるとされる。そして今なお，外宮，内宮の御正宮の御垣内には許可を受けた人間以外は入ることができず，さらに奥の御門内には天皇陛下と神職のみが立ち入りを許されている。

2)「お伊勢参り」を原点とする日本人のスピリチュアルツアー

　瓜生（2007）によれば，天照大御神は御祖神として約 2000 年前の垂仁天皇の御代に五十鈴川の川上に鎮座し，豊受大御神は天照大御神に食事をお供えする神として 1500 年ほど前の雄略天皇の御代に伊勢の地へ招かれ山田原に鎮座したとされる。約 1300 年前の持統天皇の時代から 20 年に 1 度新しい神殿を新調する式年遷宮が始まり，皇家第一の重事として続けられた。

　辰宮ほか（2011）によれば，江戸時代には神宮に認められた御師[1]と呼ばれる

神職が全国からの参拝者に対し御祓いや御祈祷を行うようになり，さらに御師は全国各地へ出向き，神宮の御神札の配布や御祈祷を行い武士や豪農に対し参宮を勧めるようになった。この動きは次第に民衆にも広がり，民衆の中にも伊勢参りへの憧れが生まれた。徒歩しか手段がなく関所での取締が厳しい時代に，伊勢参りに関しては関所の許可が得やすかったことも幸いして，庶民にとって伊勢参りが初めての「旅」の経験であった。

御師は全国から集まる参拝者に対し神楽殿にて御祓いや御祈祷を行い，参拝者は御師の紹介または運営する宿に泊まり参拝の心得や方法を教わるなど手厚い世話を受けた。内宮前の門前町にも多くの御師が神楽殿を構え御祓いや御祈祷，御神楽をあげていたことからおはらい町と呼ばれるようになり，参拝のために伊勢を訪れる旅人を食や娯楽でもてなした。

3）繰り返し訪れる楽しみがある神宮

伊勢神宮は内宮，外宮のほかに14カ所の別宮と109カ所の摂社・末社・所轄社からなり，内宮，外宮の神域内だけではなく伊勢志摩の広い地域に点在している。土地の神，神事や御料に関わる神，天照大御神の兄弟神など御祭神や由緒も

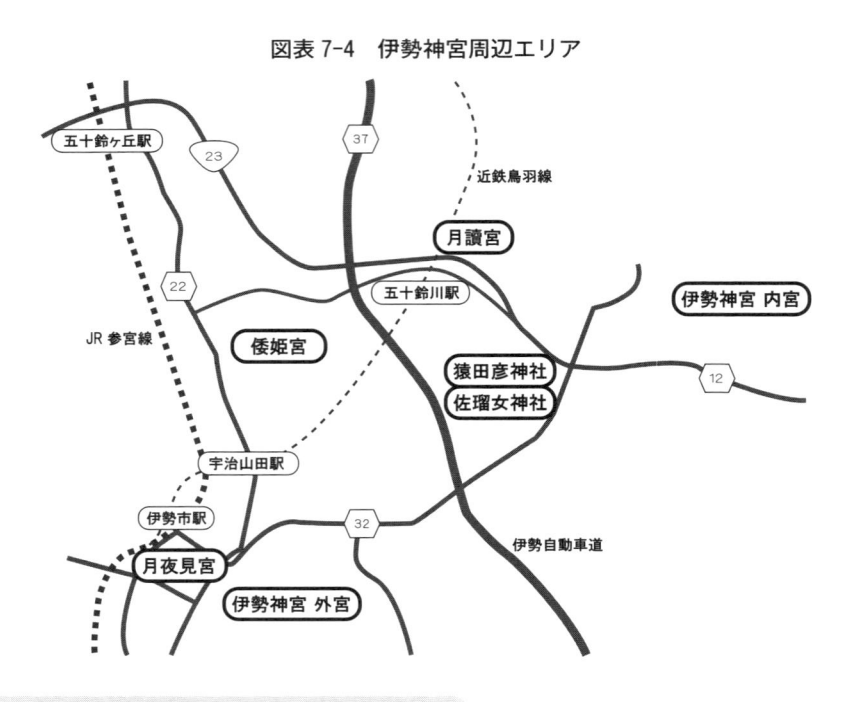

図表7-4　伊勢神宮周辺エリア

様々ではあるが，いずれも観光地の喧騒とは無縁の静かで緑豊かなロケーションが特徴である。

1泊2日の伊勢志摩観光においては，外宮から内宮を参拝し，その後おはらい町・おかげ横丁を半日で巡るコースが一般的であるが，2泊3日の旅や2度目，3度目の伊勢志摩観光であれば，別宮や神宮に縁の深い神社を訪れることで，神宮のより深い魅力に触れることができる。いずれも神話にてその由緒が語られる神々が祭られ，好みの神話をベースにした参拝コースを旅行者自らがコーディネートする楽しみをもたらす。

例えば，月讀宮の御祭神月讀尊（つきよみのみこと）は，伊弉諾尊が黄泉の国から戻り川の水で身を清めた際にその右目から生まれたとされる神で，左目から生まれた天照大御神，鼻から生まれた素戔嗚尊（すさのおのみこと）と合わせて三貴神とされる。太陽神の天照大御神の弟神であり，光り輝き美しい月神である。

また瓜生（2007）によれば，猿田彦神社は，猿田彦大神（さるたひこのおおかみ）を御祭神とし，天孫邇邇芸命（ににぎのみこと）が天界より君臨した際に伊勢の国から迎えにきたといわれる道ひらきの神である。境内にある佐瑠女神社は天鈿女命（あまのうずめのみこと）を祀った神社であるが，天鈿女命は天照大御神が天岩戸に隠れてしまった際に舞を舞って岩戸を開かせた女神で，芸能の始祖ともいわれている。このように豊富にある別宮や神社を巡るには繰り返し訪れる必要があり，楽しみも増すと考えられる。

③　世界有数のスピリチュアルゾーンを指向する

1) 伊勢神宮に紐づいた宿づくり

前述したように，賢島温泉にある汀渚 ばさら邸は，広大な敷地に静かな佇まいをみせ，慌しい観光の拠点ではなく，宿を楽しみ，土地を楽しみ，そして伊勢神宮を楽しむための滞在基地である。伊勢神宮を感じさせるといっても大げさな仕掛けではなく，神の宿といわんばかりの静寂と自然の草木や海を活かしたその佇まい自体が神宮を思わせる。

もちろん，志摩エリアの宿泊施設がすべてばさら邸のようになる必要はないし，そもそも大型観光旅館にはこのような静寂を意識した空間づくりは難儀である。しかし，大型旅館でも参拝プランを設けることは可能であり，多くの神々が鎮座する伊勢志摩ならではの神話に基づいた観光ルートを独自に作成するなど，

お伊勢参りや神話をコンセプトにアミューズメント性を高めた初めてのお伊勢参りを演出することで，伊勢神宮との関連づけを強化したサービス提供を実現することは比較的容易である。また，2度目，3度目のお伊勢参りは，世界有数のスピリチュアルゾーンを訪ねる旅にふさわしく，宿での滞在を楽しみながら，ゆったりとした時間の流れのもとで行うことで，心身共に癒される感謝の旅となるはずである。

　いずれにしても，観光客が伊勢を訪れた回数や楽しみ方によって，選ぶ宿の使い分けを促す戦略的な宿泊施設構成，サービス提供を可能とするよう，施設間連携を行い調整することが必要である。また，施設間連携の前提として，賢島温泉だけでなく新・浜島温泉，浜島温泉，伊勢志摩温泉などの温泉が志摩温泉郷として主体的に連携し，スピリチュアルゾーンの滞在地としての多様な価値をブランディングすることが望ましい。

2）おひとりさま，スピリチュアル女子，歴女など女性を魅了する

　自分ひとりの時間や生活を楽しむことができる個が確立した女性"おひとりさま"に始まり，スピリチュアル女子，歴史女子（歴女），仏像女子（仏女）など，女性は常にアクティブで流行に敏感な存在であり，観光のマーケティングにおいてキーパーソンとなる。伊勢志摩エリアは，温泉，美味しい食材・料理，神社等，そのような女性のニーズを十分に満たすことができるコンテンツに溢れている。

　伊勢志摩は大自然の恵から，伊勢海老，鮑，牡蠣，雲丹など高級な海の食材の宝庫であり，古来から美し国と呼ばれ，和食，フレンチ，イタリアンなど幅広い海鮮料理を堪能できる。また，松坂が近いことから，おかげ横丁でも気軽に松坂牛の串焼きなどを味わうことができる。おはらい町は江戸時代ブームとなったおかげ参りを彷彿とさせる賑やかな雰囲気に溢れ，おかげ横丁は，江戸期から明治期の伊勢路をテーマとした伊勢志摩の産物，土産物がところ狭しと並んでいる。開運，厄除け，良縁，安産，才能など様々な願いにご利益のある神社が多く，神話に登場する神々に縁のある神社も多い。

　伊勢神宮の社殿は他の神明造りとは異なる独自の様式を持っていることから，唯一神明造り[2]といい，ドイツの建築家ブルーノ・タウトにより「世界の建築の王座」と紹介されたほどのシンプルな美しさを誇っている。さらに，近鉄斎宮駅の近くにある斎宮歴史博物館には，野外にかつて斎王の住まいであった斎宮[3]の

史跡全体模型（1/10のジオラマ）が展示されており，展示室では斎王の暮らしや斎宮の歴史が紹介されるなど，神宮の大御神に仕えた斎宮の歴史にふれることもできる。これらの豊富なコンテンツを再構成することで，いわゆるスピリチュアル女子だけでなく，歴女や仏女を含めた多くの女性を魅了する，精神的・身体的・物理的・歴史的に非常に奥深いエリアとして，伊勢神宮のみならず伊勢エリア全体の地域ブランド価値の増大が可能になる。

　このような女性は，伊勢市内に宿をとり1泊2日の短期間で要所を観光して周る傾向が強いが，志摩から伊勢までの送迎バスの利便性をさらに高め，伊勢にはない温泉が湧く癒しの宿，神の宿を打ち出すことで宿泊客を志摩エリアに誘致することが可能である。つまり，伊勢の観光スポットと志摩エリアの温泉宿泊施設を強力につなげることで，伊勢の恩恵に預かるのである。

3）北海道，沖縄旅行に並ぶ価値の演出とプロモーション

　国内旅行人気ランキングによれば，2009年から2012年の4年間にわたり，常に北海道と沖縄が1位，2位を独占している（地球の歩き方HP，2012）。日本の最北，最南に位置する特徴的な立地であり，いずれも自然豊かでありながら，リゾート，グルメ，ショッピングなど多彩な楽しみ方ができることが特徴である。一方で，伊勢志摩エリアまたは三重県は上位20から漏れている。

　伊勢志摩エリアが北海道，沖縄という国内では唯一無二の特徴をもつ観光地に並ぶ人気観光地になるためには，伊勢志摩の希少性，唯一無二の価値の象徴として日本の総氏神である伊勢神宮を取り巻く聖地の効果的な演出が必要である。かつてのお伊勢参りを彷彿とさせるようなプロモーションを，自治体と伊勢神宮の主導で行うのも1つの方法である。また，伊勢神宮参拝を魂のヒーリング，志摩エリア宿泊施設での滞在体験を身体のヒーリングと称し，北海道と沖縄に負けない観光資源と非日常体験を提供する特別な観光地であると位置づけることが求められる。

将来像：神に触れる旅の滞在基地として観光復活を牽引する賢島温泉

　賢島温泉におけるスピリチュアルゾーンの滞在基地化モデルは，魂の癒しの旅に似つかわしい温泉宿を目指す"脱Ⅰ"充電—隠れ家型であり，さらに，志摩スペイン村に感化されたローカルな観光温泉宿から，伊勢神宮を象徴としたグロー

バルな観光地，温泉施設への転換をもたらす超広域グループである。そして，この大いなるコンテクスト転換の達成は，かつて日本中の民衆を熱狂させた伊勢参りを彷彿とさせる伊勢神宮を機軸とした観光をいかに演出するかにかかっている。

　グローバルな存在感を保ちながらも，日本の総氏神，神話にあふれる地というスロースタイルとしての価値を併せ持つ伊勢志摩エリアのポテンシャルは非常に高く，賢島温泉は自らが旅の主役ではなく，伊勢の神秘と志摩の自然をつなぐハブのような存在として滞在型の旅を推進する役割を担うべきである。

　志摩エリアの温泉は，現段階では温泉協会の設立もなされておらず，温泉旅館の間での連携もほとんど行われていない。そのためか温泉地のゾーニングが不明瞭であるなど，志摩温泉郷としての訴求効果を創出するに至っていない。また，今回取り上げた賢島温泉だけでは旅館・ホテル数も少なく，そもそも温泉としてのアピールも不可能である。今後は，一温泉旅館の取組みではなく志摩エリアの温泉施設全体として伊勢神宮にコミットした宿づくり，交通の利便性など伊勢との物理的な連携強化を行うことが，賢島温泉をはじめとする志摩温泉郷における価値転換の第一歩になる。

　このように，伊勢神宮を戦略的活用するならば，未だに温泉街としての街の形態ができていないばかりか，たった２軒の温泉旅館しか存在しない賢島温泉の将来展望が少しは見えてくる。しかし，それはあくまでも伊勢神宮の存在とこれとの戦略的連動が可能にするビジネスモデルの確立があってのことである。その意味では，著者は賢島温泉には伊勢神宮のもつ超広域性という特徴を踏まえた「充電─隠れ家型」のビジネスモデルを指向すべきと考える。また，これはビジネスモデルにおけるコンテクスト次元においては，スロースタイル指向であり，かつローカル指向であるという意味で，まさに"脱Ⅰ類"にポジショニングされる。

【注】
（１）御師：御師は，全国から集まる参拝者の御祓いや御祈祷をするだけではなく，全国各地に出向き神宮の御神札を配り御祈祷をあげた。さらに神宮暦や伊勢土産を持参し毎年出向くようになり，祈祷を依頼する人々と師檀関係を結んだ。また，武士や豪農から奉納寄進を取次ぎしたり神宮参拝を勧めていたが，その後，民衆にも広がり伊勢参りが民衆の憧れとなった。
（２）唯一神明造り：古代の神社様式には，神明造り，大社造り，住吉造りの３つがある。

神明造りの中でも，伊勢神宮正殿は他の神明造りと異なり独自の様式を備えているため特に唯一神明造りと呼ばれる。具体的な特徴は，柱を直接地中に埋めて建てる掘建式で切妻造りの平入り，屋根は茅葺で両妻を太い棟持柱が支えている。また，屋根の両妻にある破風が延びて屋根を貫き，千木となっている。内宮では屋根の上には鰹木が10本置き並べられ重石の役割を果たしている。

（3） 斎宮：斎王（さいおうあるいはいつきのみこ）とは，飛鳥時代から南北朝時代にかけ，天皇が即位する度に京から伊勢へ下向し，天皇の変わりに神宮の大御神に仕えた未婚の皇女である。斎王制度は約660年間続き，斎王60人あまりを数えた。斎宮（さいくうあるいはいつきのみや）は，斎王とその世話をする人々が住む御殿と，斎宮寮と呼ばれる役所があったところである。

【参考文献】

伊勢観光協会HP（2012）『伊勢観光協会公式ホームページ』
　　〈http://www.ise-kanko.jp/syuyu/mairi.html〉（2012年4月10日閲覧）。
伊勢神宮HP（2012）『伊勢神宮』
　　〈http://www.isejingu.or.jp/〉（2012年7月8日閲覧）。
瓜生中（2007）『知っておきたい日本の神話』角川学芸出版。
江原啓之（2005）『江原啓之神紀行1 伊勢・熊野・奈良スピリチュアル・サンクチュアリシリーズ』マガジンハウス。
黒田茂夫（2011）『ことりっぷ伊勢・志摩』昭文社。
志摩市観光協会HP（2012）『志摩観光協会公式ホームページ』
　　〈http://www.kanko-shima.com/onsen/onsen.html〉（2012年4月10日閲覧）。
志摩市商工会HP（2011）『平成22年度志摩市観光入込客数推計書』
　　〈http://shimasho.jp/support/kanko%2022.html〉（2012年7月8日閲覧）。
志摩スペイン村HP（2012）『志摩スペイン村オフィシャルサイト』
　　〈http://www.parque-net.com/〉（2012年4月10日閲覧）。
辰宮太一・中村葉子・桜鱒太郎（2011）『日本人のこころのふるさと伊勢神宮』JTBパブリッシング。
地球の歩き方HP（2012）『地球の歩き方公式ホームページ』
　　〈http://www.arukikata.co.jp/〉（2012年4月19日閲覧）。
汀渚　ばさら邸HP（2012）『汀渚　ばさら邸ホームページ』
　　〈http://www.basaratei.com/〉（2012年4月19日閲覧）。
松田忠徳（2010）『美人力を上げる温泉術』講談社。
三重県HP（2012）「平成22年観光レクリエーション入込客数推計書・観光客実態調査の発行について」『三重県ホームページ』
　　〈http://www.pref.mie.lg.jp/TOPICS/2011050193.htm〉（2012年4月20日閲覧）。

（照井敬子）

グローバルリンク形成によるスロースタイルジャパン戦略

ケース 15

西表島温泉
「"超"充電―隠れ家型」×「超広域グループ」

《温泉のプロフィール》

- ▶所在地：沖縄県八重山郡竹富町高那
- ▶アクセス：
  石垣島からフェリーで大原港まで 35 分，上原港まで 40 分，バスで大原港から 35 分，祖納から 45 分
- ▶旅館＆ホテル数：76 軒
- ▶泉質：ナトリウム・カルシウム・硫酸塩泉（低張性中性温泉），32.2 度
- ▶温泉旅館：ネイチャーホテルパイヌマヤリゾート
- ▶観光名所：浦内川，仲間川，ピナイサーラの滝，カンピレー・マリユドゥの滝，星砂の浜，由布島
- ▶イベント：やまねこマラソン（2月），海神祭（5月），豊年祭（7月），節祭（10月）

〈やまねこの湯〉

着眼点：辺境性を捉えた脱観光地化戦略を指向する西表島温泉

　日本最後の秘境と呼ばれる西表島は，沖縄本島の西南西約 440 km，台湾の東約 200 km に位置している。周囲が 130 km に及ぶ島は県内では沖縄本島に次ぐ大きさであり，島内の 90% が亜熱帯樹木におおわれている。年平均気温は 23.3℃，年間降水量は 2,300 mm，平均湿度は 82% という気候条件のもと，太古から変わらない壮大な自然が残されている。

　その西表島に，日本最西端・最南端の温泉があることは意外と知られていない。亜熱帯植物が植生する環境に取り囲まれた中で温泉を体感できる場所は，世界の中でも稀有な存在であると断言して問題ないであろう。

しかし，日本最後の秘境を守ろうとする意識の強さゆえに，かつては県外資本によるリゾート開発に対して地元住民や環境団体が開発差止訴訟を起こすなど，大自然がみせるおおらかな表情とは裏腹に，決して平穏なときばかりではなかった。自然環境保全と観光の両立という古くて新しい課題の本質を見極める意味でも，西表島を考察する意義は十分に存在する。

　本ケースでは，まず沖縄および八重山諸島を地理的条件と歴史的背景から考察する。大陸からみた沖縄・八重山諸島と，日本からみた沖縄・八重山諸島という2つの視点から独自文化が育まれた背景を紐解くことで，グローバルリンク構築の可能性を探る。次に，リゾート観光地として確固たるブランドを築いたといっても過言ではない沖縄・八重山諸島が，あえてスロースタイルを指向する脱観光地化戦略について考える。最後に，日本最後の秘境と呼ばれる西表島が，自然環境保護の視点から日本および世界に対して，重要なメッセージを発信していく拠点としてどのような場所であるべきかについて考察する。

① 大陸と日本の双方の視点から沖縄を俯瞰する

1）西表島の地理的条件の特殊性

　前述したが，西表島は周囲130 km，面積290 km^2，沖縄県内では沖縄本島に次いで第2位の面積を誇る島である。日本全体でみても第12位の面積をもつ。島の全景を構成する古見岳（469.5 m），テドウ山（441.2 m），御座岳（420.4 m）の三山は，沖縄全体でも屈指の標高を有している。この三山の存在が，結果的に独自の生態系の保存に影響を与え，イリオモテヤマネコに代表されるような生物多様性を維持している（図表7-5）。

　行政区分では沖縄県八重山郡竹富町ではあるが，先島諸島と呼ばれる宮古島以南の住民にとって，沖縄といえば沖縄本島のことを指す。逆に，沖縄本島の住民からみれば他の島々のことを離島と呼び，高齢者の中には西表島のような離島をかなりの僻地だと思っている人々も少なくない。沖縄本島と離島とが歴史上どのような関係にあったのかを示す身近な事例なのかもしれない。いずれにせよ，本土からみた印象とはだいぶ違う地理的感覚が，底辺に流れているようである。

　やはり，西表島が沖縄本島の西南西約440 km，台湾の東約200 kmに位置しているという地理的条件が，沖縄本島と離島との関係を語る上で非常に重要な要

図表 7-5 西表島温泉周辺エリア

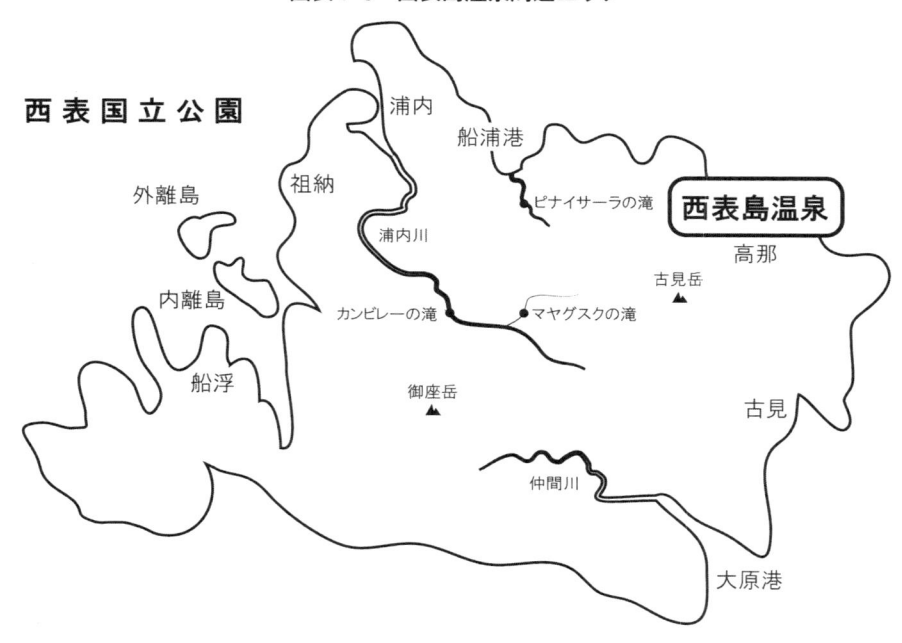

素であることは間違いない。

2) 大陸から沖縄を俯瞰する

　まずは，西表島が含まれる離島のみに焦点を絞らずに，沖縄本島を含む沖縄県全域と大陸との関係を俯瞰してみる。沖縄は一般的に島嶼地域と呼ばれる小さな島々の集まりだと思われがちであるが，海域を含めた県全体の版図でいえば，東西 900 km，南北 400 km におよぶ日本国内で最大の領域を有する県である。島嶼群は行政的には北から沖縄本島地方，宮古地方，八重山地方の 3 つに区分され，八重山諸島の最西端に浮かぶ与那国島は那覇とおよそ 560 km も離れている。八重山諸島は石垣島，竹富島，西表島，小浜島，黒島，新城島，鳩間島，波照間島，与那国島で構成され，行政区分では市庁がある石垣島が主島になる（沖縄県 HP，2012）。

　ここでいう大陸とは現在の中国を指しているが，大陸との関係を考察する上で琉球王国の存在に触れないわけにはいかない。琉球王国とは，15 世紀から 19 世紀にかけて沖縄本島を中心に存在した王国である。隣接する大国明および清の時

代には,冊封(さくほう)により現代でいうところの外交関係を結び名目的な君臣関係にあった。小国ではあったが東シナ海の地の利を活かして,東南アジアを含む広範囲な地域の中の中継貿易拠点として重要な役割を果たしていた。1609年に薩摩藩の進攻を受けてからは,江戸幕府の実質的な支配下に入った。しかし,以降も対外的に独立した王国として存在し,中国大陸と日本の双方から文化的な影響を受けながらも,独自の琉球文化を築き上げてきた。

内田（2009）では,辺境という概念を次のように定義づけている。

「『辺境』は『中華』の対概念である。『辺境』は華夷秩序のコスモロジーの中に置いて初めて意味を持つ概念である。世界の中心に『中華皇帝』が存在する。そこから王化の光があまねく四方に広がる。近いところは王化の恩沢に豊かに浴して『王土』と呼ばれ,遠く離れて王化の光が十分に及ばない辺境には中華皇帝に朝貢する蕃国がある。これが,東夷（とうい）,西戎（せいじゅう）,南蛮（なんばん）,北狄（ほくてき）と呼ばれる。そのさらに外には,もう王化の光も届かぬ化外（けがい）の暗闇が拡がっている。中心から周縁に遠ざかるにつれて,だんだん文明的に暗くなり,住民たちも禽獣（きんじゅう）に近づいてゆく。そういう同心円的なコスモロジーで世界が整序されている」（pp.57-58）。

この華夷秩序を前提に置くと,辺境性を根底にした日本人のメンタリティが違った角度でみえてくる。日本列島が華夷秩序内で東夷にカテゴライズされている以上,何をやっても日本人がやることは無知ゆえに間違っているという前提が成立した。ゆえに,「遠いから,あまり中央のことなどわかりません」的な発想が出現し,日の出づる処の天子や天皇などという東夷にはありえないある種,開き直りともいえる行動を可能にした。

逆に,朝鮮の場合は,華夷秩序の中で中国を正統な本家と崇めており,自らを分家であると礼を尽くす立場を踏襲したことが,国風文化についてもオリジナリティを発揮できなかった原因であったとも考えられる。

ここで示したいのは,辺境だからこそ,こちらの都合に合わせて好きなことができるメリットについてである。日本人は,華夷秩序における東夷というポジションを受け入れたからこそ,政治的・文化的なフリーハンドを獲得したと考えられないか。換言すれば,辺境を明確に意識することにより,辺境の基本的な構えである学習する力を身に付けたといえる。学習する力を身に付けることで,中央

からの様々なキャッチアップを可能にし，辺境性を軸とした日本人としてのイデオロギーを形成したと考えられないだろうか。1945年以降，華夷秩序がアメリカ秩序に成り代わっても，同様の構造が継続されたことはいうまでもない。

　ここでいう辺境性ゆえに，著者は独自の文化を育む創造性を最も象徴的に表しているのが沖縄であると考える。なぜなら，永い歴史の中で，大陸から直接的な影響を受け，なおかつ日本との関係においても歴史的に決して単純な構図ではありえなかった非常に稀有な地域だからである。

　この考察にここまで誌面を割いたのは，地理的条件と歴史的背景の観点から俯瞰することで，グローバルリンク形成に向け沖縄・八重山諸島がもつポテンシャルを最大限に発揮するためのヒントがみつけられると考えたからである。辺境性が高まれば高まるほど，その場の非日常性が高まり，訪れる人々にとって異空間がさらに広がりをもつことで，伝統や習慣を生かした創造的な活動が促進され，この地の魅力がより一層高まるであろうと仮説をおく。

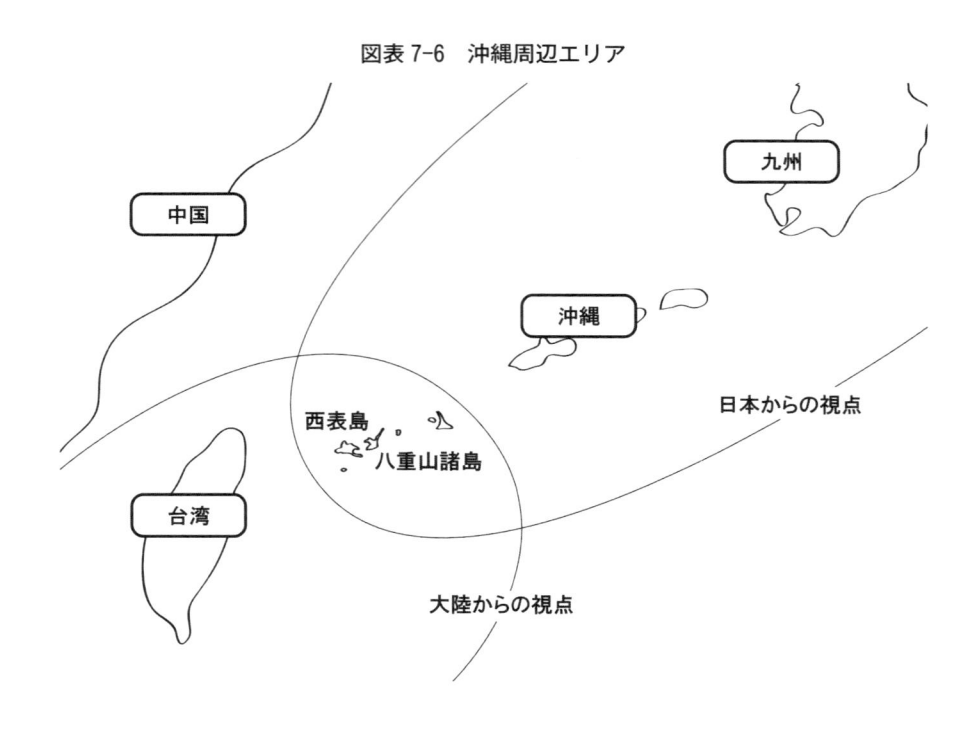

図表7-6　沖縄周辺エリア

3）日本からみた沖縄と沖縄からみた八重山諸島

　下川・仲村（2011）によれば，様々な歴史的背景もあって，八重山の人々は自分たちがウチナーンチュ（沖縄人）と括られるのを嫌うようだ。八重山の人々は自分たちのことをヤイマンチュ（八重山人）と呼んで意識的に区別している。加えて，数百年にわたって入植や移住が繰り返されてきた八重山は，地域によって生活文化，風習などが異なっているのが大きな特徴でもある。異なる生活習慣がぶつからないよう他の集落には必要以上に干渉しないというライフスタイルは，どこか地方らしからぬスマートな印象を与える。主に沖縄人から冷たい人とか自己中心的を意味する八重山ヒジュルーという特徴的な方言で呼ばれるようになったのも，苦しい生活状況を乗り越えるために必然性があったと考えるのが自然である。

　沖縄本島を経由して八重山諸島を訪れるとき，どこか違う風土・生活の匂いを感じるのは，ある種，古き時代の生活様式がそのまま残されている風景に，日本の原型を感じとってしまうからかもしれない。

② スロースタイルを指向した脱観光地を創る

1）ニラカナイ問題にみるリゾートのあり方

　西表島北西部を流れる浦内川の河口に広がるトゥドゥマリ浜に，2004年，1つの大きなリゾートホテルが開業した。南西楽園リゾートが所有するサンクチュアリリゾートニラカナイは，建設工事開始当初から周辺環境への影響を危惧して，日本生態学会，日本魚類学会，WWFジャパンなど各種団体から環境評価や工事中断を求める要望書が提出されるなど，問題を抱えたままで開業したリゾートホテルである。

　このニラカナイ問題は，西表島の住民や島外の支援者を巻き込んだ提訴問題にまで発展した。那覇地裁による一審では，環境破壊などの程度が社会生活上受任すべき限度を超えているとは言い難いとして棄却している。引き続き原告団が控訴したが，この二審においても原告敗訴の判決が下されている。このような経緯の中で，地元住民がホテル宿泊者に対して地元施設の利用拒否を打ち出すなど，現在多少沈静化したとはいえ，「ニラカナイ反対」という大看板を見る人の心にはどこか虚しさが漂ってしまう。

アオウミガメの産卵への影響やホテルからの汚水による生態系への影響など，西表島で表層化した自然環境保護と観光の共存という重要な課題をどのように解決していくのか，大きな岐路に差し掛かっていることは間違いない。

　西表島温泉があるネイチャーホテルパイヌマヤリゾートでは，なぜそれほど大きな問題とならなかったのか，また2011年に南西楽園リゾートからサンクチュアリーリゾートニラカナイの経営権を譲渡された星野リゾートが，この難しい問題をどのように解決していくのかに重要な解決の糸口が隠されていそうである。

2）脱観光地化で新たなリゾートを目指す

　「脱観光地化による新たなリゾート」とは非常に矛盾した表現ではあるが，この表現を用いた真意は，訪れる人々の目的意識いかんによって自然環境保護と観光の共存が可能であると強く主張したいからである。あくまでも，現地を訪れた著者の個人的感想ではあるが，ネイチャーホテルパイヌマヤリゾートを訪れた印象は，その佇まい自体がまわりの環境にとても溶け込んでおり，施設近くまで近寄らないとその存在すら見過ごしてしまいそうというものであった。豊富な自然体験ツアープログラムを通じて，いかにして人間そのものが自然環境に生かされている存在であるかが十分に実感できる。日経リサーチが実施した「2008地域ブランド戦略調査」において，西表島が「訪問した人の満足度が高かった地域No.1」という結果も十分にうなずける（日経リサーチHP，2009）。

　本著の主題はもちろん温泉ではあるが，この場所ではもはや温泉は大自然の一部と化した脇役としてしか存在しない。それどころか，この場所にいる人間そのものが大自然の一部と化し，観光地を訪れているという感覚さえ失ってしまう。まさに，地球そのもののエネルギーを充電する感覚といってもよいかもしれない。

　同じ西表島という条件からすれば，前出のサンクチュアリーリゾートニラカナイもアプローチの仕方によっては，現状の課題を打破できるのではなかろうか。そういった期待も込めて，日本のリゾート変革を牽引する星野リゾートがどのようなアプローチを実践するのかは，非常に注目すべきである。

　2012年6月に開業した「星のや竹富島」で星野リゾートがとったアプローチは，未来のリゾートのあり方を探る1つの指標として重要な意味をもつ。重要伝統的建造物群保存地区に指定されている竹富島は，建造物のみならず生活文化の保存にも非常に意識の高い地域である。星野リゾート代表の星野佳路は，数年に

わたる地元住民との地道な会話を重ねることで,「離島の集落で住人になったかのような滞在」というコンセプトのもと,今までにない新たなリゾートのあり方を示した（星野リゾート HP, 2012）。このコンセプトの中に,脱観光地化の大いなるヒントが内包されているように思う。

3)「"超"充電—隠れ家型」の深耕によるスロースタイルジャパンの発信

脱観光地化の主張をもう少し掘り下げてみたい。ケース2 熱海温泉では,訪れる場所から住まう場所へのコンテクスト転換により,大型温泉リゾートからリゾート・コミュニティへの進化を主張した。ただし,熱海温泉のケースは東京から約1時間というロケーションと,130軒以上にもおよぶ温泉街の存在があってこそ,リゾート・コミュニティという主張が可能であった。

転じて,日本最西端に位置する離島に存在する西表島温泉を,熱海温泉と同様の観点から脱観光地化を主張するにはもちろん無理がある。1990年代以降,沖縄や八重山諸島への移住ブームがメディアなどで取り上げられるようになったとはいえ,やはり物理的距離とともに移住という重い決断を下すことへの心理的距離は熱海の比ではない。加えて,最西端・最南端の温泉という強力なコンセプトを備えつつも,やはり温泉施設が1軒という現実は直視した上で主張を展開しなければならない。

しかし,西表島のように物理的距離と心理的距離が増してこそ非日常性が演出されるのであり,他の温泉と比較した場合に顕著となる劣位点が際立てば際立つほど,隠れ家として価値が増大することとなる。頻繁には訪れることはできないが,訪れたときには何か懐かしい場所に戻ってきたような感覚に包まれる雰囲気を醸成してこそ,離島に1軒しかない温泉の意味的価値が生まれるといえる。このような観点からも,前出の星野リゾートが竹富島で掲げた「離島の集落で住人になったかのような滞在」というコンセプトは,訪れる場所と住まう場所の中間的価値を創出する意味で,「"超"充電—隠れ家型」を裏づけるものであることは間違いないであろう。

西表島温泉におけるビジネスモデルを構築する上で,もう一方の軸として「超広域グループ」の形成を考察しなければならない。やはり,ここでは日本でありながら大陸から近いという地の利を最大限活かすべきである。具体的には,アジアと日本をつなぐ玄関口として西表島を再考し,なおかつ祭り好きな風土を活かしたイベントをトリガーとして社会的課題を解決する新たなコミュニティを創出

するという主張を考察していく。

③ アジアと日本をつなぐネットワークを築く

1）伝統芸能にみる新たなライフスタイルの萌芽

　前出の竹富島でも，年間20を越える様々な祭りが催されている。沖縄は，エイサー祭りをはじめ，全国的に見ても非常に祭りの多い地域と言えるのではないだろうか。三線（さんしん）などの民族楽器を弾きながら沖縄民謡や沖縄古典音楽を宴席などで披露するのがごく当たり前の光景であり，音楽や芸能が暮らしの中に深く根づいている。近年，沖縄が多くの芸能人を輩出しているのも，この祭り好きの風土に大きく起因しているように思われる。

　西表島も例にもれず，節祭（しち）をはじめ様々な祭りが年間を通じて催されている。節祭とは，500年以上の歴史を誇り，国の重要無形文化財にも指定されている島内最大の祭典である。「農民のお正月」ともいわれ，二期米の収穫が終わったあとに行われる。来る年も豊作で村人が無病息災であるようにと祈願する神行事で，女性は神歌と踊り，男性は棒打ちや狂言といった奉納芸能を披露する。五穀豊穣で海の幸にも恵まれますようにと歌いながら舟の櫂で踊る「ヤフヌティ」や，海のかなたの楽園ニライカナイから福を運ぶハリー舟競争など，島内が祭り一色となるのである（山下，2006）。西表島の人口2,200人の約7割が内地（沖縄県外）からの移住者であるにもかかわらず，このような伝統文化が着実に継承されている中に，新たなライフスタイルの萌芽が生まれ始めている。このように，祭りを通じて島を取り巻く自然の恵みに感謝し，古きよき伝統を伝承していくために島の住民が力を合わせるたびに，人として成長し，コミュニティがより深い信頼関係を醸成していくのである。

2）イベント・コミュニティによる社会的課題の解決

　昨今，日本国内各地で，夏期を中心に開催されるロックフェスティバルや，アースデー東京に代表されるような様々な環境イベントが増加している。この「夏フェス」と呼ばれる音楽イベントが日本で大々的に開催されたのはいつ頃からだったのであろうか。

　多少例が飛躍するが，1974年7月31日から8月10日までの11日間にわた

り，福島県郡山市の開成山公園で開催された「ONE STEP POP FESTIVAL」は，日本史上初の野外ロックフェスティバルとして伝説となっている（Hfitz.com HP, 2012）。地元民間人の佐藤三郎が主催者となり，当初は市制50周年を記念して，花火大会や全国の祭りを集めたイベント，子供向けショーの開催など多様な目的が企画されていた。そのイベントの一環としてロックコンサート構想が持ち上がり，ミュージシャンでもありプロデューサーでもある内田裕也が全面プロデュースを引き受けたことを機に，30組以上のアーティストが集結する一大ロックイベントへと発展した。時代世相を反映して県内外から若者たちが集結したことで，観客にとってもミュージシャンにとっても共通の手段を得たことになる。最終的には，「新しい未来への祭り…緑と広場と大きな夢」というスローガンが掲げられ，共通の目的を実現しフェスティバルを閉じた。以降毎年，「ap bank fes」に代表されるような環境問題や地域格差問題などをテーマとした「夏フェス」が開催されるなど，単なるロックイベントとしてだけだはなく多様な手段として各種イベントが広く認知されていることは歴史的事実である。

　このように，共通の目的や理念に突き動かされて集結した人々がその場限りのつながりで終わることなく，イベントをスタート地点として社会的課題に取り組んでいく風土が日本にも根付きつつあると実感している。

3）祭り（イベント）を起点としたグローバルリンクの形成

　幼い頃，誰しもが一度は経験する祭りへの抑えきれない高揚感は，知らない者同士を引きつける大きなパワーを持っている。人としての本能にも通ずるような祭りでの高揚感は，日本やその一地域に限らず，全世界に共通した思いではないか。固有の歴史と風土に根ざした様々な祭り（イベント）が世界各地に受け継がれている事実が，何よりも人類に共通した思いを表していると考えられないか。

　歴史と風土に根ざして代々受け継がれてきた祭りも，時代の世相を受けて生まれきた現代のイベントも，人を惹きつけるという本質的な意味合いでは何ら相違はないように感じられる。だからこそ，西表島のような大自然の中でイベントが開催されることで，人と自然との共存をより強く指向する仲間が新たなネットワークを形成し，世界に向けたスロースタイルの発信基地となり得る可能性を大いに秘めている。

　祭りやイベントを機に形成されたネットワークが，社会的課題の解決へとベクトルを向けたとき，そのパワーをどのように持続させていけばよいのかを考える

1つのきっかけとなる。そのとき，温泉というコンテンツは，いわば「裸のつき合い」という日本的文化の表現にもあるような，本音と本音のコミュニケーションを喚起する触媒となるに違いない。

かつては，大陸や東南アジアと日本との貿易中継地点として「モノ」の流通を支えたこの地域が，世界に向けてスロースタイル文化を発信する「コト」の流通拠点として生まれ変わることで，グローバルリンクの形成が可能となる。それは，世界共通の社会的課題を解決するための新たな拠点の誕生を意味する。

> **将来像**：スロースタイルジャパン戦略を模索する西表島温泉

本ケースでは，離島の特性を活かしたソーシャルネットワークの形成をテーマに，スロースタイルを発信する場所へのコンテクスト転換を考察してきた。いわば，西表島や八重山諸島の島々が大陸と東南アジアに近い地の利と歴史的背景を踏まえ，スロースタイルという側面から日本の原型を伝える拠点に生まれ変わることを意味している。

岡本（1996）は，独自の解釈で沖縄について次のように語っている。

「現代文化について考える場合，われわれの意識はいつでも外に広く開かれている。そして芸術の上ではニューヨーク，パリなどが焦点として浮び出る。私自身も，やはりそういう広がりの方を凝視するのだが，しかし，にもかかわらず，一方肉体にひそんだ情熱は，かえって日本の内側─むしろ閉され，忘れさられ，現代生活の外に押しやられている，原型のようなものにひきつけられる。その意味で，私は久しい間，沖縄をたしかめたいと思っていた」(p.213)。

近年，ゲーム・漫画・アニメなどのポップカルチャーを中心に，日本文化がクールジャパンと呼ばれ国際的に評価され始めている。この潮流を受け，経済産業省や観光庁が人材育成やコンテンツの輸出に力を注いでいる。このような中央主導の情報発信とは別軸として，スロースタイルジャパン（Slow-style Japan）を形成することで，より日本の魅力を世界に発信できると，この考察を通じて確信している。

さて，ここでは西表島温泉という温泉に関わるビジネスのデルの特徴とその今後の展望を論じてきた。しかし沖縄という地域においては，また特に西表島においては，温泉をビジネスモデルから言及することは無理があることが理解でき

た。なぜならば，そこには未だに主に経済的枠組みから温泉を捉えることはいささか困難であり，歴史的，文化的特性を十分に踏まえた理論が不可欠であるためである。

　しかしながら，このような認識を踏まえながらも，当初の計画通り西表島温泉のビジネスモデルとしての特徴を整理するならば，前ケースの賢島温泉と同様に「充電―隠れ家型」に含めることができるし，ビジネスモデルのコンテクスト次元としてはスロースタイル指向で，かつグローバル指向の"超類"にポジショニングされる。

【参考文献】

内田樹（2008）『こんな日本でよかったね構造主義的日本論』バジリコ。
内田樹（2009）『日本辺境論』新潮新書。
岡本太郎（1996）『沖縄文化論　忘れられた日本』中公文庫。
沖縄県 HP（2012）『okinawa.jp』
　　〈http://www.pref.okinawa.jp/gaikyo/index.html〉（2012 年 7 月 9 日閲覧）。
下川裕治・仲村清司（2011）『新書　沖縄読本』講談社現代新書。
竹富町 HP（2012）『竹富島ホームページ』
　　〈http://www.town.taketomi.lg.jp/〉（2012 年 4 月 25 日閲覧）。
日経リサーチ HP（2009）『「地域訪問者の満足度」（「2008 地域ブランド戦略サーベイ」より）紙面掲載のお知らせ』
　　〈http://www.nikkei-r.co.jp/news/release/2009/01/2008-1.html〉（2012 年 7 月 9 日閲覧）。
原田保・三浦俊彦編（2011）『地域ブランドのコンテクストデザイン』同文舘出版。
星野リゾート HP（2012）『星野リゾート』
　　〈http://hoshinoresort.com/#/top〉（2012 年 4 月 25 日閲覧）。
ホテルパイヌマヤリゾート HP（2012）『西表島温泉―ホテルパイヌマヤリゾート』
　　〈http://www.painumaya.com/〉（2012 年 4 月 25 日閲覧）。
イリオモテドットコム HP（2012）『沖縄　西表島の総合情報サイト　イリオモテドットコム』〈http://www.iriomote.com/web/〉（2012 年 4 月 25 日閲覧）。
山下智菜美（2006）『日本最後の秘境　住んでびっくり！西表島』双葉社。
Hfitz. com HP（2012）『ワン・ステップ・ポップ・フェスティバル』
　　〈http://www.hfitz.com/festival/onestep/index.html〉（2012 年 7 月 9 日閲覧）。

（吉澤靖博）

広域箱根圏を捉えた2泊目戦略と東京近郊の奥座敷化戦略

ケース16 湯河原温泉
「"拡"充電―隠れ家型」×「超広域グループ」

―― 《温泉のプロフィール》 ――

- ▶所在地：神奈川県足柄下郡湯河原町
- ▶アクセス：
  JR東海道本線湯河原駅下車，バスで約10分，西湘バイパス石橋ICから約20km
- ▶旅館＆ホテル数：約100軒
- ▶泉質：塩化物泉（弱食塩泉），60.9度
- ▶温泉旅館：ふきや，阿しか里，源泉上野屋，伊藤屋，万葉の里　白雲荘，懐石　海石榴，加満田など
- ▶観光名所：万葉公園，不動滝，幕山公園（湯河原梅林）など
- ▶イベント：湯かけまつり（5月第4土曜日），やっさまつり（8月上旬）など

〈万葉公園〉

> **着眼点**：東京通勤圏にあるが新幹線は停まらない湯河原温泉

　周知のように，近年，関東圏の温泉はおしなべて低迷が続いている。これは，マーケットや顧客ニーズの変化によるところが多いと思われる。しかし，このような状況下においても黒川温泉のように繁栄している温泉もあるし，星野リゾートのように発展している企業もある。本ケースで取り上げる湯河原温泉は，その立地特性や環境特性を戦略的に活用するならば，今後に多大な期待が寄せられる温泉の1つであると考えられる。

　湯河原温泉は未だに別府や熱海のように決定的な衰退を経験していないが，そのためか将来に向けた抜本的な対策が取られていない。ある意味では，いわゆる茹蛙現象に陥ってしまい，次第に死に至るという懸念を拭いされない。そこで本

ケースでは，このような先行き不透明な状況を打破する対応策の構築を試みる。

　湯河原町は神奈川県西部の中心地である小田原市の西南に位置する箱根山地に接し，また相模湾に面した山間の町である。この湯河原は歴史的には温泉街として著名であるが，新幹線が停車しないために，箱根町（新幹線小田原駅が最寄り駅）や熱海市（静岡県）と比較してアクセスがあまり良くない。それゆえ，湯河原温泉の将来構想の策定のためには，このハンディキャップを考慮した知恵が不可欠となる。

　そこで，以下では，湯河原温泉がギリギリ東京圏にあるというメリットと新幹線が停止しないというデメリットを踏まえた戦略的ビジネスモデルの構築に向けて，何点かの試案を提示していく。それらは具体的には，箱根のグローバルなブランド力を活用したグローバルリンクの中におけるキーポジションの獲得方法と，全国的に著名な有力温泉旅館の担うべき新たな役割についての考察である。

１　「ぐるっと箱根」は湯河原のためにある

1) 圧倒的なブランド力を誇る箱根

　東京近郊の温泉街の中で最もグローバルな競争力を保持しているのは，箱根温泉郷やそこにある温泉街である。この箱根は，単に多くの温泉がある一温泉郷という域を大きく超えた複合的な機能が集積するグローバルな観光地としてのアイデンティティを確立している。言い換えれば，温泉は美術館やゴルフ場等とともに箱根というグローバルリンクを構成するコンテンツの１つということになる。

　このように，箱根は温泉だけに依拠しない広域観光地域の確立によって，国内観光客のみならず外国人の訪問も増大している。このことは，グローバル時代においては，単独のコンテンツに依拠した観光産業は地域の競争力を保持できないということを意味している。それゆえ，東京圏において圧倒的に優位なポジションを確立した箱根ブランドの戦略的活用が，近隣地域においては急務の課題になっている。

　現在，箱根という名がつく行政地域は人口が少ないために未だ市になっていない足柄下郡の箱根町だけである。しかし，神奈川県南西部の中核都市である小田原市と箱根町がある足柄下郡および足柄上郡のすべての行政地域が箱根のブランドに依存する実態が現出している。今では，足柄下郡に所属する湯河原町や静岡

県の伊豆地域の入り口にある熱海市でさえも，箱根ブランドの傘の下に入ることができるというメリットを享受している。

このような状況を踏まえて，「ぐるっと箱根（箱根・湯河原・熱海・あしがら観光圏整備計画）」という観光プロジェクトが国土交通省の肝煎りで推進されている（国土交通省HP, 2011）。これこそが，実は著者が主張するグローバルリンクの観光ビジネスへの戦略的活用である。国土交通省はその役目柄か，広域箱根を観光産業に限定したゾーニングとして捉えている。しかし，著者は，この箱根という広域クラスターでは，第一次産業も含めた多様な産業のみならず，併せて広く住民の生活や文化に至るまで領域のすべてを包摂した広範な事業展開の構想が大事になると考えている。

県境を挟んだ広域の圏域が公式に設定されたことは，今後の箱根周辺地域の事業展開に対して新たな可能性を与えた。それは，これらの周辺地域がグローバル指向でビジネスを展開しようするならば，行政単位のゾーニングはほとんど戦略的な意味をもたないからである。それゆえ，「ぐるっと箱根」によって構築された広域箱根圏は，著者のいうグローバルリンクとして関東圏において東京に次ぐグローバルブランドとしてのポジションを確立する可能性を秘めている。

2）湯河原を活かす2泊3日の旅

この「ぐるっと箱根」のねらいは，強い求心力をもつ箱根ブランドによってひきつけられた顧客に，ついでに周辺の地域にも足を伸ばしてもらおうというものである。そのためには，1泊2日の旅ではなく，2泊3日の旅をコア商品にする必要がある。言い換えれば，この構想は，箱根のためにあるというよりはむしろ，単独では多くの顧客を誘引できない湯河原等の周辺市町村のためにあるといえる。これらの市町村では，箱根という広域ゾーンの1コンテンツになることで自身の生き残りが可能になる。

前述したように，新幹線は小田原駅と熱海駅には停車するが，それらの中間に位置する湯河原駅には停まらない。それゆえ，広域からの顧客を湯河原町に誘引するためには，1泊目に箱根町や熱海市に泊まった顧客に対して2泊目で湯河原を選択してもらうことが必要である。このように，湯河原町にとっては，2泊3日の旅という連泊のコンテンツが有効に機能する。

もちろん，湯河原町にとっては，1泊目に箱根に泊まった顧客を熱海市と取り合うことになる。しかし，それでも1泊目を熱海市に泊まった顧客を2泊目に湯

図表7-7 「ぐるっと箱根」における湯河原のポジション

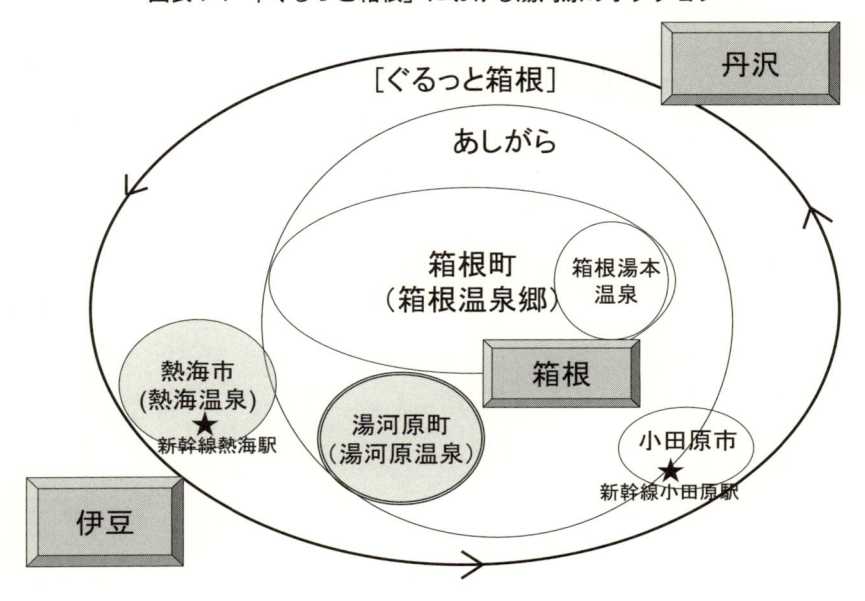

[ぐるっと箱根]

あしがら

丹沢

箱根町
（箱根温泉郷）

箱根湯本温泉

箱根

熱海市
（熱海温泉）
★新幹線熱海駅

湯河原町
（湯河原温泉）

小田原市
★新幹線小田原駅

伊豆

河原町が獲得することの方がメリットが大きい。いうなれば，「ぐるっと箱根」は湯河原町のある種の小判鮫戦略を可能にするためのプログラムである。以上のことから，たった一山越えれば箱根町にも熱海市にも簡単に行くことのできる湯河原町は，地勢的にはきわめて良好なポジションにあるといえる（図表7-7）。

3）街が形成されていない湯河原温泉の中心部

以上のようなメリットを享受するためには，湯河原町の最大の観光資源である温泉街の魅力を向上させることが不可欠である。湯河原温泉は，歴史もあり泉質も良く，また国木田独歩をはじめとする著名な文人所縁の地としても著名である。このように，湯河原温泉は，コンテンツについては他の著名な温泉街に比較しても遜色はない。それにもかかわらず，全国の温泉ランキング（じゃらんHP，2011）で必ずしも上位をキープできない（関東甲信越人気温泉地ランキング第7位）のは，散策に値する温泉街が形成されていないからであると考えられる。

湯河原温泉は，千歳川とその上流の藤木川を挟んで温泉が広がっている。また，藤木川の上流にはとても閑静な奥湯河原（奥湯河原温泉ともいう）がある。また，千歳川の西側はすぐに熱海市になり，そこには伊豆湯河原温泉という小さ

図表 7-8　湯河原温泉の全体像

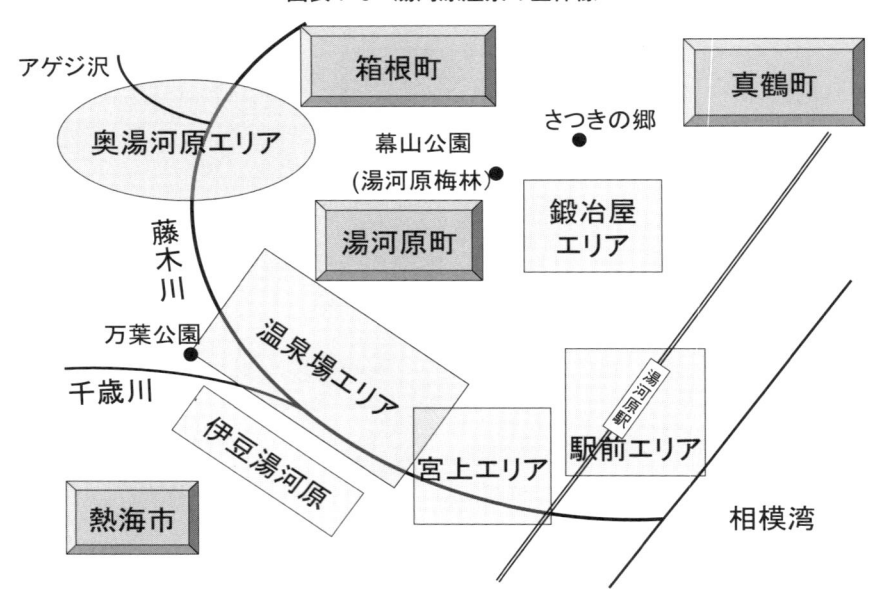

　な温泉もある。一般的には，湯河原温泉は，万葉公園辺りの川沿いから東にかけての北側の高台も含めた温泉場エリア（A・B・Cの3エリアから構成）とこれに続く宮上エリアという温泉旅館の集積地，そして駅前に広がる駅前エリア，藤木川の上流やアケジ沢沿いにある，いわゆる別天地としても著名な奥湯河原エリア，さらには湯河原駅北部の鍛冶屋エリアという4つのゾーンから構成される（図表7-8）。

　奥湯河原にある温泉旅館（懐石　海石榴（つばき），加満田等）は，どこも高級で高質なものとして知られており，中央部の温泉場においても由緒ある著名な温泉旅館（ふきや，阿しか里，源泉上野屋，伊藤屋等）が数多くある。また，中央の温泉場の入り口にある万葉公園は，歴史的（万葉集所縁の地）にも景観的にも，またイベント（ほたるの宴等）の展開でも，温泉街としては水準が高い。しかし，問題は川沿いのメインストリート（国道75号線）の道幅が広いこともあってか，例えば黒川温泉（熊本県）や城崎温泉（兵庫県）のような"街"を形成していないことである。

　実際に街を歩けばすぐにわかることであるが，湯河原町はまさに街の散策を1つの売り物にしていながら，万葉公園しかこれという見所がない。これは，町役

場の観光課や観光協会，さらには温泉組合の力量不足と熱意不足に起因しているといわざるをえない。近くにある立派な歴史のある観光資源の行き届いた運営によって，近年かの『ミシュラン・グリーンガイド（ジャパン）』にも認定されている修善寺温泉と比較すると（日本ミシュランタイヤHP, 2011），個々の温泉旅館はそれこそ互角以上に存在感をみせているものの，温泉街全体としての景観作りや話題作りによって街全体の観光資源としての価値を増大させる施策ははるかに劣っている。

② 湯河原の売りは温泉地ではなく奥座敷である

1）東京の奥座敷としての奥湯河原

さて，奥湯河原とは，湯河原の温泉場（温泉街の中心地）から藤木川に沿って上流へ遡った北の山間部よりにある自然の恵みが溢れる風光明媚な地である。この奥湯河原では，現在に至るまで自然環境を破壊するような大規模な開発は行われなかった。それゆえ，今流にいえば，奥湯河原はそれこそスローライフやエコライフに根ざした生活が営まれるある種の集落である。つまり，この奥湯河原は東京近郊に佇む片田舎の風情が今も濃厚に残る，いわば古き良き時代の日本の暮らしを体験できるある種の別荘地である。

これはすなわち，奥湯河原は，かのヨーロッパ的な風情が濃厚に現出する別荘地として著名な軽井沢（長野県）とは対極的な日本的な別荘地であることを意味する。軽井沢が事業等で多大な成功を実現し，そして今もなお第一線に立ってわが国社会をリードするいわば現役のエスタブリッシュメントによって支持されているのに対して，奥湯河原はある種の隠遁生活を望むすでに大きな仕事を成し遂げ，今や悠々自適の生活を楽しんでいるいわば過去のエスタブリッシュメント（例えば細川護熙元首相）の日常生活の場にもなっている。両者の差異は，例えば軽井沢には独りでは住めないが，奥湯河原には独りでも住めるということである。

また，軽井沢は高地の寒冷地であるため夏休みや春から秋にかけてのウィークエンドを過ごす非日常的な場であり，近年増加しているものの一部の文化人を除けばここを日常的な生活の中心拠点にしている人は今でもそう多くは見出せない。これに対して，奥湯河原ではそう多くはないものの，前述した細川元首相の

ように，実際に日常の生活の場になっている事例もある。すなわち，ここではある種の別天地が，例えば軽井沢のような非日常空間ではなく，まさに地域に深く根ざした日常空間として存在していると考えられる。

このような特徴をもつ別荘地の奥湯河原には，伝統的な温泉旅館の風情を残しながらも，高質な個人顧客に圧倒的に支持されるライフスタイル対応の温泉旅館や独創的な食を前面に押し出したニュータイプの温泉旅館が何軒かある。このように，高質な結果的に高額（1人1泊で3万円から10万円）な温泉旅館しか存在しない地域は東京圏ではそう多くは見出せない。これはすなわち，奥湯河原が高質リピート顧客の奥座敷的な役割を期待されている温泉街でもあるということを示している。

2）コンセプトがぶれない奥湯河原の温泉旅館

奥湯河原の顧客層は，一目で中心部の温泉地の顧客とはいささか異なることがわかる。中心部の温泉地にも著名な高級旅館が数多くあるが，それでもエリア全体としては玉石混交の状態であるといわざるをえない。それゆえ，温泉地では一言で顧客の塊としてのプロフィールを表すことができにくい状況にある。これに対して，奥湯河原の顧客はある1つの塊としてのターゲットが成立しうる。これは具体的には，ある種の高質なライフスタイル指向の顧客の塊として捉えられる。

また，奥湯河原は箱根に向けての山間部に入っているために，深みのあるまさに自然の景観が申し分のない散策に適したエリア（ハイキングコースもある）が現出する。この奥湯河原においては，中心地の温泉地に温泉旅館が多く立ち並んでいるにもかかわらず歩いて楽しめる街が形成されていないことと比較すると，自然の景観の中に高質な温泉旅館が点在するという，ある種の温泉集落とも感じるような自然発生的に出来上がってきた奥座敷というコンセプトが濃厚に打ち出される山間ゾーンが構築されている。

この静寂な奥座敷としての奥湯河原の温泉旅館の最大の特徴は，まさに伝統的な日本の温泉旅館の王道を歩み続ける温泉旅館と現代的なテーマをもったある種の高質なコンセプト旅館ともいえる料理を前面に打ち出した，いわゆる高級料理旅館ともいうべき伝統性と革新性を併せ持った時代の先端を走る温泉ビジネス空間を見出すことができる点である。

ここで大事なのは，静寂であるということと寂れているということは全く異な

る概念だということである。よくある多くの鄙びた温泉は，実は単に寂れている場合がほとんどであり，その相貌はまさに時代に取り残された遺跡のような存在になっている。しかし，奥湯河原においてはそのような時代に取り残されたような感覚は全くない。ここでは時代に取り残された寂しさではなく，プロデュースされた戦略的な日常的な静寂さが現出している。

　この奥湯河原の顧客は，別荘をもって住んでいる人とは異なり，現役として何らかの仕事観や生活観をもった，言い換えればそれなりに社会の第一線で忙しく立ち振る舞うあるいはかつて振る舞った人々であり，意識的にゆったりとした一時を過ごすというケースが多い。そこで，多くの温泉旅館はいわゆる充電型の隠れ家ともいえる時空間としての機能を備えることになる。そういう意味でも，奥湯河原は東京の奥座敷として最適の地である。また，今後の湯河原温泉の顔として湯河原の温泉街全体の牽引する責務を担うことが期待される。したがって，今後は，湯河原温泉では主に温泉場によってブランディングを行うのではなく，むしろ主に奥湯河原というゾーンイメージによってブランディングを行う方がはるかに戦略的であると思われる。

3）隠れ家として著名な温泉旅館

　奥湯河原の温泉旅館は，長い間維持してきた東京近郊の高質な隠れ家として地位を崩すことのない事業の発展を指向している。したがって，開発によって自然を壊すようなこともなく，周囲に広がる自然の恵みを積極的に活用した戦略が展開された。その結果，奥湯河原の顧客は，湯河原ゴルフクラブ等とのセットでの男性グループ顧客や，一度しか訪れないいわば泊まれれば良いという観光客が見出される中央の温泉場の顧客とは大きく異なる。また，結果的に奥湯河原では，温泉地に代表される湯河原温泉街とは別に，奥湯河原温泉というブランディングも行われている。この高質で高級な奥湯河原という温泉街を支える温泉旅館は現在8軒あるが，以下ではその中で特に奥湯河原のブランディングに多大な貢献を果たしている温泉旅館の紹介を試みる。

　老舗の「加満田」は長い間ずっと奥湯河原のブランディングに貢献しており，かの小林秀雄が缶詰の仕事場として長期間逗留した温泉旅館で有名である。この加満田の顧客は個人顧客が中心であり，しかも成熟した品格のある大人の個人やカップルが多く見出される。また，ここでは静かな隠れ家としての顧客価値が求められているためか，子供連れや大集団の団体顧客はほとんど見受けられない。

それこそびっくりするような施設や設備はないのだが，それでも基本である露天風呂をはじめ，内風呂も源泉掛け流しであるなど，風呂については非常に充実している。また，仙人が住むような非日常空間ではなく，まさに日常の延長線上での心のチェンジアップが可能で，伝統的な日本の家屋のような，いわば奥座敷のような佇まいをみせている。価格も1人1泊で2万円代から3万円代と無理のない代金で顧客を受け入れており，りきみを感じない隣接する沢沿いの自然のままの庭も疲れた体や心をリラックスさせてくれる。

これに対して，食を前面に打ち出した奥湯河原でも最も高額な温泉旅館として著名な「懐石　海石榴」は，1人1泊2食で4万から10万円もする高額な温泉旅館であるが，奥湯河原の新たな魅力を付与するイノベーターとして存在している。「懐石　海石榴」は，すでに著名であった「ゆば懐石　山翠楼」が隣接地の開業した温泉旅館である。その意味において，この2軒の温泉旅館がいわばセットとして統合されたビジネスモデルが構築されている。例えば，この「懐石　海石榴」は富裕層である「ゆば懐石　山翠楼」の得意客が年を重ねて還暦後も引き続き奥湯河原の隠れ家の生活を楽しむ機会を与えている（月刊ホテル旅館編集部，2008）。

③ 住まう場や帰る場としてのブランディングを行う

1) ウィークエンドを過ごすための湯河原温泉

現在，前述した「ぐるっと箱根」と併せて，地元の観光協会は期間限定のキャンペーンとして「今夜は温泉に帰ろう」を展開している。これはビジネスパーソンを週末の土日あるいは金曜の夜から湯河原温泉に取り込むための戦略である。それゆえ，湯河原温泉では，毎日忙しいビジネスパーソンのために，金曜日には午後8時からのチェックインが行われている（湯河原温泉旅館協同組合 HP，2011）。

しかし，このような短期のプロモーションのみでは顧客を継続的に取り込むことはできない。湯河原駅には東海道本線を利用すれば約110分（時間を見ながら途中まで新幹線や踊り子号を使用すれば時間は短縮する）で到着する。金曜日の仕事が終わった後にも十分に行けるし，土曜日の朝にはゆっくりと起きてから出かけることもできる。したがって，このような計画はキャンペーンで行うのでは

なく，むしろ戦略的に東京人のウィークエンドハウスとか，ある種の離れのようなポジションを長期的に獲得するために行われることが望ましい。

週末に帰る場としてのポジションを確立するためには，湯河原の街全体でウィークエンドを過ごすために相応しい街づくりをいかに行うかが大きな課題になる。まず湯河原駅を週末を楽しんだり休んだりする顧客に対して快く迎える，すなわちお帰りの場である玄関に相応しい雰囲気が出るように改装を行うことである。また，顧客は週末の帰りはバスの利用はしたくないと感じると考えられるので，町役場がリードするなどして温泉組合とタクシー組合が共同で，例えばお帰り顧客半額パスポートのようなものを発行することも効果的である。

中央部の温泉場周辺は，万葉公園を除くと顧客が何度も出歩きたいと思えるような場所は見出されない。それは，そもそも街の形成が全く行われていないことに起因しているように思われる。その意味では，「万葉公園」の入り口にあるシンボルとしての万葉会館（公園の魅力を打ち消す建物である）の再構築がまず以て不可欠である。また，忙しいビジネスパーソンが，温泉旅館の中のみならず，街でも楽しめる多彩なイベントや施設の集積が必要である。未だに芸妓の見番（湯河原芸妓屋組合）があって，そこで週末に二つ目による落語が行われるようでは，湯河原はそれこそチェンジはかなり難しい。

このような湯河原ではあるが，それでも優れた施設もいくつかは見出される。「万葉公園」には足湯としては高質な「独歩の湯」があるし，町が運営する共同湯である「こごめの湯」もその水準はきわめて高い。また，万葉という優れたコンテクストの最大活用と多くの文人たちと深い所縁のある温泉旅館（例えば島崎藤村の伊藤屋）が数多くあるのだから，それこそ文学を前面に出した温泉街の演出が可能である。例えば，出版社や旅行代理店との共同による文人所縁の温泉旅館をネットワークしたビジネスモデルの構築やプロモーションの投入もその気になればできるはずである。

顧客を何度も継続的に誘引するには，単に温泉街のみならず湯河原町全体の付加価値を増大することも大事である。そのためには，昼間にゆっくりと楽しめる公園の整備とそれらのネットワーク化（公園を巡る散策），四季の食を楽しめる飲食サービス（温泉旅館の食機能の街への広がり）の推進や海の幸と山の幸を捉えたブランディングも不可欠になる。なお，前者においては，これもまた「万葉公園」を中心にした温泉街に周辺にある公園の整備を行うと共に，温泉街の北部の山にある２つの公園（「幕山公園（湯河原梅林）」，「つつじの郷」）のさらなる

ブランディングに向けたアピールが必要である。

2）住まう感覚で過ごせる高質温泉旅館の連携形成

　湯河原のウィークエンドに帰ってもらおうという試みを成功させるには，多くの困難が予想される。それゆえ，著者はまず現在のリソースでも十分に対応が可能なキャンペーンとそれを運営する仕組みの構築を期待する。それは，湯河原温泉には，奥湯河原のみならず，中央部の温泉地にもモダンスタイルのイノベイティブな温泉旅館が見出されるからである。これらはすべて高質で高額な温泉旅館である。これらはあまり見栄えがしない千歳川や藤木川沿いの温泉旅館集積地ではなくそこから少し北に奥まった高台にある。それゆえ，これらの高質で高額なモダンなコンセプト旅館を奥湯河原の高質温泉旅館と一体にしたプロモーションが行える仕組みの構築を構想することができる。

　このようにエリア単位ではなく，温泉旅館のクオリティ水準によって温泉旅館を区分けすることは，すでにホテルでは当たり前である。そこで，高質で高額な温泉旅館を束ねることで，例えば「湯河原温泉一つ星クラブ」のようなネットワーク組織の構築も可能である。こうすれば，感性豊かな富裕層に向けて共通の街としてマーケティングを行うことも可能になり，また顧客も湯河原での生活に幅をもたせることもできる。

　これは，一見すると前述した中心地の温泉場エリアに街を作って大いに賑わいをもたせるという戦略とは正面からバッティングする。しかし，実はこれら２つの戦略は両立するばかりか，むしろ相互に協創関係にある。高質顧客が街に出れば，例えば黒川温泉のように街の景観が大きく転換するし，街が賑わえば顧客の湯河原での生活の幅も拡大するからである。このように２つの戦略は相乗効果を発揮しうる。このような構想において大きな期待が寄せられるのが，「ふきや」と「阿しか里」である。

　中心部の温泉場から北に少し上った場所にある「ふきや」は，現在湯河原温泉で最も人気のある温泉旅館であり，また専門家筋の評価の桁外れに高い優れた温泉旅館である。ここはいわゆるモダンスタイルのイノベイティブな温泉旅館であるが，しかし決して奇をてらった一人よがりのコンセプト旅館ではなく，全体としてバランスのとれた細かいところまで気配りが行われており，それこそほとんど非の打ち所がない温泉旅館である（月刊ホテル旅館編集部，2007）。

　この「ふきや」を過ぎてさらに急坂を登っていくと，熱海の山並みが眺望でき

る高台の「阿しか里」に着く。ここは「ふきや」ほど高額ではないが，それでも1人1晩2万円から5万円ぐらいは必要になる高質な温泉旅館である。ここはとりたてて目を引くものはないのだが，それでも伝統的な温泉旅館をしっかりとした運営によって安定した経営が実現している。また，近年妊婦や小さな子供がいる少しばかり裕福な家族を重点ターゲットにしたきめ細かな顧客対応によって湯河原温泉おける特異な地位の獲得に成功している。

3）帰ると住まうを統合したモデル核心を図る

　帰るも住まうも，共に生活の起点が湯河原にあるということを意味している。その意味において，これら2つのコンセプトは決してバッティングしてはいない。湯河原温泉においては，前者のターゲットであるキャリア指向のビジネスパーソンに対しては必ずしも湯河原温泉が隠れ家である必要はないが，しかし充電のための癒しを提供する機能は不可欠である。これに対して，後者のターゲットである時間もお金もある少人数の家族顧客や親しいカップル顧客にとっては，隠れ家としての機能の方が充電のための機能よりは大きいと思われる。

　しかし，著者は，大きく捉えれば，この2つのターゲットに対しては共に「充電―隠れ家系」のビジネスモデルで対応が可能であると考える。そうなると，今後の湯河原温泉においては，奥湯河原をコアとしながら，同時にこれにさらに中心地の温泉地にあるモダンスタイルを打ち出している高額であるが高質な温泉旅館をネットワークした充電や隠れ家の場としてのブランディングを可能にするビジネスモデルの確立が期待される。

　ビジネスモデルの体系からみると，この新たなビジネスモデルのコア機能を担うことが期待される奥湯河原は，今後は既存のビジネスモデルにライフスタイル対応を強化するという意味では"拡"次元のビジネスモデルを指向すべきである。これに対して，温泉場にあるモダンスタイルの温泉旅館はすでにライフスタイル対応ができているため，今後はこれをさらに進化させるという意味で"深"次元のビジネスモデルであるといえる。

　さて，東京近郊でこのようなニーズが大きいと思われる湯河原町の強力なライバルと考えられる地域の1つとして，長野県の軽井沢町があげられる。この軽井沢には新幹線が停まることもあって，時間的には湯河原よりは優位性を保持しているが，四季を通して一年中ずっと活用できるという点では湯河原の方がはるかに勝っている。それゆえ，今こそこのような観点に立脚した湯河原町の開発を積

極的に行うべきであると考える。

　具体的には，前述したように駅の改装と駅前の整備，そして軽井沢町の旧軽井沢や駅前のアウトレットモールを湯河原町においても早急に構築することが期待される。前者については町をあげて中心地の温泉地を街としての賑わいのある地域に再開発すべきであるし，後者においては可能な限り近接した車のアクセスの良い場所（例えば箱根ターンパイク）に御殿場にあるアウトレットモールと同程度のものを誘致することも必要である。

> **将来像**：四季を通じた週末奥座敷の湯河原温泉

　本ケースでは，湯河原温泉は脱ローカルのよりグローバルな「超広域グループ」という観点からの戦略を構想すべきであり，比較優位性のあるビジネスモデルとしては「"拡"充電—隠れ家型」（部分的には"深"も含むが）という展開が望ましいとの主張が行われた。なお，後者については，ライフスタイルの「スタイル特性」が「充電—隠れ家系」であり，ビジネスモデルの転換次元が「拡」（部分的には深を含む）であるということを意味している。

　このことは，湯河原温泉は単独では継続的に大きなマーケットを維持することができないが，箱根温泉郷という強力なブランドを巧みに活用しながら，かつ隣接した熱海温泉からの顧客誘引を図ることで，湯河原温泉の将来はかなり明るいものになるということを意味している。箱根や熱海といったトップブランドを有効に活用しながらも，自らに可能な限りの多くの顧客を誘引するというきわめて優れた小判鮫戦略の成否が，将来の湯河原温泉の成否にダイレクトに結びつく。

　また，箱根温泉郷にある多数の温泉街や熱海温泉に対する比較優位性を確立するためには，何といっても奥湯河原を軸にした東京の奥座敷としてのポジションを確立することが不可欠である。そのためには，湯河原温泉は何となくある「充電—隠れ家系」のビジネスモデルをさらに磨き上げることが欠かせない。

　結論としては，将来の湯河原温泉はまさに広域箱根圏を活用した小判鮫戦略と東京の奥座敷化戦略を強力に展開することによって切り開かれることになる。言い換えれば，湯河原温泉の将来は，いかに早期に「"拡"充電—隠れ家型」×「超広域グループ」を確立できるかに依拠している。

【参考文献】

月刊ホテル旅館編集部（2007）「家族客にターゲットを設定　顧客の声を重視し徹底的に対応」『月刊ホテル旅館 2007 年 5 月号』月刊ホテル旅館。

月刊ホテル旅館編集部（2008）「個人客ターゲットの料亭旅館が「禅」をコンセプトにしたスパを投入」『月刊ホテル旅館 2008 年 6 月号』月刊ホテル旅館。

国土交通省 HP（2011）『箱根・湯河原・熱海・あしがら観光圏整備計画』〈http://www.mlit.go.jp/common/000143089.pdf/〉（2011 年 11 月 18 日閲覧）。

じゃらん HP（2011）『関東甲信越/人気温泉地ランキング』〈http://www.jalam.net/jalan/doc/etc/onsenranking/onsenranking_kanto.html/〉（2011 年 10 月 31 日閲覧）。

日本ミシュランタイヤ HP（2011）『ミシュラン・グリーンガイド』〈http://www.michelin.co.jp/Home/Maps-Guide/Green-guide〉（2011 年 9 月 26 日閲覧）。

湯河原温泉旅館協同組合 HP（2011）『湯河原温泉旅館協同組合ホームページ』〈http://www.yugawaraonsen.or.jp/〉（2011 年 10 月 31 日閲覧）。

（原田　保）

執筆者紹介（＊は編著者）

原田　保＊（はらだ・たもつ）　第1章，第2章，第3章，ケース1，4，8，9，11，12，13，16

早稲田大学政治経済学部卒業。

株式会社西武百貨店取締役企画室長，香川大学経済学部教授，多摩大学大学院教授等を経て，現在は多摩大学大学院客員教授，ハリウッド大学院大学特任教授，文化学園大学特任教授，地域デザイン学会会長。併せて，コンテクストデザイナー，戦略プロデューサーとして経営やマーケティングに関わる実践活動に従事。他に，一般社団法人日本スロースタイル協会代表，一般社団法人地域ブランド・戦略研究推進協議会会長等を併任。

著書　『知の異端と正統』（新評論，2001年，共著），『ブランドデザイン戦略』（芙蓉書房出版，2007年，編者），『スロースタイル』（新評論，2007年，編者），『無形化する経営』（同友館，2008年，共著），『地域ブランドのコンテクストデザイン』（同文舘出版，2011年編者）など多数。

大森　信＊（おおもり・しん）　第2章，ケース3，5，6，9

神戸大学大学院経営学研究科博士課程修了。博士（経営学）。

現在は日本大学経済学部教授として，経営戦略論，マネジメント論担当。地域デザイン学会理事。

著書　『トイレ掃除の経営学―Strategy as Practice アプローチからの研究』（白桃書房，2011年）。

論文　「Strategy as Practice の現状と課題，そしてその可能性」『日本経営学会誌』第26号，2010年。「プロジェクトマネジメント研究の動向と企業の大型プロジェクトについての研究」『経営戦略研究』第6巻，2009年など多数。

西田　小百合＊（にしだ・さゆり）　第1章，第2章，第3章，ケース1，8

岡山大学大学院文化科学研究科博士課程修了。博士（経済学）。

現在は東海大学政治経済学部准教授として，計量経済学，統計学担当。地域デザイン学会常任理事，一般社団法人日本スロースタイル協会，一般社団法人地域ブランド・戦略推進協議会理事。

著書　『初級コース計量経済学』（中央経済社，1999年，共著）

論文　「確定拠出年金加入者像をとらえる試み」『生活経済学研究』No.33，2011年（共著）など。

吉澤　靖博(よしざわ・やすひろ)　第3章，ケース2，12，15
　　日本大学理工学部卒業，東京理科大学大学院総合科学技術経営研究科修士課程修了。
　　現在はソーシャルユニバーシティ総合研究所主席研究員。明治大学客員研究員を併任。
　　著書　『地域ブランドのコンテクストデザイン』（同文舘出版，2011年，分担執筆）。

鈴木　敦詞(すずき・あつし)　第1章，ケース4，5，7，10
　　多摩大学大学院経営情報学研究科修士課程修了。修士（経営情報学）。
　　現在はりんく考房代表。マーケティングおよびリサーチについての活動支援，研修，情報発信などの幅広い活動を行なう。

岩瀧　敏昭(いわたき・としあき)　ケース6，9，13
　　一橋大学大学院国際企業戦略研究科修士課程修了。
　　現在は明治大学客員研究員。
　　著書　『ブランドデザイン戦略』（芙蓉書房出版，2010年，分担執筆），『地域ブランドのコンテクストデザイン』（同文舘出版，2011年，分担執筆）など。
　　論文　「中国のカード市場戦略」『戦略研究』第11号，2012年など。

照井　敬子(てるい・けいこ)　ケース11，14
　　日本大学理工学部卒業。
　　現在はNPO法人Liko-net理事長。ソーシャルユニバーシティ総合研究所主席研究員を併任。
　　著書　『今日のOTC薬　改訂第2版』（南江堂，2012年，分担執筆）。
　　論文　「企業経営・戦略：ソーシャル・マーケティングについて」『流通ネットワーキング』2010年9〜12月号，日本工業出版株式会社。